KB241796

거버넌스 시대의 국정개조

거버넌스 시대의 국정개조

초판1쇄 발행일 • 2012년 10월 30일

지은이 • 박재창
펴낸이 • 이재호
펴낸곳 • 리북
등 록 • 1995년 12월 21일 제13-663호
주 소 • 서울시 마포구 서교동 395-68 서연빌딩 2층
전 화 • 02-322-6435
팩 스 • 02-322-6752
홈페이지 • www.leebook.com

정 가 • 20,000원

ISBN 978-89-97496-09-9

한국미래정부연구회 연구총서 7

거버넌스 시대의 국정개조

박 재 창 지음

리북

■서 문

나눔의 시대다. 헌신이나 연대 또는 우정이나 박애만을 말하려는 것이 아니다. 물론 모순의 시대이니만큼 승복하지 않는 패자가 도처에 널려 있다. 당연히 이들을 보듬는 일이야말로 최우선적인 시대의 과제 가운데 하나다. 그러나 그보다 훨씬 더 절박한 것은 어느 누구도 더 이상 독점할 수 없고 독점해서도 안 되는 시대로 들어섰다는 점이다. 나누어야 한다. 심지어 헌신이나 박애마저도 독점하는 경우 우정을 잃는다. 감동을 상실하기 십상이다. 이런 주문은 그 대상이 정치권력이건 또는 경제권력이건 더 나아가 다른 그 무엇이건 가리지를 않는다. 불가피하게 분권할 수밖에 없다는 메시지다. 모순의 심연이 깊은 만큼 위험을 나누자는 뜻이기도 하다. 그러나 분권이 단순히 분할을 뜻하는 것이라고 한다면 당연히 해체의 길로 들어서고 만다. 권력을 나눈다는 것은 그 나눈 권력을 들고 은둔하거나 퇴장하라는 뜻이 아니다. 오히려 다시 연대하거나 협력하여 새로운 응전에 나서야 한다는 점을 전제로 하는 주문이자 양해일 뿐이다. 혼자서 하지 말고 여럿이 같이 하자는 것이다. 혼돈의 시대이니 만큼 모두 손잡고 의논하며 주섬주섬 나갈 때 실패의 확률이 그나마 적을 것이라는 매우 간곡한 우려와 두려움에 찬 격려의 목소리다.

18대 대선의 진용이 짜지면서 이 시대의 분기점이 무엇일까 생각해 보게 되었다. 18대 대선 이전과 이후를 가르는 가치 준거는 나눔이라고 생각되었다. 산업사회는 모든 것을 한 곳에 모으는 과정이었다. 많은 것, 높은 것이 위세를 떨었다. 가장 많은 것 또는 가장 높은 것으로 말하려는 영웅은 이제 더 이상 호소력이 없게 되었다. 모으는 과정의 부도덕과 모은 이후의 무기력이 불러온 결과다. 하나의 잣대로 세상을 지휘하던 시대는 지나가고 말았다. 펄럭이는 깃발 가운데 찢겨지지 않은 것이 없으며 더럽혀지지 않은 것이 없다. 어느 누구도 깃발만 바라보며 행군하다 넘어지고 싶어 하지는 않는다. 아예 깃대에는 눈길조차 주려 하지 않는 이가 부쩍 늘었다. 각자도생의 길을 열어야 한다고 다짐하는 이들이 한둘이 아니다. 이념의 시대가 저문 탓이다. 더 이상 영웅을 찾을 수 없게 되었다는 사실은 무지랭이 보통사람에게 있어 두려움이지만 축복이다. 비로소 진정한 의미의 공화주의 세례를 받아보게 되었기 때문이다. 남에게 내주었던 내 자리를 돌려받는다는 것은 그런 의욕만으로도 가슴 벅찬 일이다. 소리 없는 혁명의 진행기에 들어선 셈이다. 누가 대통령이 되건 나눔의 철학 없이는 한발자국도 앞으로 나가지 못할 것이다. 누구도 압도적인 세력을 장악하지 못하는 탓이다. 전환기의 특성이다.

시대의 전환기에 방관하고 누워 있을 수만은 없다는 생각에 글을 쓰기로 마음먹게 되었다. 나눔의 시대를 사는 이들이 그 나누어진 조각들을 들고 함께 어울려 살아야 하는 이유는 무엇이며, 어떻게 하면 함께 살아갈 수 있는 것인지... 새롭게 시작하는 국정운영의 길은 험난하고 예사스럽지 않을 것이라는 생각에 이르렀다. 고장난 국정운영의 디자인을 통째로 내다 버릴 수는 없는 일이라 하더라도 우선 급한 데로 새로운 작동원리를 모색하고 거기에 맞추어 국정운영 양식의 일부라도 손보는 일에 마음을 보태어 보기로 한 것이다. 국가의 실패가 큰 만큼 국가의 권력을 참정의 주체인 국민들에게 나누어 주고 국민과 함께 국정을 운영하는 거버넌스 시대를 열자는 생각이다. 국가와 시민이 동반자가 되어 국정을 조타해 나간다는 것은 새로운 도전인 만큼 국정운영의 현장이 생각과는 다를 수도 있을 것이다. 그러나 결국 이 길 외에 다른 대안이 현재로서는 없다는 생각을 지녔다. 대선과정에 시대정신이 실종되어 있다는 세간의 지적도 책을 쓰게 만든 또 다른 이유 가운데 하나였다. 혼돈의 시대이니만큼 어느 누구도 선뜻 새로운 패러다임을 제시하기는 쉽지 않은 일이다. 그러나 그런 만큼 오히려 시대정신에 대한 논쟁은 좀 가열되어도 좋을 것 같다.

그렇다고 해서 어떤 체계적인 프레임을 가지고 집필을 시작한 것은 아니다. 기존에 다루던 주제였던 만큼 단편적으로 구상하거나 발표했던 것들을 모으고 부족한 부분을 보완해서 전체로서의 조화를 이루고자 했다. 부족하거나 미진한 부분이 많을 것이라고 생각된다. 당연히 여기서 제시되는 대안들이 개혁수요의 모든 것에 대한 응답도 아니고 유일한 전략이거나 대안인 것도 아니다.

관심을 가지고 지켜보는 부문에 따라 얼마든지 추가적인 문제제기가 가능하고 또 시급한 개혁과제가 산재해 있으리라고 믿는다. 실제 꼭 다루어야 한다고 생각되지만 시간적인 제약으로 다루지 못한 주제도 적지 않았다. 다만 거버넌스 시대의 도래가 불가피하고 거버넌스를 운영하기 위해서는 국정운영의 양식 가운데 일부를 개선하는 일은 불가피하다는 의견에 생각을 보태고 싶었을 뿐이다.

정말로 거버넌스의 관점에서 국정을 재편하고 운영한다면 엄청나게 새로운 시대의 문을 여는 것이 된다. 새 시대를 맞이하게 될 모든 이들에게 미리 축하의 말씀을 드려두고 싶다. 우리 모두가 꿈꾸던 길이다. 갑작스런 출판 제안에도 흔쾌히 동참해 주신 리북의 이재호 사장을 비롯한 여러분께 감사의 말씀을 드린다. 시대의 강을 건너는 길에 동승해 주신 독자 여러분께도 축복의 말씀을 올린다.

2012년 10월

박 재 창

■ 목 차

제4장 국정원리: 쌍방향 소통과 참여공간의 확대

제5장 지구공동체와 지구경영시대의 선도

제1장

국정철학: 공동체자유주의와 거버넌스

Ⅰ. 서론

오늘날 우리사회가 당면한 정치불신과 가치갈등의 문제는 이 시대를 사는 우리 모두에게 많은 것을 다시 한 번 돌이켜보도록 한다. 그리고 그 돌아봄 가운데 가장 큰 깨달음은 아무래도 누구도 이 시대의 진행경로를 말할 수 없게 되었다는 사실일 것이다. 이를 두고 질풍노도의 시대가 다가왔다고 말하는 이도 있고 혼돈의 극점에 서게 되었다고 말하는 이도 있다. 너무 급작스러운 일이라고 보는 이도 있지만 이미 예견된 것이나 같다는 분석도 적지 않다. 어찌 되었건 우리의 기성질서 또는 체제에 대한 극도의 불신이 더 이상 감내하기 어려운 임계범위에 들어섰다는 진단에 대해서는 대체로 이견이 없는 것 같다.

이를 외부세계의 눈으로 본다면, 제2차 세계대전 이후 지구촌에서 유일하게 정치발전과 경제발전을 모두 성취했다고 알려진 나라에서 어떻게 기성의 체제에 대한 불신이 그리도 깊고 광범위하냐고 놀라워하지 않을 수 없을 것이다. 경제적 외형으로만 치자면 한국은 이미 대단한 나라가 되었다. 아프리카 대륙에는 모두 53개국이 있는 데, 이들의 GDP 총액이 6천억 불인 데 반해, 우리의 GDP 총액은 6천7백억 불을 상회한다. 아프리카 대륙보다 큰 나라가 되었다. 전세계 TV 판매시장에서 1, 2등을 다투는 기업이 모두 우리나라에 있고, 전자제품은 일본의 최우수 10개 회사가 얻는 연간 수익 총액보다 삼성 SDI 하나가 얻는 것이 더 많게 되었다(차피득, 2011).

그럼에도 불구하고 사회갈등의 심연은 매우 깊다. 언제 한번 전국민이 편안하게 불 끄고 잠들어 본 일이 없는 것 같다. 삼성경제연구소에 의하면 2009년 현재 우리사회의 갈등비용이 300조를 상회하는 것으로 추계되었다(박준, 2009). 2012년도 예산총액이 3백25조라는 점을 상기해 보면 우리사회의 갈등정도가 얼마나 심각한 수준에 이르렀는가를 손쉽게 진단해 볼 수 있다. 우리사회가 이렇게 된 데에는 실로 다양한 요인이 작용한 탓이겠으나 흔히 정부운영체계상의 정당이나 의회같은 외생적 갈등관리기구들이 한국적 변용을 거듭하면서 제 역할을 다하지 못하게 되었다거나, 극한대치를 거듭해온 분단국가의 특성 또는 정치지도자의 탐욕이나 무지 따위가 주요인자로 지목되곤 했다.

그러나 이들은 모두 현상의 표피에 대한 진단에 지나지 않는 것일지도 모른다. 적어도 작금의 사회적 갈등과 좌절을 설명하기에는 충분치 않다. 앞서의 요인들은 어제 오늘 생겨난 것들이 아니기 때문이다. 근자에 들어서면서 보다 심화된 어떤 원인요인이 따로 있어 이들 모두를 수렴하면서 사회 대변혁에 대한 욕구를 가일층 촉발하고 있는 것은 아닐까? 그렇지 않고서야 어찌 이리도 광범위하고 본질적이며 근원적인 변화에 대한 수요가 최근 들어 폭발적으로 증가하는 것일까? 왜 아무도 미래를 예측할 수 없으며 대안을 제시할 수 없는 것일까? 이러한 문제의식과 현실진단을 토대로 여기에서는 그 분출의 촉매가 근자에 들어서면서 강화되고 있는 "더 많은 자유"에 대한 갈망이라고 보고자 한다. 더 많은 자유에 대한 욕구가 분출하면서 그 동안 당연한 것으로 여겨져

간과하거나 또는 체념하던 것들에 대해 문제를 제기하기 시작하게 되었고, 그 결과 "나눔"에 대한 요구가 커지면서 갈등의 심연과 외연이 확장된 것이라고 여겨지기 때문이다.

우리의 과거를 돌아보면 매우 역설적이기는 하지만 그 동안 우리사회가 성취한 압축적인 경제성장은 그 성장을 가능케 했던 권위주의체제에 대한 사회적 저항능력을 강화하는 결과를 낳았다. 이는 정치발전을 견인하는 토대가 되었다. 그러나 이를 통해 성취한 절차적 민주주의가 실제로는 국민 개개인의 자의적 의사결정권이나 정치적 효능감을 확장시켜주지 못한다는 인식이 확산되면서 "더 많은 자유 내지는 자유주의"에 대한 갈망을 촉진하게 되었다. 그러나 근대초기 자유주의의 작동원리 내지는 그 구현을 위한 디자인으로 제시되었던 기존의 질서 내지는 체제가 후기근대로 들어서면서 더 이상 작동력을 잃자 "더 많은 자유 내지는 자유주의"에 대한 열망은 패러다임 정체에 대한 실망과 함께 새로운 대안정부에 대한 갈증으로 치환되는 변화를 낳고 있다.

Ⅱ. 현 단계 한국사회의 이정표: 공동체자유주의 (Communitarian Liberalism)

그런데 "더 많은 자유주의"가 말하는 자유에는 개인의 의지적 선호 내지는 국가로부터의 구속을 벗어나 행사되는 의사결정권과 같은 정치적 차원의 자유와 그런 자유권의 행사를 보장하는 현실적 조건으로서의 시장질서를 강조하는 경제적 차원의 자유가 함축되어 있다. 자유주의에 기초한 정치적 민주주의와 경제적 자본주의가 궤를 같이해야 하는 이유다. 이 가운데 시장경제가 개인자유 실현의 현실적 조건 가운데 하나라고 보는 경제적 자유주의자들에 의하면, 우리사회는 그 동안 압축성장을 통한 경제성장과 자본주의체제의 근착화 과정에서 한국형 재벌의 탄생, 노동자에 대한 무자비한 탄압, 기업과 기술관료집단 간의 조합주의적 결속과 협력 등을 거치면서 천민자본주의를 낳았다는 것이다. 공동선 보다는 개인의 사적 소유, 공동체에 대한 책무보다는 개인의 권리를 최우선으로 삼는 과잉자유주의 또는 유사자유주의 시대를 연 것이다. 그로 인해 사회 전체에 팽대한 극단적 이기주의가 공동체의 유지를 위협하고 있으며, 사회적 무질서가 확산일로에 있고, 도에 넘치는 경쟁으로 인해 정신적 피폐를 불러오는 등 지나친 자유주의로 인한 부작용이 만만치 않다는 것이다(이근식, 2001: 4).

이렇게 우리사회가 무한경쟁을 부추기는 시장만능주의 내지는 경제적 자유 과잉상태에 빠지게 되는 이유 가운데에는 결손국가가 갖는 사회주의 내지는 국가주의에 대한 극단적 대항의식도 작용했다. 아니 결손국가 현상이 오히려 시장적 자유에 반하는 국가개입의 정당성 기반을 조성하는 요인으로 작용하면서 시장경제의 왜곡과 함께 천민자본주의의 생성을 부추겼다고 해야 보다 정확한 설명이 될 것이다. 상존하는 북한으로부터의 안보위협이 국가개입과 천민자본주의 생성의 정당성 기반을 제공한 셈이다. 최근에는 지구화 시대의 도래와 더불어 신자유주의가 풍미하면서 시장에 대한 국가의 통제력이 약화되고 오히려 시장에서의 승자독식 원리가 강화되면서 경제적 양극화를 가속하고 있다. 정보화 시대의 도래로 인한 복제생산의 길이 열리고 국경을 초월하는 무한 경쟁이 가능해지면서 고용 없는 성장이 일상화하게 되었고, 이는 다시 1%의 승자와 99%의 패퇴자 시대를 열고 있는 것이다. 이로 인해 경제적 자유주의에 대한 경각심이 최고조에 달해 있다.

따라서 더 많은 자유에 대한 갈망이 있다면 이는 당연히 그것이 동반해야 한다고 믿어지는 공동체적 가치에 의한 보상적 조치의 중요성에 주목해야 한다는 주장으로 이어져 마땅할 일이다. 무엇보다도 미국의 월가를 시발로 전세계를 휩쓸게 된 세계금융질서의 위기는 자본주의 자체의 자기반성 내지는 변혁을 촉구하는 바 되었고, 이는 자본주의 4.0으로 구체화되어 인구에 회자되고 있다. 기업은 시장의 거래를 담지하는 사회적 환경 내지는 공동체의 유지 자체에 대한 비용지불의 책무가 있다는 생각이 머리를 들게 된 것이다. 이런 경제적 과잉자유주의(hyper-liberalism)에 대한 우려와 반성이 자유주의에 공동체주의적 가치를 주입해야 한다는 생각으로 연결되었을 것은 너무나도 자연스러운 일이다(Robinson, 1966: 16).

동반성장이니 공생발전이니 하는 용어가 주조되는 근인인 셈이다.

그러나 이러한 오도된 자유주의에 대한 대응적 조치로서의 공동체주의의 도입 내지는 심화될 자유주의에 대한 보완적 조치로서의 공동체주의에 대한 요청은, 그런 논의의 가정적 전제인 우리의 현실사회에 대한 진단 자체가 잘못되었다는 주장을 불러오기도 한다. 과잉자유주의 시기상조론자들에 의하면 과연 우리사회의 자유주의 수준이 과잉개인주의를 우려할 정도로 개인주의 문화가 보편화되어 있는 상태냐는 것이다. 우리사회의 구성원들이 공동체주의에 의한 보완이 필요할 만큼 정말 개인의 권리에 투철하냐는 것이다. 오히려 현재 우리사회에서 사회적 갈등이 야기되는 근인은 단지 인권사상과 개인의 권리의식이 보편화하는 과정에서 왜곡된 기존의 집단주의 내지는 국가주의(공동체주의)와 충돌함으로써 빚어지는 일종의 진화의 한 양식으로서의 혼란에 지나지 않는다는 것이다. 과잉개인주의 내지는 과잉자유주의로 인해 사회적 갈등이 심화되고 있다는 진단은 잘못되었다는 주장이다. 따라서 현재 우리에게 필요한 것은 보다 많이 공동체주의적 요소를 도입하는 것이 아니라 오히려 보다 더 자유주의적인 요소를 확대하는 일이라는 것이다. 이점은 특히 우리사회를 비롯한 유교문화권이 근본적으로 공동체중심적이며 그렇기 때문에 기본적으로 개인중심적인 서구사회와 비교할 때 보다 더 분명해진다는 진단이다(이진우, 2011: 70-71).

그러나 이런 자유주의 낙관론자들도 자유주의가 내포하는 반공동체주의적 요소와 공동체주의가 지니는 자유주의 요람으로서의 가치를 부정하지는 않는다. 그렇기 때문에 자유주의와 공동체주의의 관계를 이원론의 관점이 아니라 일원론의 시각에서 접근하고자 한다. 공동체주의는 자유주의가 진화한 한 양식 내지는 결과물에 지나지 않는다는 것이다. 이렇게 공동체주의를 자유주의의 한 종류로 보아도 무방하게 되는 이유는 공동체주의도 자유주의와 같이 인권, 권리, 인간존엄의 가치를 지향하기 때문이다. 그러나 공동체주의가 언제나 인권, 권리, 인간의 존엄을 보장하는 것은 아니다. 이점은 과거 우리의 산업화 과정에서 국가중심주의적인 경제발전정책이 사회적으로는 어떤 결과를 동반한 것이었는지를 회고해 보면 매우 명료해진다. 공동체주의는 전체주의 내지는 집단주의와 연동하면서 오히려 개인의 인권, 권리, 인간의 존엄 따위를 제한하거나 외면하려는 속성을 동반하기도 한다. 자유주의와 공동체주의가 이원론으로 분립하면서 서로 대립적 관계를 형성하게 되는 이유다.

그러나 자유주의가 자유로운 의사결정의 주체로 상정하는 개인이 그가 살아온 공동체로부터 유리해서 존재하는 것이 아니라 그 공동체와의 관계에서 성장하고 빚어지는 사회적 존재라는 관점에서 보면, 자유주의와 공동체주의는 일원론적 관계를 형성해야 마땅하다. 그러나 그렇다고 해서 개인과 집단이 등치적 관계를 형성해야 한다는 것은 아니다. 무엇보다도 집단적 가치를 강조하는 경우 아무리 일원론적 입장에 서는 경우라도 엘리트 중심주의의 오류에 빠지지 말라는 법이 없다. 이 경우 개인의 감정적, 정서적 선호와 엘리트의 합리적, 과학적 판단과 선택은 갈등적 관계를 구성하기 마련이다. 더군다나 국가운영의 현실과정에서 엘리트가 언제나 합리적이며 과학적인 동인이나 판단에 따라 행동하는 것은 아니라는 점이 명료해지면서 공동체주의는 또 다른 차원의 과제를 야기한다.

Ⅲ. 최적 결합 과정으로서의 거버넌스

따라서 공동체주의와 자유주의를 서로 혼합하여 양자의 단점을 보완해야 할 필요성이 제기되는 데, 이를 두고 공동체자유주의라고 한다면, 공동체자유주의의 정당성에 관한 논쟁 속에는 당위적 또는 목적론적 차원의 자유주의와 공동체주의, 경험적 또는 서술적 차원의 자유주의와 공동체주의가 혼재해 있고, 같은 자유주의에도 정치적 개인주의와 경제적 시장주의가 섞여 있으며, 자유주의와 공동체주의를 일원론의 관점에서 볼 것인지 아니면 이원론의 관점에서 볼 것인지도 분명치 않게 되어 있다. 간단히 말하면 자유주의와 공동체주의를 혼합한다고 할 때 양자의 혼합비율을 어떤 비중으로 해야 혼합에 따르는 효용성을 최적화할 것이냐를 논의하기 이전 단계에서, 이미 어떤 자유주의와 공동체주의를 말하느냐가 실로 혼란스럽게 되어 있는 것이다. 따라서 공동체자유주의의 가장 근본적인 과제는 과연 보편적 적용력을 갖는 선험적 최적

모델의 구성이 가능하냐에 있다. 시대와 사회적 조건의 차이에 따라 공동체주의적 요소와 자유주의적 요소 가운데 보다 강조하거나 비중을 높여야 할 부분이 서로 다를 수밖에 없는 것이라면, 선험적 최적모형의 구성은 불가능하고 또 바람직스럽지도 않은 일이 된다.

그런데 공동체자유주의가 공동체적 가치의 활성화를 통해 시장의 한계를 극복하고 그 결과가 사회적으로 수용가능하거나 만족스러운 것이 되어 사회적 총만족도의 중앙값을 최적화하려는 것이라고 한다면, 그런 공동체자유주의의 공동체주의적 요소와 자유주의적 요소의 배분비율은 그 사회의 구성원에 의해 결정되는 것이 마땅할 일이다. 공동체자유주의는 종국적으로 그 사회구성원으로서의 개인 각자가 공동체적 가치를 위해 자신의 자유처분권을 얼마나 포기하거나 양여할 것이냐의 문제로 귀결되기 때문이다. 그러나 공동체자유주의가 이렇게 단순히 그 사회구성원의 총만족도를 극대화하는 일에만 주목하는 것이 아니라 자유주의를 통한 개인의 자아실현과 공동체주의를 통한 공동체의 재창조와 발전, 부언하면 보다 바람직한 방향으로의 변화를 동시에 겨냥하는 것이라고 한다면 단순히 그 사회구성원의 개인적 선호를 종합하는 것만으로는 부족하다. 재창조와 발전을 위한 현실상황의 판단과 규정 그리고 그에 기초한 대안의 개발이 동반되어야 하기 때문이다. 과학적, 전문가적 판단이 병행해야 한다는 의미다. 따라서 개인의 정치적 선호와 전문가의 과학적 판단을 혼합하기 위한 과정이 전제되어야 하는 데, 이는 거버넌스를 통한 양자 간의 대화와 소통을 통해서나 구현 가능한 일이다. 이는 공동체자유주의가 내포하기 십상인 목적론적 차원의 과제와 그것이 당면하게 되는 현실세계에 대한 서술적 차원의 과제를 융합하기 위한 과정으로서의 정당성을 갖는다. 균형민주주의적인 접근이 필요하다는 뜻이다.

이런 거버넌스를 통한 국가와 시민사회 간의 대화와 소통은 국가건 시장이건 또는 시민이건 더 이상 혼자서는 이 시대의 공동체를 이끄는 주체가 될 수 없다는 현실인식에서부터 출발하는 발상의 전환 결과다. 진보건 보수건 또는 그 어느 누구건 이제는 더 이상 혼자서 이 세상을 조타하는 이념의 틀을 견인하거나 그를 통해 세상을 조망할 수 없게 되었다고 보는 것이다. 그렇기 때문에 정부가 혼자서 아무리 국가와 민족을 위해 봉사하는 일에 동참하라고 호소하고 우리로 하여금 자기본위적인 이기심에서 벗어나라고 언성을 높이더라도 우리의 정부에 대한 애정을 속 깊이 지펴내기는 어렵다. 외통수로 만나는 시장이 우리의 탐욕에 봉사하는 것이 사실이기는 하지만 그렇다고 해서 우리로 하여금 스스로에 대한 사랑과 자존감을 배양하지는 못한다는 깨달음의 결과이기도 하다. 정부가 혼자서 만드는 공공정책은 이해당사자들의 사익추구에 포획되면서 실패를 거듭하기 일쑤이며, 그 과정에서 소외된 일반대중은 의지할 곳을 잃은 채 정부를 자신과는 거의 관계 없거나 먼 곳의 존재로 여기기 십상이라는 뜻이기도 하다. 시장은 명목상으로만 일반대중을 위하고 있으며 사적인 의견과 특수이익이 아무런 노력 없이 공적인 지위를 부여받고 있다는 사실에 주목하게 되는 이유다.

자유주의와 공동체주의를 선도해 온 진보와 보수의 구분은 이념을 일관성 없이 도식화하거나 사회관계를 왜곡하여 재단함으로서 현실진단과 처방에 무기력하게 되었다. 이는 마치 오래된 렌즈를 통해 세상을 진단하고 사고의 세계를 판독하려는 것과 같다. 오늘날 우리가 다루어야 할 과제는 현재의 질서나 제도를 보전할 것인가 또는 변화시킬 것인가의 문제가 아니라 그 가운데 무엇을 보전하고 무엇을 변화시킬 것인가를 선별하는 데에 있다. 공동체주의적 요소 가운데 어느 것을, 그리고 자유주의적 요소 가운데에서는 어느 것을 취하고 또 버릴 것인가의 문제로 전환되어 나타나고 있는 것이다.

바로 이런 선별 작업을 위해서는 공동체 전체 차원에서 지혜를 모으는 방법 이외에 다른 대안이 있을 수 없다. 시민의 효율적인 참여가 전제되어야 하는 이유다. 표를 얻기 위해 경쟁하는 과정에서 시장처럼 전락해버린 정당정치가 아니라 국민에 의해 운영되는 시민정치의 시대가 열려야 하는 까닭이다. 시장의존적인 개인주의를 끝내야 하며 동시에 공동체 중심의 권위주의에 대한 유혹도 피할 수 있어야 한다. 사회 엘리트 사이의 순환선택을 강요하는 선거에만 맡겨두어서는 안 되며 소수의 지도자에게만 맡겨도 안 되고, 충분한 지식과 정보를 지닌 공동체 차원의 논의를 통해 접근해야 할 수밖에 없다. 이런 논의가 자신의 가치관을 다른 이들에게 강요하려는 권위주의자들에게 길을 내주는 꼴이 되어서도 곤란하고, 그렇다고 해서 자유주의적인 중립성의 이름으로 정부의 견인력이 무시되어도 안 된다. 개인주의 세력과 맞서 싸우면서도 권위주의의 부활을 막기 위해서는 시민참여를 통해 시민이 스스로 국정운영의 방향을 정하는 공간과 기회를 확장하는 길 외에는 다른 방도가 있을 수 없다. 적어도 지금까지의 상상력으로는 그렇다. 거버넌스 시대를 열어야 하는 이유다.

Ⅳ. 거버넌스를 위한 준비 과제

아무리 거버넌스의 시대가 열린다고 하더라도 준비된 시민 없이 국가와 시민사회의 대화 또는 시민참여가 소기의 성과를 약속하기는 어렵다. 그런 점에서 우리사회는 아직 국가와 시민사회 또는 정부와 시민이 협력하고 공조하는 시대를 열기 위한 준비를 마쳤다고 말하기 어렵다. 특히 자유주의와 공동체주의의 요구를 적절히 취사, 선택, 결합하기 위해서는 현실에 대한 비판적 안목과 헌신과 공유를 위한 자기 성찰력을 지닌 시민이 필요하기 마련이지만, 그런 시민이 그냥 생겨나는 것은 아니다. 역사적 경험을 통해 문화적으로 숙성되어야만 가능한 일이다. 그러나 민주주의와 분권사회에 대한 경험이 외생적으로 주어진 우리로서는 자생적으로 축적하기가 어려운 사회적 덕목이자 가치다. 따라서 우리의 경우는 불가피하게 특단의 전략적 대처를 필요로 한다. 거국적으로 이뤄지는 민주시민교육에 나서야 하는 이유다. 마치 경제적 성장과

정치적 민주화를 압축적으로 성취한 것처럼 민주시민의 육성도 압축적으로 시도해 보자는 것이다.

그런데 가장 효과적인 민주시민교육은 시민의 직접적인 현장참여를 통해 이루어진다. 그 가운데에서도 다양한 양식의 토론과정을 기획하고 참여하고 스스로 훈련하는 일은 가장 필요한 일이다. 일상의 지근거리에서 보다 많은 논찬의 장이 열린다는 것은 시민교육의 기회가 확대된다는 의미이기도 하지만 시민정치가 일상의 생활 속으로 이동한다는 뜻이기도 하다. 바로 이점에서 토론문화운동은 분권사회를 열어 정치의 중추가 지역사회로 이동해야 한다는 주문과도 연동되어 있다. 사회적으로는 이렇게 토론의 일상화를 위한 운동이 일어나야 하지만, 정부로서는 민주시민교육을 거국적으로 지원, 조장, 촉진하기 위한 여러 정책 프로그램의 개발에 나서야 한다.

그러나 민주시민교육이라는 이름으로 무엇을 가르칠 것인가를 정하는 일이 결코 간단한 과제는 아니다. 구체적인 목표값이 무엇이냐에 따라 학습과제의 우선순위가 달라지기 때문이다. 무엇보다 중요한 것은 이를 정하는 과정 자체가 고도의 정치적 성격을 동반한다는 점이다. 따라서 국민적 합의 없이 민주시민교육을 전정부적으로 실시하고자 할 경우 민주시민교육 자체가 새로운 사회갈등의 핵으로 등장하게 될 위험성이 아주 크다. 더욱이 우리는 과거 공민교육이라는 미명 아래 국가권력을 옹호하기 위한 국민윤리교육, 사회정화교육, 반공안보교육 등에 시달린 바 있지 않은가.

민주시민교육이 국가주의를 옹호하려는 유혹에 빠지지 않고,

민주시민교육의 본령이라고 할 수 있는 논쟁적 학습, 비판적 사고, 협동의 원리, 초당파적 성격을 견지하는 가운데 상대에 대한 존중, 타인 중심 사고, 다른 의견에 대한 수용력, 다른 입장에 대한 관용력, 권리에 상응하는 책임의식, 법의 지배에 대한 순응, 인권 의식 같은 민주적 가치를 연마하도록 하려면 다양한 의견 수렴을 통한 균형적 시각의 정립이 우선적으로 요청된다. 어느 일방이 민주시민교육을 주도하는 데서 오는 의도하지 않은 오류나 실패를 미연에 방지하기 위해서도 민주시민교육을 위한 거버넌스 체제의 구축은 필요한 일이다(박재창, 2010.10.11.).

다른 한편 민주시민만 준비된다고 해서 거버넌스의 운영이 가능해지는 것은 아니다. 무엇보다도 정부를 운영하는 공무원의 의식 전환이 필수적 과제다. 대화와 소통이 학습과정을 전제로 하는 것이라고 한다면 가장 기본적으로는 공직사회에 학습하고자 하는 의욕과 자세가 정립되어 있어야 한다. 경청하고자 해야 한다는 의미다. 국정의 운영이 더 이상 공무원의 일방주의가 아니라 정부와 시민사회 간의 쌍방향 대화와 소통을 통해서만 가능하게 되었다는 현실인식의 수용이 필요하다. 이를 위해서는 공직사회에 대한 대대적인 가치관 교정 작업이 이루어져야 한다. 공무원에 대한 교육프로그램이나 인사고과 평정 기준 따위가 이와 연동하여 변해야 하는 이유다. 국가의 초이성적 의사결정능력에 대한 맹신에서 벗어나야 하며 국가도 언제나 실수할 수 있고 또 합리적이지 않을 수 있다는 인식의 전환이 있어야 한다.

성찰적 시민과 학습하려는 공무원이 준비된다고 하더라도 이들을 효율적으로 연결시켜주는 제도적 장치가 마련되지 않는다면 정책과정에 대한 시민참여는 사실상 어려운 과제가 된다. 거버넌스 체제의 성립이 불가능하게 되는 것이다. 이를 위해서는 먼저 ITC(정보통신기술)의 도입을 통한 전자적 커뮤니케이션 네트워크를 구축하는 일이 필요하다. 시민사회 구성원 간의 소통과 대화를 촉진하기 위한 네트워크의 구축은 물론이고 정부의 정책네트워크 참여자들 사이에서도 전자적 네트워크의 형성은 불가역적 과제다. 사실 근대사회의 국정운영양식이 기본적으로 대리인 체제 의존적일 수밖에 없었던 이유 가운데 하나는 물리적 제약에 있었다. 많은 수의 사회공동체 구성원 모두가 정세적으로 신속하게 소통하고 대화할 수 없다는 현실인식이 대의민주주의의 정당성 기반을 열었던 것이다. 그러나 이제 정보통신기술의 발전으로 인해 바로 그런 직접민주주의를 제약하던 물리적 한계를 극복할 수 있게 되었다. 간접민주주의에 대한 보완적 장치로서의 거버넌스 체제의 등장을 가능케 한 것이다. 거버넌스는 정보통신장치에 의한 지원이 없을 경우 실현 불가능한 구상이다. 따라서 전정부적으로 정보통신장치를 활용한 의사소통 네트워크 – 예를 들면 SNS의 도입과 운영 – 를 구축하는 일은 거버넌스 체제 구축에 있어 선결적 과제쯤에 해당된다.

정보통신장치가 도입된다고 하더라도 이를 이용해서 시민이 정부와 소통하고 대화할 수 있는 의사소통의 제도적 장치가 마련되지 않으면 아무런 소용이 없다. 그런 점에서 국정운영과정에 대한 시민참여를 보장하는 다양한 양식의 참여공간을 제도화하는 일이 선행되어야 한다. 국가가 협치를 선언하고 과거와는 전혀 다른 차원에서 국정을 운영해 나갈 것을 약속하는 일이 필요한 셈이다.

Ⅴ. 결론

현 단계 우리사회의 통합과 결속을 다지기 위해서는 공동체자유주의를 구현하는 일이 선결과제가 되어 있다. 그러나 공동체자유주의의 실체가 무엇이지에 대해서는 어느 누구도 선험적으로 규정하거나 구체화 할 수 없다. 우리사회를 통합적 질서로 유도할 공동체자유주의는 목적론적 과제가 아니라 구체적 현실이어야 하고, 이는 사회 공동체 구성원인 시민 각자의 선택과 판단에 따라 결정될 때에만 소구력과 통합력을 동반하기 때문이다. 이를 위해서는 국가와 시민사회 사이에서 지속적인 대화와 소통을 통해 구체화해나가는 일이 필수불가결한 과제다. 이를 위해 우선 시민의 인식틀을 개선하기 위한 민주시민교육이 필요하고, 민주시민교육은 국가가 일방적으로 주도할 것이 아니라 그것 자체를 다양한 주체들이 참여하는 협력적 거버넌스 체제를 통해 실시할 것이 요구된다. 효과적인 거버넌스를 위해 요구되는 민주시민을 육성하려면 바로 그 거버넌스가 필요하다는 점에서 볼 때 거버넌스 체제로의 전이는 이렇게 지그재그(zig zag)식의 점진주의적인 방법 외에 다른 대안이 없는 셈이다. 이는 교육과정의 다양성과 학습권 보장이 민주사회의 가장 본질적 특성 가운데 하나라는 점에서도 그렇다. 민주주의가 외생적 가치인 우리사회의 경우 성인교육의 중요성 또한 소홀히 할 수 없다. 무엇보다도 공급자 중심의 교육이 아니라 수신자 중심의 교육이 되어야 한다는 점에서도 민주시민교육을 위한 거버넌스 체제의 구축은 필수적 과제다. 이렇듯 거버넌스는 공동체자유주의라는 민주적 가치의 외적 표현양식이자 그 구현 수단이기도 한 것이다.

이와 관련하여 민주시민교육을 위한 효율적 방법 가운데 하나로 담론과 토론이 강조되지만, 이때의 토론은 실로 민주주의의 철학적 원리에 따라 조직되고 운영될 것이 요청된다. 그러나 지금까지는 대부분의 경우가 바로 이런 원초적 조건의 충족을 게을리해 온 것이 사실이다. 거버넌스를 표방하면서 다양한 양식의 위원회가 구성되어 운영되지만 어느 누구도 이를 거버넌스의 실체적 현장이라고 수긍하지 않는 이유가 바로 이런 데에 있다. 이런 점을 감안하여 다양한 양식의 합의제형 의사결정모형이 거버넌스를 위한 대안으로 고안, 개발되고 있다. 바로 이런 합의제형 의사결정 양식을 도입하여 토론과정의 정당성과 적실성을 담보하는 일은 거버넌스 도입의 선결 조건 가운데 하나다.

다양한 양식의 정보통신기술을 활용하는 전정부적인 네트워크의 구축이 요청되지만 이를 활용하는 과정에서 야기되는 정보격차(information divide)의 문제는 매우 심각한 과제다. 참여를 통한 민주주의의 질적 수준을 높여 보자고 하지만 참여 자체가 동등하게 이루어지지 않는다면 오히려 매우 심각한 대표성 왜곡이나 심의성 훼손을 가져올 우려가 있기 때문이다. 이점은 사실 2011년에 있었던 서울시장 선거 과정에서 나타난 세대 간 격차나 간극의 원인이기도 하다. 정보격차를 극복하고자 하는 전정부적인 노력이 있어야 한다. 무엇보다도 세대갈등을 극복하기 위한 원초적 과제 가운데 하나로 인식되는 때문이다.

이렇게 거버넌스를 통한 대화와 소통의 통로 개척이 이 시대의 갈등과 단절을 극복하기 위한 전략적 대안으로 제시되어 마땅한 것이 사실이기는 하지만, 그러나 그렇다고 해서 거버넌스가 만병통치약 같은 신통력을 지닌 도구는 아니다. 무엇보다도 거버넌스 자체의 효율적 운영을 위한 전제적 조건들이 충족되어야 하기 때문이다. 그러나 그렇다고 해서 거버넌스를 통한 대화와 소통 외에 이 시대를 견인할만한 새로운 대안이 따로 있는 것도 아니다. 바로 여기에 우리의 고민이 머물러 있다.

제2장

국정비전: 더 많은 자유화와 지구화

Ⅰ. 서론

공동체자유주의가 우리사회를 조타하는 핵심적인 가치준거율이 되기 위해서는 먼저 현 단계 우리사회가 과연 이를 수용할 수 있는 준비를 갖추었는지를 점검해 보아야 한다. 무엇보다도 현 단계 우리사회에 그에 대한 사회적인 수요가 과연 팽대해 있는가를 밝혀야 옳을 일이다. 공동체자유주의의 역사적 필연성을 확인하자는 것이다. 이를 위해서는 우선 현 단계 우리사회의 구조적 특성을 진단해 보아야 하며, 이를 위해서는 오늘의 우리 현실을 지난 시기의 우리사회가 경험해 온 바가 응축되어 나타나는 역사적 총체(historical totality)라고 보고 접근할 필요가 있다. 어떤 사회의 구조적 특성은 그를 에워싸고 있는 시공간적인 조건과의 상호작용 속에서 축적되고 형성되기 때문이다.

이런 접근시각은 현 단계 우리사회의 미래지향적인 변화방향을 추론하는 데 있어 발전론적 접근전략이 유용할 것이라는 점을 시사한다. 사회변화의 순차적, 단계적 변화를 상정하는 발전이론은 그것 자체로서 역사론적 접근시각을 내포한다. 그러나 현실세계의 변화양식이 언제나 순율적인 것은 아니며 때로는 지체하거나 퇴행하기도 한다. 바로 이점에서 비판되기도 하지만 과거의 연장선상에서 미래를 내다본다는 점에서는 미래사회에 대한 지시등 내지는 안내견 역할을 수행한다는 것 또한 부정하기 어렵다. 이점에 착안하여 여기에서는 오르간스키의 정치발전 4단계론(Organski,

1965)과 마슬로의 인간욕구 성장 5단계론(Maslaw, 1970)을 차용하여 현 단계 우리사회가 필요로 하는 국정비전이 무엇인지를 밝혀 보고자 한다.

그런데 이런 사회발전 단계론은 기본적으로 일국주의의 경계범위 내에서 논의를 전개하는 것이 보통이다. 이는 사실 너무나도 당연한 일이기도 하다. 지금까지의 인류사회는 민족국가를 기본축으로 전개되어 왔고 국가 간의 경계를 초월하여 오늘날과 같은 강도와 빈도를 지닌 지구화 현상이 등장하기 시작한 것은 비교적 최근의 일인 까닭이다. 그러나 그렇다고 하더라도 국가 간의 경계를 뛰어넘는 초국적 현상이 자리잡게 된 이후 이미 적지 않은 시간이 흘렀고, 한 나라의 정책결정과정이 국외적 요인에 의해 영향을 받는 일도 일상화되어 있다. 한 나라의 운영을 위한 국정비전을 구상할 때에는 이제 일국주의 차원뿐만 아니라 지구공동체 차원의 과제에 대해서도 이를 함께 고민해야 마땅한 시대가 되었다.

실제로 우리사회의 진행경로를 추적해 보면 국정운영방향에 대한 우리사회의 요구 자체가 일국주의의 경계를 뛰어넘는 차원으로 이동하고 있음을 확인하게 된다. 이제 국정비전은 일국주의의 경계 범위를 벗어나는 차원에 대해서도 이를 다루어야 하게 된 것이다. 한 나라의 국정운영은 단지 자국 영토내의 과제만이 아니라 그가 속해 있는 지구공동체 전체의 과제에 의해서도 영향을 받고 있으며 그렇기 때문에 이들을 고려하지 않고 국정을 운영한다는 것은 이제 호소력을 얻기 어렵게 되었다.

Ⅱ. 한국의 현대 정치사 전개과정

우리사회는 그 동안 헌법의 제정과 상비군의 건설같은 과제를 마무리한 건국기를 거쳐 자본주의의 형성기라고 할 수 있는 경제발전과 산업화 과정을 밟았으며 이후 정치적 자유주의를 제도적으로 보장하는 절차적 민주화의 시대를 열었다. 이제 정보사회의 도래와 함께 더 많은 자유주의에 대한 요구가 분출하고 지구화 시대의 세계시장경제체제를 초극하는 성장과 분배의 병진시대를 열어야 한다는 요구에 직면하게 되었다. 이점에서 보면, 우리의 경우도 오르간스키가 말하는 것처럼 초보적 통합의 정치, 산업화의 정치, 국민복지의 정치, 풍요의 정치를 단계적으로 밟아가는 것처럼 보인다.[1)]

1948년 정부를 수립한 이후 이승만 정권에서 장면 정권에 이르기까지의 기간 동안에는 주로 국가형성의 초석을 다지는 데 필요한 법률과 제도를 정비하는 등 헌정주의의 토대를 구축하는 데 치중하였다. 국민통합을 위해 필요한 기초적인 장치를 마련하고자 한 것이다. 공업화 이전 단계에서, 하나의 통일국가를 건설하고자 하는 데에 정부와 정치의 목적이 맞추어져 있었던 것이다. 당연히 제대로 된 정치발전의 모습을 찾아 볼 수 없었으며, 단지 사회도처에 존재하는 전근대적이며 봉건적인 요소들을 극복하고 근대

1) 물론 이들이 단계적으로 전단계의 완료 이후에나 다음 단계로 이동한다는 의미는 아니다. 다만 시대 성격의 변화에 따라 어떤 중심가치가 새롭게 등장하는지를 살펴보자는 것이다.

국가의 기초인 사회적, 경제적 통일체계를 확립하는 데 강조점을 두었다.

1961년의 5.16 군사쿠데타로 시작된 박정희 정권에서 시작해서 전두환, 노태우 정권까지의 군부 독제체제 하에서는 주로 나라의 경제부문에 주목하면서 권위주의체제를 통한 자본주의 체제의 활착화에 주력하고자 했다. 산업화를 통한 국민경제의 성장기로서, 전통사회가 무너지고 공업경영자와 중산층이 새로운 사회계급의 핵심세력으로 성장하게 되었으며, 경제발전의 최대 구성요소라고 할 수 있는 민족자본의 축적이 광범위하게 일어났다. 이 과정에서 국가의 일방주의와 일반 국민의 정치과정으로부터의 소외가 체계적으로 일어났음은 주지의 사실이다.

이후 등장한 김영삼, 김대중, 노무현 정권까지의 기간은 일반 국민의 정치적 권한 확대를 통한 절차적 민주화의 진전을 도모한 시기였다. 공업화와 산업화가 성숙단계에 이르면서 정부와 국민 간의 상호의존성 정도가 높아지기 시작했다. 공화주의에 대한 염원이 절실해지기 시작한 시기다. 따라서 더 이상 국가 중심의 일방주의가 작동하지 않게 되었으며 그에 따라 노동운동이 활성화 되고 국민의 참정권을 확대 보장하려는 제도적 장치가 도입되었다. 사회보장정책의 광범위한 실시를 통해 국민 일반의 사회복지 수준을 향상시키려는 노력이 경주되기 시작한 것도 이 시기였다. 현단계 우리사회에서 복지논쟁이 치열하지만 이는 더 많은 복지에 대한 주문이며 사회복지정책 자체는 이미 이 시기에 강조되기 시작했다.

그러나 이명박 정권에 들어서면서는 일종의 정치발전 정체기라고 할까 또는 퇴행기라고 해야 할 현상이 도처에서 들어나게 되었다. 실용주의를 강조하면서 소통과 대화가 단절되었다는 지적이 난무하게 되었고 그에 따라 국가 중심의 일방주의로 회귀한다는 우려가 확산되었다. 이렇듯 오르간스키가 말하는 정치발전 4단계가 어느 나라에서나 언제가 순율적으로 또는 순차적, 단계적으로 나타나는 것은 아니다. 이런 과도기적 현상은 현 단계의 우리사회가 아직은 오르간스키가 말하는 국민복지의 정치를 완결하기 이전 단계에 머물러 있으며 앞으로 구현해야 할 과제로 풍요의 정치를 남겨두고 있음을 뜻한다.

그런데 오르간스키가 말하는 풍요의 정치는 정치발전을 이룩한 나라가 후기산업사회가 동반하는 사회구조적인 모순에 직면하면서 보다 적극적으로 국민의 삶을 보장하고자 하려는 것으로 이해된다. 고도산업사회가 정보화, 지구화 현상을 불러오면서 사회경제적 양극화 현상이 국내외적으로 발생하고, 이에 조응해서 사회적 약자를 보다 적극적으로 배려해야 한다는 수요가 폭증하는 것이다. 보다 더 집중되는 정치, 경제적 권력에 대응하여 더 많은 자유주의에 대한 수요가 폭발적으로 증대하게 된다고 보았다. 보다 더 중요한 것은 이런 현상이 범지구적으로 확산되면서 민주주의와 인권보호, 지역적 연합체계의 구성, 민족적 자율성과 민족주의 수호 등이 중요 의제로 등장하게 된다고 보았다는 점이다.

이를 정리해 보면 다음의 표에 나타나 있는 바와 같다.

〈표-1〉 한국정부의 시대정신 변천과정

기 간	비전(시대정신)	목적가치	오르간스키의 정치발전 단계
이승만-장면	건국 nation building	헌정주의 constitutionalism	초보적 통합의 정치
박정희-노태우	산업화 industrialization	자본주의 capitalism	산업화의 정치
김영삼-노무현	민주화 democratization	공화주의 republicanism	국민복지의 정치
이명박	비전 부재의 정체기	실용주의 pragmatism	
차기 정부			풍요의 정치

Ⅲ. 차기 정부의 시대정신은 무엇인가?

오르간스키가 말하는 풍요의 정치를 보다 구체화하기 위해서는 마슬로의 인간욕구성장 5단계론에 주목할 필요가 있다.[2)] 어떤 사회의 발전은 결국 그 사회를 구성하는 인간 개개인의 변화를 전제하는 것이기 때문이다. 그런데 마슬로에 의하면 인간은 자신에게 부여되는 동기의 성질에 따라 반응하는 내용을 달리하며 그 달라지는 반응의 내용에 따라 변화의 방향과 성질이 결정된다고 보았다. 그리고 그런 인간에게 부여되는 동기는 단계별로 상이한 인간의 욕구에 따라 달라진다는 것이다. 그런데 그의 이런 "인간의

2) 권기현(2011: 23-25)에서 아이디어를 얻었다.

욕구"는 낮은 단계의 욕구로부터 시작하여 그것이 충족됨에 따라 차츰 상위 단계로 올라가는 성질을 지녔다. 이러한 마슬로의 이론은 브랜다이스 대학에 재직할 당시에 집필한 『인간의 동기와 성격(Motivation and Personality)』이라는 책에서 소개되고 있다.

마슬로는 가장 본능적이고 저급한 수준의 욕구로 생리적 욕구를 들고 순차적으로 안전에 대한 욕구, 귀속감 내지는 사랑과 같은 사회적 욕구, 자아존중의 욕구, 자아실현의 욕구를 제시했다. 국가도 바로 이런 개인들이 모여 이루어지는 것이라는 점에 착안해 보면, 국가가 추구하는 목적가치 내지는 시대정신도 이와 같이 국가운영에 필요하다고 판단되는 보다 근본적이고 저급한 수준의 선행과제가 충족되면서 보다 더 고급한 수준의 다음 단계의 과제로 이동하는 가운데 성장, 발전한다고 추론해 볼 수 있을 것이다.

마슬로의 제1단계 욕구인 생리적 욕구(Physiological Needs)는 인간의 가장 원초적인 본능이라고 할 수 있는 따뜻함이나 거주지, 먹을 것 같은 것에 대한 욕구이다. 인간은 빵만으로 사는 것은 아니지만 정말로 굶주리고 있는 사람에게 있어서는 빵 한 조각이 전부인 것이다. 춥고 배고픈 문제가 해결되지 않는 한 다른 욕구는 모습을 나타내지 않는다.

그럼에도 불구하고 우리의 경우는 건국 초기에 이런 원초적인 문제를 해결하지도 못한 상태에서 국가형성의 초기적 장치라고 할 수 있는 헌정주의 구현에 필요한 제도적 장치를 정착시켜 사회경제적 동일체세를 갖추고자 했다. 마슬로의 관점을 빌리자면 인간이 근본적으로 신체적인 또는 감정적인 위험으로부터 보호되고 안전해지기를 바라는 제2단계 욕구에 부응하고자 한 것이다. 이런 건국 과정은 생리적 욕구가 충족되지도 않는 상태에서 시도되었다는 점에서 당연히 혼란과 비효율이 판칠 수밖에 없었으며 혁명적 방법에 의해 생리적 욕구 해결을 위한 산업화 시대로 강제이동하게 된다.

산업화와 그에 따른 경제발전이 이뤄지면서 생리적인 욕구가 충족되기 시작하고 그 과정에서 건국의 과제였던 안전에 대한 욕구도 채워지면서 다음 단계인 소속감과 애정에 대한 욕구(Belongingness and Love Needs)로 이동하게 되었다. 소속감과 애정에 대한 욕구는 한마디로 집단을 만들고 싶다, 동료들로부터 받아들여지고 싶다는 욕구라는 점에서 사회적 욕구(Social Needs)로 이해된다. 인간은 사회적인 존재이므로 어디에 소속되거나 자신이 다른 집단에 의해 받아들여지기를 원하고 동료와 친교를 나누고 싶어 하기도 한다. 바로 이렇게 다른 이들과 조화로운 삶을 영위하고자 하는 욕구는, 그런 관계가 가능하도록 규율하는 보다 객관적이고 그에 따라 사회구성원 모두가 흔쾌히 수용할 수 있는 기준율을 필요로 하게 된다. 가장 민주적인 것이 가장 사회적이며 객관적이고 수용성 높은 제도라는 점에서 절차적 민주주의에 대한 요구가 커지게 되고, 그에 대해 반응한 결과가 절차적 민주화의 성취라고 할 수 있을 것이다.

그런데 현 시점의 우리사회는 절차적 민주주의가 정착되면서부터 사회변화에 더 이상의 진전이 없다는 점에 대해 또는 오히려 퇴행하는 경향마저 보인다는 점에서 불만이 팽대한 상태에 있다. 정치사회발전의 정체기라는 이명박 정부에 대한 불만이 분출하는 이유다. 그런데 마슬로에 의하면 사회적 욕구가 채워진 다음 단계의 욕구는 존경에 대한 욕구(Esteem Needs)라는 것이다. 그런 점에서 보면 이명박 정부에 대한 불만은 존경에 대한 욕구를 반영하는 사회체계로의 진화 내지는 국정비전의 제시가 부족한 데에서 오는 현상이라고 진단해 볼 수 있을 것이다.

인간은 어디에 속하려는 그의 욕구가 어느 정도 충족되기 시작하면 어느 집단의 단순한 구성원 이상의 것이 되기를 원한다. 이는 내적으로 자존 · 자율을 성취하려는 자기존중의 욕구와 함께 외적으로도 타인으로부터 주목받고, 인정받으며, 집단 내에서 어떤 지위를 확보하려는 욕구, 즉 외적 존경에 대한 욕구로 구체화 되어 나타난다. 이를 정치사회적 관계로 치환해 보면 정지적 의사결성 과정에 대한 참여의 욕구, 피동적 주체가 아니라 주동적 주체가 되고자 하는 욕구, 그렇기 때문에 국가에 의한 일방주의가 아니라 국가와 시민사회 간의 쌍방주의 의사소통을 요구하는 것으로 이해해 볼 수 있을 것이다. 우리사회가 오늘날 “더 많은 민주주의” 내지는 “더 많은 자유주의”에 목말라 하는 이유다.

마슬로는 또 일단 존경의 욕구가 어느 정도 충족되기 시작하면 다음에는 “나의 능력을 발휘하고 싶다”, “자기계발을 계속하고 싶다”는 자아실현의 욕구(Self-Actualization Needs)가 강력하게 나타난다고 보았다. 이는 자신이 이룰 수 있는 것 혹은 될 수 있는 것을 성취하려는 욕구를 말한다. 즉, 계속적인 자기발전을 통하여 성장하고, 자신의 잠재력을 극대화함으로서 자아를 완성시키려는 욕구이다. 이를 위해서는 첫째, 개인의 본질이 갖고 있는 가능성을 완전히 발휘할 수 있어야 하며 둘째, 질병, 신경증, 정신병 또는 기본적

인간 능력의 상실 혹은 감퇴 등이 가장 적게 존재해야 한다.

이런 상태를 국가사회 차원으로 전환해 보면 우리가 궁극적으로 달성하고자 하는 것이 무엇이냐에 주목해야 하고, 그에 따라 우리로서는 가장 한국적인 것을 가치의 중심축으로 삼으려는 한국적 표준의 구축이 필요하게 된다는 점과 사회적 갈등과 왜곡이 최소화 되는 상태를 지향하는 것으로 이해해 볼 수 있게 된다. 이를 위해서는 당연히 외부로부터의 영향력에 굴하거나 침해받는 일이 최소화 되어야 하며 오히려 보다 숭고한 인류보편적 가치의 실현을 위해 자신의 의지나 생각을 전파할 수 있어야 한다는 의미로 해석된다. 단순한 패권주의자로서가 아니라 인류공영의 구현자로서 지구촌을 주도하는 중심국가로 성장하기를 지향하는 셈이다. 이 경우 국가비전의 사회적 비중이 커질 것은 당연한 이치이며 결과적으로 보다 성숙한 국가로의 이동을 추구하는 것이기도 하다. 지구경영의 선도자가 되고자 하는 셈이다.

지금까지의 논의를 표로 나타내 보면 아래와 같다.

〈표-2〉 마슬로의 인간욕구 성장 5단계론과 시대정신

기간	마슬로의 인간욕구	시대정신
이승만-장면	안전에 대한 욕구 safety needs	건국
박정희-노태우	생리적 욕구 physiological needs	산업화
김영삼-노무현	사회적 욕구 social needs	민주화
이명박		정체기
차기 정부	자기존중의 욕구 self-respect	더 많은 자유화
	자아실현의 욕구 self-actualization	지구화

Ⅳ. 차기 정부의 국정비전은 무엇이어야 하는가?

차기 정부가 추구해야 할 시대정신이 "더 많은 자유화"와 "인류공영을 위한 지구화"에 있다면 이를 구현하기 위해 국가가 취해야 할 운영전략은 무엇인가? 이를 알아보기 위해서는 먼저 "더 많은 자유화"와 "인류공영을 위한 지구화"의 의미를 천착해 보는 것이 선결과제일 것이다.

1. 더 많은 자유화

우리사회에 산업화와 민주화 과정에서 발생한 국가 중심주의 내지는 엘리트 중심주의로 인해 억압되거나 제한된 개인을 해방시켜, 그의 의사결정권을 확대해야 한다는 사회적 각성과 수요가 팽대하다는 사실은 주지하는 바와 같다. "더 많은 민주주의"에 대한 요구가 분출하고 있는 것이다. 그런데 더 많은 민주주의에 대한 요구는 결국 "더 많은 개인의 자유화 내지는 자유주의"에 대한 요구에 다름이 아니며 이는 결과적으로 개인주의화에 대한 요구이기도 한 것이다. 이런 개인주의화에 대한 요구는 기존의 질서 내지는 기득의 권력을 나누자는 것에 다름 아닌 일이기도 하다. 그러나 이때의 분권은 분할을 겨냥하는 것이 아니라 독점을 극복하자는 것이기 때문에 개인이 더 많은 책임을 지는 사회를 열자는 것에 다름 아닌 것이기도 하다. 개인주의의 심화는 자기중심주의 내지는 자기소유의 배타적 지배를 불러오면서 공동체의 해체로 나타날 위험성이 적지 않기 때문이다.

바로 이런 개인주의 심화에 대한 우려 내지는 반동의 결과 개인의 책임을 보다 더 강화하자는 것이 자유주의에 공동체주의를 가미하자는 주장의 실체다. 그런데 공동체주의는 타인을 위해 자신의 자유를 제한하는 요소를 지녔다. 따라서 자유주의와 공동체주의를 결합하는 공동체자유주의가 개인의 덕성과 헌신이 전제되어야 구현 가능하다는 것은 당연한 이치다. 그런데 문제는 개인주의적 자유주의와 전체주의적 공동체주의 사이에는 양자를 어느 비율로 결합하느냐에 따라 실로 무수한 유형의 혼합물이 존재 가능하다는 점에 있다. 이렇게 공동체자유주의에 자유주의와 공동체주의를 배합하는 데에는 어떤 정형화된 혼합비율이 따로 존재하는 것이 아니기 때문에 그 비율은 그때그때의 사회적 합의에 따라 정해질 수밖에 없고, 그런 점에서 국가와 시민사회가 참여와 소통을 통해 합의를 도출하고자 하는 참여민주주의, 심의민주주의에 대한 사회적 수요가 커지게 될 것 또한 매우 자명한 일이다.

이 경우 국가와 시민사회는 서로의 존재이유와 활동영역을 존중하면서도 상호 소통하고 공동생산하자는 것임으로 동반자 정부(거버넌스: 협치)의 운영전략을 채택하는 일이 불가역적인 과제로 제기된다. 동반자 정부는 승자와 패자, 강자와 약자, 진보와 보수, 치자와 피치자(국가와 시민사회), 기득권자와 소외자 등이 대화와 소통을 통해 공동의 운영자가 되자는 것이다. 따라서 동반자 정부 아래에서는 성장과 분배 내지는 복지가 선순환 관계에 있음을 당연시 한다. 자유주의가 개인의 자기개발과 의사결정권의 향유를 통해 적극적인 자기 성장과 발전을 지향하는 것이라고 한다면 공동체주의는 공동체 구성원에 대한 최소한의 권리를 보장함으로써 분배와 복지를 강조하게 마련이다. 그런데 이들이 함께 동반자가 되어 정책의 기본방향을 정하게 된다면 양자 간의 선순환을 전제로 논의를 전개할 수밖에 없는 일일 것이기 때문이다.

2. 인류공영을 위한 지구화

오늘날 우리는 지구화 시대에 살고 있다. 민족국가의 경계를 넘는 세계시장질서의 대두와 그에 따른 경제활동의 무국경화 현상으로 시발된 작금의 지구화 현상은 이제 지구시민사회의 형성과 함께 지구를 하나의 단위로 하는 지구문화 형성에까지 이르고자 하는 변화를 보이고 있다. 이런 지구화 현상을 민족국가의 일국주의 경계를 넘는 일종의 확산과정이라는 점에서 본다면 당연히 더 많은 자유화 내지는 자유주의에 대한 동경의 결과라고 할 수 있을 것이다. 그러나 다른 한편 지구를 하나의 독자적인 사회생활단위로 하는 네트워크와 결속 내지는 응집이 이루어지는 과정이라는 점에서는 인류공영의 사해동포주의를 구현하고자 하는 일종의 공동체주의가 지구차원에서 구체화하는 과정이라고 볼 수도 있을 것이다. 이런 관점에서 보면 일국주의에 기초한 신중상주의나 고전적 의미의 민족주의는 경계해야 할 과제 가운데 하나가 된다.

따라서 지구화 현상은 더 많은 자유주의에 대한 요구와 더 많은 공동체주의에 대한 요구가 서로 영향을 미치거나 협력하는 가운데 구체화 되는 현상이라는 점에서, 공동체자유주의가 지구 차원에서 만들어지는 실존양식 가운데 하나라고 말할 수 있을 것 같다. 그런데 작금의 지구화 실체는 민족국가의 경계를 넘는 자유화의 경향이 압도하는 가운데 인류공영의 공동체주의적 가치를 지향하는 노력은 매우 취약한 상태에 있다. 이는 지금까지 인류가 경험해 온 여러 차례의 지구화 현상과 그의 본질에 있어 크게 다르지 않다. 15세기 후반 마젤란을 필두로 하여 원동기를 장착한 범선이 유럽의 지리적 경계를 범지구적으로 확장하는 가운데 이루어진 식민지 건설과 수탈의 체제는 경제적 침략을 겨냥한 유럽인의 더 많은 자유주의 확산에 다름 아닌 것이었다. 제2차 세계대전 이후 미국의 정치적 패권주의를 통해 전지구를 하나의 일극체제로 재편한 것도 앞서의 경우와 크게 다르지 않다. 미국이 주도해서 만든 브레튼우즈 협정이나 WTO, IMF 등이 미국의 관점과 이해관계를 관철시키기 위한 전지구적인 경제체제 재편과정이었음은 주지하는 바와 같다.

따라서 지구화 과정의 더 많은 자유주의에 대한 요구를 상쇄할 공동체주의적 가치 확산에 대한 요구가 비등해 있을 것은 자명한 이치다. 사실상 지금의 지구화 과정이 "강자승 약자필패"의 원리를 가속화 하면서 경제사회적 양극화를 촉진하는 핵심적 요소라는 데에 이론을 제기하는 이는 별로 없다. 나눔의 길이 아니라 독점의 방향으로 치닫고 있는 것이다. 따라서 이를 지구차원의 공동체적 가치 내지는 인류공영의 사해동포주의의 관점에서 보완하거나 시정하려는 노력이 시급히 경주되어야 한다는 주장이 제기될 것은 당연한 이치다.

그런데 우리는 오랜 동안 지구촌 변방에서 종속변수로 자족해야 했다. 반도국가의 경계에 갇혀 지구화에 대한 관점 자체를 결여한 채 오랜 동안 쇄국주의의 덫에 갇혀 살아 온 것도 사실이다. 그러나 이제 산업화, 민주화를 통해 정상국가의 토대를 튼튼히 한 우리가 자존감을 회복하면서 자아실현에 대한 욕구 분출에 직면하게 될 것은 당연한 이치이다. 한민족 역사 이래 지금처럼 상승욕구, 자신감, 자기존중, 자기성취욕구가 팽대한 적은 없었다. "새로운 도전의 역사"를 열어야 하고, 열 수 있는 이유다. 우리의 상승욕구에 대한 지구촌의 동감현상이 한류로 하여금 지구촌 전역을 휩쓸도록 하고 있다는 점도 유의해 보아야 한다. 지구경영의 중심세력으로 부상해야 하는 이유다.

그러나 현 시기의 지구화 현상은 과거의 수탈적, 침략적 접근과는 달리 간접적, 문화적, 우회적으로 접근할 것을 요구한다. 패권주의가 아니라 사해동포주의, 자국중심주의가 아니라 지구차원의 공동체주의만이 지구민의 정서적 공감을 이끌 수 있으며 정신적 프레임을 공유할 수 있다. 그 결과 영성과 감성에서 지구시민과 함께 공명할 수 있을 때만 지구촌의 중심축으로 자리매김할 수 있다. 세계는 이미 하드파워의 시대에서 벗어나 소프트 파워(soft power)의 시대에 들어서 있는 것이다. 따라서 지구촌 구성원을 우리의 발전을 위한 수단이나 경쟁의 대상으로 인식하기보다는 상생의 동반자로 보려는 안목을 지녀야 한다. 지구시민 개념을 통한 지구촌 공동체 건설의 선도역을 자임하고 나서야 하는 이유다.

이는 다른 한편 어느 나라도 일방주의에 기초한 지구경영전략을 채택하는 경우 팽창주의의 유혹에 빠지게 되며 지구촌 구성원으로부터 마음에서 우러나는 존경과 함께 지도력을 승인을 받기 어렵다는 의미로 해석되어야 한다. 소프트 파워는 지구공동체 구성원과의 격의 없는 쌍방주의 의사소통이 전제될 때 획득가능하다는 의미다. 지구공동체 차원의 동반자 관계 구축이 요구되는 이유다.

Ⅴ. 결론

현 단계 우리사회가 지향해 나가야 할 "더 많은 자유화"와 "인류공영을 위한 지구화"의 과제는 그의 본질적 특성상 각각의 정책공동체 구성원들 사이, 특히 강자와 약자, 이기주의자와 이타주의자 또는 국가와 시민 사이에서 동반자적 관계를 설정할 것이 요청된다는 점은 이미 밝혀진 바와 같다. 더 많은 자유화와 인류공영을 위한 지구화는 일국 차원과 지구 차원에서 각기 공동체자유주의를 구현하고자 하는 것에 다름 아니기 때문이다. 자유화를 통한 개인주의와 지구화를 통한 팽창주의는 결코 해체주의로 귀결되어서는 안 된다는 뜻이기도 하다. 그런데 이런 일국 차원의 공동체자유주의와 지구 차원의 공동체자유주의는 모두 궁극적으로 공동체 구성원 간의 조화로운 삶을 지향한다는 점에서 생태론적 세계관에 의존하는 셈이다. 조직과 환경 또는 하위체계와 상위체계 간의 경계나 구획을 초월하는 총합적 관계 망 위에서 작동한다는 뜻이다. 이렇게 놓고 보면 일국 차원의 공동체자유주의와 지구 차원의 공동체자유주의는 그의 실천과정에서 결코 분리 대응해야 할 이유도 분리 대응할 수도 없는 과제임을 알 수 있다. 이는 다시 더 많은 자유를 지향하면서 일국주의에 기초한 거버넌스 과정에 참여하고 있는 국가와 시민사회 모두에게 지구공동체와 지구 차원의 공동체자유주의 구현에 대한 안목과 의지를 심어주는 일이 시급한 과제임을 알 수 있다.

이에 따라 정부에서는 인류공영을 위한 지구화의 안목과 지구 차원의 공동체자유주의 구현이라는 가치관에 따라 일국 차원의 국정운영이 가능하도록 업무수행의 체계를 개편하거나 국정사업의 성격을 수정하거나 재해석하는 일이 필수적으로 요청된다. 지구화 시대의 요구에 조응하려는 전정부적인 혁신작업이 필요하다는 의미다. 일반국민들로서도 인류공영을 위한 지구화의 안목과 지구 차원의 공동체자유주의 구현이라는 가치관을 숙지하거나 학습할 것이 요구된다. 지구시민교육이 필요한 이유다. 이는 거버넌스의 결과물이 공공선과 배치되는 일이 없어야 한다는 점에서도 필수적으로 요청되는 과제다. 원래 거버넌스를 통해 공동체자유주의를 지향한다는 것은 공공선의 문제를 생태론적 개념의 틀 속에서 어떻게 소화할 것인가의 문제를 낳는다. 공동체주의에는 구성주의적 공동체와 공공선을 지향하는 가치론적 공동체라는 이중성이 내포되어 있기 때문이다. 이 경우 거버넌스를 통한 동반자 간의 합의나 결론같은 구성주의적 요소가 공공선의 기본가치와 충돌하지 않는 것이 이상적일 것은 물론이다. 따라서 대대적인 지구시민교육을 통해 더 많은 국민들이 지구차원의 공공선에 대해 숙지하게 된다면 더 많은 자유화와 인류공영을 위한 지구화를 추진해 나가는 과정에서 보다 더 유리할 것은 자명한 이치다.

이 경우 "더 많은 자유화"와 "인류공영을 위한 지구화"의 과제는 개별적, 순차적 관계보다는 병진적, 내포적 관계를 구성하게 된다. 원래 인간의 자아성취는 그것 자체가 자기존중의 결과이자 그로 인해 자기의 존엄성이 확인되는 복합적 관계를 구성하는 것이기도 하다. 그런 의미에서 "더 많은 자유화"와 "인류공영을 위한 지구화"의 국정비전은 서로 분리되어 있는 별개의 것이라기보다는 서로 연동되어 있어 병진적 대응이나 성취가 가능한 과제라고 하겠다. 차기 정부가 "더 많은 자유화"와 함께 "인류공영을 위한 지구화"의 국정비전을 동시에 추진해야 하는 숙제를 안게 되는 이유다.

그런데 사회공동체 구성원과의 거버넌스 관계 설정을 통해 공공선을 이루려는 정부를 동반자 정부라고 한다면, 이때의 정부는 스스로가 더 이상 초이성적 판단의 주체가 아니라는 사실을 승인해야 하는 데, 강자에 의해 주도되어 온 현대 국가가 과연 서슴없이 이에 동의할 것인가는 여전히 숙제로 남는다. 국가가 지금까지 견지해 온 국가중심의 일방주의를 포기하고 피치자와의 쌍방주의를 구현하기 위해서는 사회적 약자인 피치자보다는 사회적 강자인 국가의 결단과 이해가 선행되어야 한다. 국가가 먼저 공동체자유주의의 구현을 위해 앞장서 나서야 한다는 의미이고, 강한 자가 먼저 나눔의 시대정신에 동참하려는 결단에 앞장서야 한다는 의미다.

제3장

국정기조: 가치관의 공유와 자결권 회복

Ⅰ. 서론

국정비전을 거버넌스를 통해 성공적으로 구현하기 위해서는 그에 필요한 국정운영상의 가치준거가 있게 마련이다. 이를 국정기조라고 할 때 국정기조가 시대적인 요구를 잘 반영하지 못하거나 그런 요구에 조응해나가야 할 국가에 대한 기본인식 자체가 잘못되어 있을 경우, 비전 구현을 위한 거버넌스가 제대로 작동할 수 없을 것은 자명한 이치다. 가까운 사례로는 이명박 정부를 들 수 있다. 이명박 정부는 취임 초기부터 실용주의를 들고 나와 실용주의가 국가운영의 수단이 될 수 있을지는 몰라도 그것 자체가 목적이 될 수는 없다는 지적을 받았다. 국정철학이 부족하다는 평가였다(홍장기, 2008.07.24). 이는 국가에 대한 기본 인식의 결여가 불러온 재앙이라는 지적도 있었다. 국가의 핵심이라고 해야 할 공공성에 대한 이해가 부족하다는 것이었다(권태선, 2012.04.23). 이에 따라 녹색성장, 공정성, 공생발전을 차례로 다시 제시했지만 한 정권의 국정기조가 해마다 바뀌는 결과가 되었을 뿐이다. 국정기조가 국정전반을 관통하는 일관된 문제의식이나 가치준거를 유지하지 못하면서, 이명박 정부의 실패는 예정된 수순이나 다름없게 되었다.

이렇듯 성공적인 국정운영을 위해서는 일정 기간 동안 어떤 가치준거를 일관되게 유지하는 일도 중요하지만, 보다 더 중요한 것은 이를 정부 내외의 의사결정 중추들이 공유하도록 하여 결과적으로 협력적 공조체제를 구성하는 일이다. 정보사회의 도래로 인한 “정부실패”를 전환비용론의 관점에서 접근하는 이들에 의하면, 관료적 일원주의에 의존하는 정부의 의사결정 양식으로는 급변하는 사회환경 변화에 효율적으로 대응할 수 없다는 것이다. 관료제 종말론의 관점에서 볼 때, 정부가 국가와 시민사회 간의 간극과 격차를 줄이고 보다 더 신속하고 유연하며 적실성 있게 의사결정하기 위해서는 의사결정 중추를 다핵화하는 일이 불가피한 과제다. 보다 현장밀착적인 의사결정을 필요로 하는 까닭이다. 이렇게 다핵화된 의사결정 중추들 사이의 협력과 일치를 촉진하여 전체로서의 총화와 귀일성을 보다 효과적으로 확보하기 위해서는 행정의 과정이 아니라 결과에 주목해야 하며, 이는 과정통제를 대신할 의사결정 중추들 사이에서의 가치공유를 통해 구현 가능해진다.

그런데 국정기조가 한 나라의 “국정전반을 관통하는 일관된 철학적, 이론적 배경”(황윤원, 2007: 8)을 지칭하는 것이라고 한다면, 거기에는 필연적으로 특정 가치에 대한 지향성이 내포되어 있을 수밖에 없다. 그리고 그런 가치지향성을 얼마나 추상적으로 표현하느냐 또는 구체화 하느냐에 따라 국정철학(government philosophy), 국정비전(government vision), 국정원리(government principle), 국정목표(government objective), 국정지표(government guideline) 등 다양한 차원으로 구분해 온 것도 사실이다(황윤원, 2007: 8). 그러나 이들 모두가 국정운영의 방향과 전략을 제시하거나 함축하는 것이라는 점에서는 국정기조를 이들 모두를 포괄하는 다층적, 다의적, 아코디언식 개념으로 이해해 보아도 무리가 없을 것이다. 어쨌든 국정기조가

한 나라를 통합적 질서로 향도하는 가치지향적 기제라고 한다면, 정보사회의 도래 이후 사회구조의 급변성, 복잡성, 파편성 등이 심화되고 있는 우리사회의 경우 의사결정 중추들 사이의 가치공유를 위해 보다 적실성 높은 국정기조를 개발, 공급해야 할 것은 정한 이치나 같다.

특히 차기정부는 지금까지와는 다른 정치사회적 지형 속에서 국정운영의 책임을 져야 하는 만큼 얼마나 적실성 있게 국정기조를 새롭게 개발하고 제시하느냐에 따라 정권의 성공여부가 결정된다고 해도 과언이 아니다. 무엇보다도 이명박 정부 하에서 이루어진 국정운영의 난조 또는 지체를 정리하고 정상화하는 과제는 차기정부가 당면한 발등의 불 가운데 하나다. 이에 대해 보다 효율적으로 조응하기 위해서도 시대적 요구에 합당한 국정기조를 발굴하는 일은 시급한 과제가 되어 있다.

Ⅱ. 국정기조의 내포적 의미 평가

지금까지 국정기조는 대개 한 사회의 시간적, 공간적 특성에 따라 형성되는 사회적인 요구나 정책과제에 조응해서 개발, 설정되는 것으로 여겨 왔다. 그러나 국정기조에 대한 이런 인식에는 흔히 일방주의와 일원주의가 암시되거나 내포되어 있는 것이 보통이다.

1. 일방주의의 한계

먼저 일방주의는 국정기조를 기술관료가 개발하고 제시하는 것으로 이해하거나 암시하는 데에서부터 비롯된다. 국조기조가 어떤 사회의 성격을 진단하고 규정한 후 그에 합당한 합리적인 대응방향을 모색하는 것이라고 한다면, 이를 위해서는 과학적인 진단이나 전문가적인 판단이 필요하게 되고, 이는 기술관료의 분석과 평가를 전제하는 일에 다름 아니다. 현자의 혜안을 요구한다는 점에서는 플라톤 이래의 철인정치 내지는 웨버류의 합리적 의사결정 과정을 가상하는 셈이다. 이런 엘리트중심주의적인 시각은 국정기조를 기술관료가 사회구성원에게 제공하는 일종의 프레임으로 보고자 하는 특성을 지녔다. 국정기조의 설정작업을 어떤 프레임을 통해 사회구성원의 의사결정이나 행태를 구속하고, 그 결과 전체로서의 통일성이나 새로운 질서를 창출하려는 일련의 조치로 보고자 하기 때문이다. 이 경우 기술관료는 주체, 당해 사회구성원은 객체로 간주되면서, 주체의 객체에 대한 일방주의가 정당화되고 또 당연한 일상으로 여겨지게 된다.

이런 엘리트중심의 일방주의는 또 국정기조를 선험적(a priori)으로 설정하려 한다는 특징도 지녔다. 국정기조를 한 사회의 역동적 변화과정 외부에서 개발한 어떤 프레임을 들고 그 대상사회를 향도하거나 조타하고자 하려는 것으로 여기기 때문이다. 이럴 경우 그런 국정기조가 대상사회에 적용되거나 수용되는 과정에서 일종의 간섭효과(Kooiman, 1994: 46-47)가 발생하게 될 것은 자명한 이치다. 국정기조가 당해 사회의 현안과제 해결에 대한 호소력이 식서나 실패하게 되는 여러 이유 가운데 하나다. 이럴 경우, 국정기조를 개발하는 과정에서 기술관료가 의지하거나 차용하는 프레임은 도대체 어떻게 빚어지는 것인가 하는 보다 원초적인 질문에 도달하게 된다. 그런데 프레이밍 이론에 따르면, 프레임은 대상집단의 프레임을 수용해서 리프레이밍함으로써 만들어진다(Schön & Rein, 1994). 따라서 국정기조는 기술관료가 어떤 대상사회에 적용할 것을 전제로 개발하는 것인 만큼, 거기에는 그 대상사회가 기술관료에게 전달하는 어떤 메시지 내지는 프레임이 전제되어 있으며, 이에 기술관료가 반응한 후 이를 토대로 자신의 내부에 선재적으로 축적되어 있던 프레임을 리프레이밍함으로서 구성된다고 보아야 할 것이다. 같은 이치로 국정기조 개발과정의 기술관료와 당해 사회의 구성원 사이에서는 일방주의가 아니라 쌍방주의가 작동한다고 보아야 옳을 일이다.

이는 흔히 국정기조를 가치나 국정철학의 차원에서 접근하는 경우 빠지기 쉬운 사실과 가치의 이분법적 오류로부터 벗어나는 길이기도 하다. 국정기조가 특정의 가치지향성을 대상사회에 전달하고자 하는 것이라고 해서 특정의 가치설정이 대상사회와 유리된 채 개발되거나 제시될 수 있는 것처럼 이해하기 쉽지만, 사실은 대상사회의 현실적 조건에 대한 고려 속에서 국정기조가 개발되는 것이며, 그렇기 때문에 국정기조가 전달하고자 하는 가치와 대상사회의 현실 사이에는 이분법적 단절이 아니라 상호작용적 경계넘기 또는 통섭적 변환과정이 자리 잡아야 마땅한 일이다.

2. 일원주의의 과제

또한, 국정기조가 한 사회의 시대적 요구에 조응하기 위해 마련되는 시대정신 내지는 그 사회 전체를 관통하는 어떤 가치체계라고 한다면, 국정기조는 그 사회를 관통하는 하나의 총체적, 포괄적 프레임으로 이해하게 되는 것이 보통이다. 그리고 이를 정립하기 위해서는 무엇보다도 먼저 당면한 사회의 성격을 무엇으로 규정할 것인가가 선결과제로 제기된다.

그 동안 우리사회에서는 농업사회가 미처 완결되기도 전에 산업사회가 등장하고 산업사회가 마무리되기도 전에 정보사회와 그에 기초한 지구화 시대가 도래하면서 사회구조가 다원적 중층구조를 이루었다. 농촌시간대와 도시시간대 그리고 지구시간대가 공존하는 복합사회를 구성하고 있는 셈이다. 바로 이점에서 사회발전

단계를 순율적, 순차적으로 밟아 온 서구사회의 경험과는 크게 다르다. 따라서 우리의 경우에는 하나의 프레임만으로 사회 전체를 포괄할 수 있는 국정기조를 개발하는 일이 과연 가능한 것인가 하는 의문을 갖게 된다.

서구사회의 경우에는 사회발전이 순차적, 단계적으로 이루어지면서 사회발전의 단계마다 단일적인 사회를 형성했던 만큼 하나의 국정철학 내지는 국정기조를 통해 사회 전체를 포괄하거나 이를 대상으로 통일적 질서를 창출하는 일이 상대적으로 용이하고 또 바람직했던 셈이다. 그러나 이렇게 다층적 구조를 이루는 복합사회에서는 과연 하나의 가치체계를 통해 사회 여러 영역의 서로 다른 요구와 특성을 포괄할 수 있는가의 문제가 제기되지 않을 수 없다. 그리고 그렇기 때문에 하나의 국정기조가 아니라 여러 개의 국정기조를 제시하지 않을 수 없는 것이라고 한다면, 그 경우 복수의 국정기조를 통해 통일적 질서의 창출이나 가치관의 공유가 과연 가능한 일인가의 문제가 제기된다.

이런 모순적 요구를 극복하기 위해서는 우리사회의 이런 중층복합구조를 관통하는 토착적 가치 내지는 세계관의 개발이 당면한 최우선적 과제라고 해야 옳을 것이다. 이런 점에서 보면 어떤 형태의 외생적 프레임도 그것을 통해 우리사회를 재단하거나 국정기조를 개발하려는 시도는 처음부터 성공하기 어려운 도전이 되는 셈이다. 예컨대 원형으로서의 자유주의나 공동체주의 또는 자본주의나 사회주의같이 서구사회의 전개과정에서 서구사회 내생적으로 빚어진 이념의 틀을 통해 우리사회의 문제를 진단하고 대안을 제시하고자 한다면 외생적으로 주어지는 프레임과 우리사회의 현실 사이에서는 초극하기 어려운 간극과 불일치가 발생하기 마련인 것이다. 이는 결국 언필칭 "한국적 표준"을 개발해야 한다는 주문으로 이어지게 된다. 그러나 보다 더 중요한 문제는 어찌 어찌하여 우리사회를 관통하는 국정기조 내지는 한국적 표준이 개발되고 그에 기초하는 국정운영의 디자인이 제시된다고 하더라도, 이에 조응하는 우리사회 구성원들의 역량 내지는 에너지 또한 균일적이지 않다는 점이다. 시민성이 역사문화적 산물로 축적되어 있는 서구사회에서는 대부분의 시민들이 시민적 가치 내지는 시민성을 평균적으로 공유한 상태라고 할 수 있다. 그러나 우리사회의 경우에는 사회직접자본[3]이라고 해야 할 개인의 정서적, 심리적 성숙성 정도가 지역이나 영역에 따라 다르고, 그렇기 때문에 통일적인 디자인이 마련된다고 하더라도 이에 조응하는 시민사회의 시민성 정도 내지는 에너지의 성질과 총량이 지역이나 영역에 따라 다르게 되어 있다. 그렇기 때문에 단순히 통일적 디자인을 개발하는 것만으로는 사회통합이나 질서의 균일적 산출이 어렵게 된다.

이런 현상은 독일 통일 이후의 독일사회가 대의민주주의를 운영하는 과정에서 여실히 들어난 바 있다. 통일 이후 독일은 연방의회

---

3) 사회자본은 어떤 개인이 그의 외부 환경과의 관계에서 구축하는 외연적 네트워크, 상호신뢰의 정도, 행위규범의 준수 등에 따라 결정된다. 따라서 이를 사회간접자본이라고 부를 수 있을 것이다. 그러나 그런 개인의 내면의 세계에 구축되는 가치체계는 시민사회 형성의 보다 핵심적 요소라는 점에서 사회직접자본이라고 규정해 보고자 한다.

를 동서독 전체를 하나의 정치활동단위로 하는 대의기구로 구성하고 운영했지만, 과거 동독지역이었던 선거구의 유권자와 서독지역이었던 선거구의 유권자 사이에서는 대의과정에 참여하는 적극성과 동원하는 정치사회적 압력의 질과 양이 크게 달랐다. 동일한 정치적 디자인이 제공되었지만 이에 조응하는 지역사회의 에너지 총량, 즉 정책능력은 서로 달랐던 셈이다. 이럴 경우 디자인과 에너지 사이의 역동적인 상호작용 과정에서 일종의 체계적인 참여 왜곡이나 불균형이 일어나면서 대의정치의 기본적인 질서가 도전받게 된다. 흔히 근대정치이론에서는 민족국가 구성원의 동질성 내지는 단일성을 가정하는 것이 보통이지만 이는 검증되지 않은 신화에 지나지 않는 셈이다.

매우 심각한 중층복합구조를 이루고 있는 우리사회의 특수성을 감안해 볼 때, 과연 일방적, 일원적 가치체계 내지는 국정기조가 얼마나 호소력을 지닐 것인지에 대해서는 선험적 논의 이전에 구체적 상황 부여를 통한 실증적 검증이 뒤따라야 마땅할 일이다. 이를 위해서는 우선 우리사회의 정치사회적 지형을 파악하는 일이 선결과제다.

Ⅲ. 4.11 총선 이후의 정치지형 변화

1. 보수와 진보로 양분된 정당체계

어느 사회에서건 정당의 이념적 좌표설정은 그 사회의 정치사회적 요구를 반영하고자 한다. 더욱이 그런 이념지형이 선거과정을 통해 변화한다면, 이는 그 시점에서의 사회적인 요구를 반영하고자 한 결과라고 보아 틀림이 없을 것이다. 그런데 2012년 4월 11일에 있었던 19대 총선에서 들어난 가장 큰 변화 가운데 하나는 기성정당의 이념지형이 크게 바뀌었다는 점이다. 4.11 총선 전까지만 하더라도 우리사회의 정당체계는 한나라당이 보수, 민주당이 중도, 민주노동당과 진보신당이 진보를 표방하거나 그렇게 활동하는 것으로 평가되었다. 그런데 총선을 거치면서 한나라당이 새누리당으로 변신하는 가운데 중도 쪽으로 이동한 것이 사실이기는 하지만 여전히 보수의 범주 내에 머무는 것으로 평가되고 있다.[4] 반면에 민주당은 양대 노총과 시민사회세력을 흡수하면서 보다 더 진보 쪽으로 이동한 후 민주통합당을 탄생시켰다. 여기에 더해 통합진보당과의 정책연대에 나서면서 훨씬 더 진보성향을 강화하는 한편 야권 전체를 진보라는 통일된 이념지형으로 묶는 결과를 낳았다. 이에 따라

---

4) 코리아여론연구소가 총선 직후(2012.04.21) 실시한 정당이념성향에 대한 여론조사의 결과에 의하면 새누리당은 진보 25%, 중도 19%, 보수 50%, 민주통합당은 진보 54%, 중도 22%, 보수 12%, 통합진보당은 진보 57%, 중도 14%, 보수 7%의 평가를 받았다.

우리사회의 정당체계는 보수와 진보로 양분되었다. 이렇게 우리의 정당체계가 중도적 성향의 정당 없이 보수와 진보로 확연히 구분되기는 헌정사 이래 처음 있는 일이다. 이런 현상은 아래의 〈도표-1〉에 잘 나타나 있다. 정당②가 정당③으로 이동하면서 정당①과 정당③④의 관계로 양분되고 있음을 보여준다.

〈도표-1〉 4.11 총선 전후의 정당체계

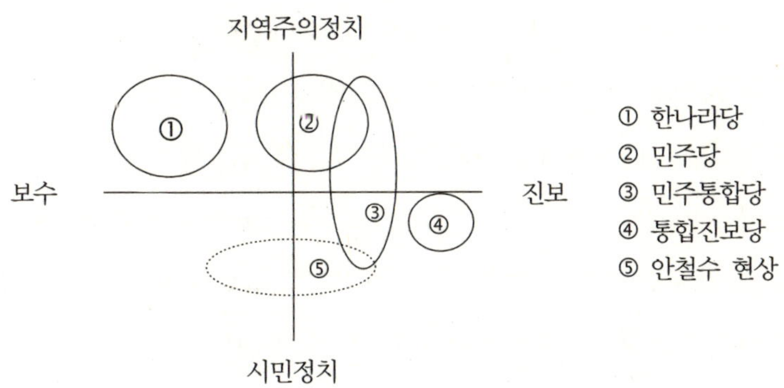

출처: 정해구(2012: 5).

이런 정당체계상의 이념지형 변화를 긍정적으로 보는 경우, 이제부터는 이념정당의 시대가 열리면서 정당의 이념적 정체성과 책임에 대한 요구가 훨씬 더 커질 것이라고 조망해 볼 수 있을 것이다. 그러나 부정적인 측면에서 보면, 정당의 이념적 정체성에 대한 요구가 보다 더 강해지면서 과거 그 어느 때보다도 정당 간 갈등과 대치가 훨씬 더 심화될 것이라는 우려를 갖게 한다.

이런 정당체계상의 변화는 그 동안 우리사회가 이념지형면에서 지속적으로 진보성향을 강화해 왔다는 사실과 무관치 않다. 2011

년 한국사회과학데이터센터가 한국인의 주관적 이념성향을 조사한 결과에 의하면(이지은, 2011.05.15), 10년 전인 2002년에 전체의 43.9%를 구성하던 '주관적 보수층'이 해마다 감소해서 2011년에는 25.3%로 가장 낮은 수치를 보였다. 반면에 2002년에 25.8%를 구성하던 '주관적 진보층'은 2006년에 16.4%를 찍은 이후 꾸준히 증가하여 이제는 보수층 보다 많은 30.7%를 보여주게 되었다. 이는 모든 정당의 이념적 좌표가 좌쪽으로 이동하게 된 요인 가운데 하나인 셈이다.

다른 한편 중도층은 2002년 30.4%였던 데에서 변화하여 2011년 현재 43.9%로 증가되어 있음을 알 수 있다. 이런 중도층의 확산 현상은 이념지향적인 정당체계가 호소력을 잃어 잘 흡수하지 못하는 유권자층이 증가하고 있다는 증거로 해석해 볼 수 있다. 앞으로 논의하게 될 제3유권자 집단의 등장을 위한 전조로 간주되는 이유다. 이런 유권자 이념정향의 변화추이는 〈도표-2〉에 잘 나타나 있는 바와 같다.

〈도표-2〉 한국인의 주관적 이념성향 추이

(단위: %)

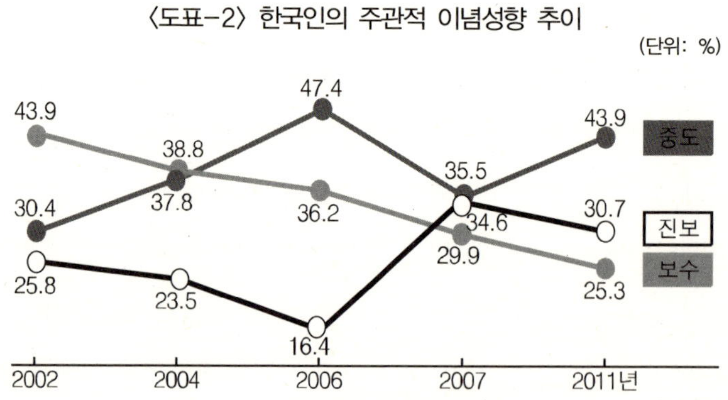

자료: 한겨레 · 한국사회과학데이터센터, 출처: 이지은(2011)

2. 수도권 중심의 신지역주의 가시화

4.11 총선의 결과 서울, 경기, 인천을 중심으로 하는 수도권에서는 민주통합당, 통합진보당, 진보신당 등을 중심으로 하는 진보진영에 대한 지지표가 상대적으로 많았다. 이는 정당별 득표수나 지역선거구별 득표수의 합계에서나 모두 같았다. 이에 반해, 영남, 충청, 강원 등의 여타 지역에서는 새누리당과 자유선진당 같은 보수진영이 다수표를 획득했다. 그 결과 수도권 지역과 비수도권 지역 사이에서 이념적 편차의 축이 드러나게 되었다. 이는 〈표-3〉에 잘 나타나 있다. 이를 두고 세종시 건설을 반대하는 수도권 중심주의와 세종시 건설 지지자들의 지역분권주의 사이에서 벌어

〈표-3〉 4.11 총선에서 나타난 보수진영과 진보진영의 지역별 득표수 차이 비교*

수도권	영남	호남/충청	강원/제주	합계
−217,969 (서울)	203,361 (부산)	−465,815 (광주)	89,117 (강원)	
−17,289 (인천)	460,254 (대구)	−523,311 (전북)	−28,909 (제주)	
−189,806 (경기)	43,481 (울산)	−632,701 (전남)		
	609,324 (경북)	60,974 (대전)		
	269,931 (경남)	35,790 (충북)		
		**167,257 (충남)		
−425,064	1,586,351	−1,357,806	60,208	−136,311

* 보수진영은 새누리당, 자유선진당, 기독당을, 진보진영은 민주통합당, 통합진보당, 진보신당을 집계한 것임

** 세종시 포함

출처: 중앙선거관리위원회 선거정보 사이트에서 추출 작성

진 해묵은 지역감정 내지는 지역 충성심의 발로라고 보는 이들도 있다(황장석, 2009.11.05). 그러나 그러기에는 수도권 주민의 지역정주적 연대의 정서가 강하지 않고, 무엇보다도 세종시를 제안하고 지방분권을 강조해온 민주통합당을 위시한 진보진영에 대한 지지가 오히려 수도권에서 높다는 사실을 설명하기 어렵다. 지역감정의 발로가 아니라 사회구조적 특성의 지역적 편차가 빚어낸 공간계급화(강명구, 1993) 현상과 그에 대한 정서적 공감의 결과라고 보아야 보다 더 설득력이 있을 것 같다.

2011년에 있었던 10.26 서울시장 보궐선거의 경우만을 보더라도 사회구조적 특성에 기초한 "4대 중간집단"이 선거결과를 주도했었다. 서울의 정치적 중립층(무당파), 경제적 중산층(중간층), 이념적 중도층(부동층), 세대적 중년층(40세대)이 진보적 성향을 취하면서 박원순 시장을 당선시켰다(장세훈, 2011.10.29). 수도권의 중핵을 서울시가 구성하고 있는 만큼 2012년 4월에 있었던 4.11 총선의 수도권 표심에 대해서도 이들이 주된 결정력을 행사했다고 보아 무리가 없을 것이다. 수도권과 비수도권 사이의 신지역주의는 이들 지역주민 간의 사회경제적 또는 계급적 편차가 지리적으로 편향되어 나타나는 데에서 빚어진 결과인 셈이다. 수도권과 비수도권 사이의 사회경제적 격차와 그에 따르는 공간의 계급화 문제에 대해서는 그 동안 여러 곳에서 지적되어 왔다(김주일, 2005; 박병률, 2008). 그런 만큼 이제 수도권과 비수도권을 사회경제적 구성이 서로 다르고 그에 따라 정치적 지향성도 다른 사회공동체라고 준별해 보면서 우리사회 전체에 대해서는 단일적 관점이나 가치체계가 아니라 다양한 관점이나 가치체계에서 접근해야 하는 수요가 보다 더 커져 있다고 보아야 할 것이다.

그런데 이들 수도권 유권자 집단을 주목하는 이유는 다른 데에도 있다. 이들은 역대 선거과정에서 일종의 쏠림표(swing voter) 역할을 수행하면서 선거결과의 향방을 주도해 왔다.[5] 이는 아래의 〈표-4〉에서 확인해 볼 수 있다. 〈표-4〉에 의하면 2007년 대선(이명박 vs. 정동영), 2002년 대선(이회창 vs. 노무현), 1997년 대선(이회창 vs. 김대중), 1992년 대선(김영삼 vs. 김대중) 모두에서 수도권에서 이긴 쪽이 전국선거에서 당선되고 있다. 수도권은 전국선거의 측정지표이자 표시등이기도 한 셈이다.

아래의 〈표-4〉에서 드러나고 있는 바와 같이 보수진영을 양의 수, 진보진영을 음의 수로 표시하는 경우 양자 간의 득표수 차이가 양의 수로 나타나는 경우는 보수진영, 음의 수로 나타나는 경우는 진보진영의 승리를 뜻하게 된다. 그런데 합계에서 볼 수 있는 것처

〈표-4〉 역대 대선에서의 보수진영과 진보진영간 지역별 득표수 차이 비교

대선	수도권	영남	호남/충청	강원/제주	합계
2007년	3,179,575	3,383,283	11,499,411	254,261	5,317,706
2002년	−720,144	2,970,110	−2,862,750	41,004	−570,960
1997년	−429,747	3,253,832	−3,365,219	150,577	−390,557
1992년	130,012	4,050,676	−2,476,306	231,666	1,936,046

출처: 중앙선거관리위원회 선거정보 사이트에서 추출 작성

5) 수도권이 쏠림표 역할을 수행하면서 대선 결과를 결정해 왔다는 주장에 대해서는 조중빈에게서 많은 조언을 들었다.

럼 보수진영의 득표수와 진보진영의 득표수를 합한 결과가 양의 수, 즉 보수진영의 승리를 나타내는 경우는 수도권에서도 양의 수, 즉 보수진영의 승리로 나타난다. 이는 음의 수 경우에도 같다. 보수진영의 득표수와 진보진영의 득표수를 합한 결과가 음의 수, 즉 진보진영의 승리를 나타내는 경우는 수도권에서도 음의 수, 즉 진보진영의 승리로 나타난다. 이렇게 보수진영과 진보진영 가운데 전국 득표에서 승리한 쪽이 수도권에서도 예외 없이 승리하는 현상을 보여주는 경우를 다른 지역에서는 찾아볼 수 없다.

3. 제3유권자 집단의 등장

4.11 총선 이후 작성된 민주정책연구원의 보고서에 따르면 이 선거에서 새로운 유권자 유형이 드러났다는 것이다. 2011년 한국사회과학데이터센터가 실시한 여론조사 결과에 의하면 전체 유권자 가운데 일관된 진보가 27.0%, 일관된 보수가 21.3%를 구성하는데, 이들을 제외한 51.7%는 사안에 따라 유연한 태도를 보이는 "이념적 혼재층"에 해당된다는 것이다(이지은, 2011.05.16). 그런데 "이들 가운데 상당수는 중간 또는 중도 이념을 가진 집단이 아니라 진보적 가치에 동의하는 새로운 유권자 유형"이라고 보았다(손원제, 2012.05.17). 그러나 사실은 이런 유권자 집단이 이번 선거에서 처음 등장한 것은 아니다. 이미 2002년 대선에서의 노무현 당선, 2007년 대선에서의 이명박 당선, 그리고 2011년의 서울시장 선거에서 박원순 당선에 주요인자로 작용한 바 있다(조중빈, 2012.04.12).

이들은 새로운 대상, 새로운 인물을 찾아 투표해 왔다. 보다 정확히 말하면 새로운 정치가 아니라 새로운 정치의 가능성에 투표해 온 사람들이다. 단순히 "음모의 정치"만이 아니라 기성의 체제 전반에 대한 불신이 크기 때문이다. 따라서 이들이 부동층이 되거나 무당파를 지향하거나 정치적 중도층이 되어 있다는 것은 아직 어느 정당이나 인물 또는 이념적 지향점을 선택하지 못한 결과 유동적인 상태에 머물러 있거나 어떤 균형점을 찾아 움직이려는 예비동작 상태에 있다는 의미가 아니다. 기성의 어떤 정당이나 인물, 정책이나 이념에 대해서도 그들을 적극적으로 선택해야 할 동기요인 자체를 발견하지 못했기 때문에 일종의 행위유보 상내에 있는 것이라고 보아야 한다. 이는 이들이 기존의 역사적 관계 내지는 부채로부터 자유로운 존재라는 의미이기도 하다. 이들이 매우 주관적이고 도덕적인 이유는 그렇게 하도록 어떤 프레임에 의해 길러지거나 양육되었기 때문이 아니다. 오히려 그런 프레임 밖에 정좌함으로서 스스로 인간 본연의 성질에 따라 움직이고자 하기 때문일 것이다. 탈영웅주의 경향을 노정하는 셈이다(전상진, 2012: 98). 바로 이점에서 이들은 기존의 어떤 유권자 유형과도 다르다. 당연히 이념적 혼재층이 아니라 이념으로부터 자유로운 이들이다. 그렇기 때문에 상황변화에 따라 손쉽게 이념적 선택지를 바꾼다. 쏠림표가 되는 이유다.

그런 점에서 보면, 이들은 민주주의의 3대 덕목 가운데 자유나 평등보다는 박애를 강조하거나 지향하려는 이들이라고 할 수도 있을 것이다. 인간을 구원하기 위해 고안되었다는 자유주의와 공동체주의, 자본주의와 사회주의가 모두 인간을 구원하기는커녕 속박하는 일에 앞장섰으며, 그렇기 때문에 이들 사이에서 어떤 교집합을 찾아 새로운 질서를 창출해야 하는 것이라고 한다면, 이를 위해서는 이들 사이의 또는 이들과의 "경계넘기"가 필수적 과제이고 이는 포용과 용서를 통해 성취 가능한 일이라고 보아지기 때문이다. 이 경우 박애는 공동체 자체에 대한 애정을 뜻하는 셈이다. 그렇기 때문에 이들이 인간애, 사랑이나 헌신 따위에 열광하는 것은 너무나도 당연한 일이다.

이들은 대체로 수도권에 거주하는 "4대 중간집단"이 주류를 이루는 것으로 관측되고 있다. 경제성장과 정치적 민주화 이후에 성장하면서 자기존중감과 자기성취욕구가 강한 2040세대가 지구화 시대가 불러오는 경제적 양극화와 1 : 99 사회를 목격하면서 깊은 절망에 빠져 새로운 대안사회를 갈망하는 것이라고 볼 수 있기 때문이다. 이들이 이렇게 기성의 프레임으로부터 벗어나고자 하는 것은 후기근대의 위험사회에 대한 응전의 한 양식이자 탈물질주의(Inglehart, 1990)의 외적 표현이라고도 할 수 있다. 기존의 어떤 프레임에 의해서도 구속되기를 거부하는 정치적 유목민이라는 점에서는 어느 곳과도 쉽게 공명하고 동조할 수 있어 여론 선도력과 표의 확산성이 강하다고 하겠다(손원제, 2012.05.17). 이는 "4대 중간집단"이 주도하는 수도권 표심이 역대 대선에서 선도적 역할을 수행했다는 사실에 의해서도 확인된다. 비록 아직 다수세력을 형성한 것이 아님에도 불구하고 이들을 주목하게 되는 이유다.

Ⅳ. 국정기조의 방향과 구현전략

1. 국민통합

4.11 총선을 통해 확인되고 있는 우리사회의 정치사회 지형은 매우 갈등적이고 대립적이다. 정치적으로는 보수와 진보로 양분된 정당체계가 그렇지 않아도 이념적으로 갈라져 있는 사회적 대립과 갈등관계를 확대재생산할 가능성이 커져 있다. 중도정당이 증발함으로서 보수정당과 진보정당 간의 간극이 커졌을 뿐만 아니라, 그렇지 않아도 명분론에 집착하는 우리의 정치문화를 감안해 볼 때, 이념 중심으로 정당체계가 재편되면서 이념 간 대결의 축을 넘기가 쉽지 않을 것이기 때문이다. 이점은 특히 경직된 이념을 중심으로 비타협 노선을 견지하는 통합진보당이 원내에 진출하면서 훨씬 더 강화될 것으로 관측된다.

지역적으로는 영호남 간의 전통적인 구지역주의가 엄존하는 가운데 수도권과 비수도권 사이에서 신지역주의가 새롭게 확인되고 있다. 구지역주의가 지역에 대한 정서적 연대나 충성심을 기초로 하는 것인 데 반해서 신지역주의는 수도권이라고 하는 "중앙"과 수도권 이외의 지역인 "지방" 사이에서 사회구조적 편차가 빚어내는 것이라는 점에서 서로 다르다. 그런데 이런 수도권 표심을 주도하는 세력이 주로 "4대 중간집단"이라는 점에서 보면, 신지역주의는 세대간 갈등이 계급동맹적 성격을 띠면서 지리적으로도 편향되

는 데에서 비롯된 현상이라고 말할 수 있을 것이다.[6)]

이렇게 중층구조를 이루고 있는 우리사회의 갈등비용은 상상을 초월한다. 국민통합을 통해 사회갈등비용을 줄이는 일은 우리사회가 당면한 최우선적 과제 가운데 하나인 셈이다. 더 이상 갈등규모가 커지는 경우 사회공동체 자체의 유지가 어려울 것이라는 우려도 적지 않다. 그런데 대의민주주의체제 하에서 이런 사회갈등 조정업무를 우선적으로 책임지는 기관은 의회와 정당이다. 따라서 우리사회의 갈등정도가 이렇게 심하다는 사실은 이런 대의기구들이 제대로 작동하지 않는다는 간접증거이기도 하다. 이런 대의기구의 정상화를 위해 정치개혁을 성공적으로 추진해야 하는 일은 현 단계 우리사회가 당면한 최우선적 과제 가운데 하나다. 그러나 정보화 사회 도래 이후의 사회구조 변화양식을 감안해 보면, 단순히 정치적 대리인 체제의 정상성을 회복하는 것만으로는 우리사회의 갈등적 관계를 통합적 질서로 전환하기가 쉽지 않다. 대리인 체제 자체가 지니고 있는 전환비용, 예컨대 시간적인 지체나 정보의 왜곡, 권력의 남용 따위를 근본적으로 극복하기는 어려울 것이기 때문이다. 이런 사정은 행정적 대리인 체제에서도 같다.

이렇게 국가와 시민사회 사이의 소통장애 요인을 보다 근본적으로 제거해야 한다는 생각은 국가와 시민사회 사이의 거리 자체를 좁히자는 생각으로 귀결된다. 국정운영과정에 대한 국민의 직접적인 참여 공간과 기회를 넓히자는 것이다. 시민자결권을 회복하자는 것이며, 행정적 대리인 체제 대신에 거버넌스 체제를 구축하자는

6) 세대갈등의 사회경제적 현실에 대해서는 금재호(2012) 참조.

것이기도 하다. 같은 양식으로 정치적 대리인 체제에서도 국민이 직접 참여할 수 있는 공간을 확장하자는 요구가 제기될 것은 물론이다. 국가 내부의 작동 시스템을 고치는 정도로는 안 되며 국가와 시민사회의 관계 자체를 재조정해야 한다고 보는 것이다.

그러나 아무리 국민참여의 공간과 기회를 확장한다고 하더라도, 국민이 그런 변화에 조응할 수 있는 준비가 갖추어져 있지 않다면 소기의 성과를 기대하기 어렵다. 시민성 확보가 관건인 셈이다. 그리고 시민성은 사회자본이 축적되어 있을 때 발현 가능해진다는 점에서, 사회자본의 축적이 당면한 최우선적 과제 가운데 하나라고 하겠다. 바로 이점에서 보면 최근 우리사회에 제3의 유권자 집단이 등장하고 있다는 사실은 매우 고무적이다. 제3의 유권자 집단의 등장은 기성의 왜곡된 체제나 프레임을 거부하면서 독립적인 자존감 내지는 시민성을 확장하려는 사회적인 경향성의 지표 가운데 하나로 여겨지기 때문이다. 시민성의 축적은 시민 스스로가 자존감, 독립성 등을 확보하고자 하는 데에서부터 비롯된다.

2. 공생발전

4.11 총선에서 수도권중심의 "4대 중간집단"이 전달하고자 하는 경제적 메시지 가운데 하나는 양극화 해소의 과제다. 삼성경제연구소의 보고서에 의하면 지니계수로 측정한 우리사회의 경제적 양극화 수준과 정당 간 정치적 양극화 지수 사이에는 0.96이라는 매우 높은 상관관계가 존재한다는 것이다(김용기 외, 2010). 그러니

이번 총선에서 드러난 정당체계의 이념적 양분화 현상은 우리사회의 소득분배 불균형 정도가 매우 심각한 상태임을 시사해 주는 셈이다. 중산층이 차지하는 비중이 줄어들면서 정치 엘리트들 사이에서 이념적 양극화를 불러왔고 이는 다시 정당 간 이념적 간극의 심화로 전환되어 나타났다는 얘기다. 우리사회가 지난 10년간 보수에서 진보로 이념적 좌표를 이동해 온 이유도 성장보다는 분배에 대한 요구가 커졌기 때문일 것이다. 수도권 중심의 신지역주의가 중앙과 지역 사이의 사회경제적 격차에 기인하는 것이라고 한다면, 이런 사회에서는 경쟁보다 평등에 대한 수요가 클 것도 자명한 이치다.

실제로 통계청 자료에 의하면 지난 20년간 우리나라의 1인당 GDP는 3배 이상 증가했지만 중산층의 비중은 8%나 감소했고 중산층의 가계지수는 오히려 악화일로에 있다. 1990년에 75.4%에 달하던 중산층 비중이 2010년에는 67.5%로 감소되었다. 저소득층이 7.1%에서 12.5%로 늘어났고, 고소득층은 17.5%에서 20.0%로 늘어나 있다. 고소득층과 중산층 + 저소득층의 비율이 20대 80이나 된다. 일부 연구소에서는 통계청이 작성한 중산층 비중이 너무 높게 나타났으며 실제로는 10% 가까이 더 줄여서 보아야 한다는 주장도 제기되고 있다(조재우, 2011.10.28). 경제적 양극화 정도가 매우 심각한 수준에 달해 있다는 얘기다. 경제적 약자의 생존권 보장이 위험 수위에 달했다는 뜻이기도 하다.

그러니 정부의 재분배정책에 대한 요구가 커질 것은 당연한 이치다. 여기에 더해 노령화 사회로의 진입과 1인 가정의 확산이 더해지면서 사회복지 수요가 급진적으로 확대되고 있다. 실제로 정부는 사회복지예산을 확대하고 있으며 정치권에서도 사회복지 사업의 확장을 다투어 약속하고 있다. 그러나 소득의 양극화와 거기에서 비롯되는 계층 간의 양극화 문제를 해소하기에는 사회복지 중심의 접근전략은 역부족일 수밖에 없다. 사회복지를 비용의 관점에서 접근할 경우 고소득층과 저소득층을 영합적 관계(zero-sum game)로 인식하기 쉽다. 이를 중계하는 정부도 비용으로 간주되기 마련이다. 지속가능한 복지를 약속하기 어려운 일이기도 하다. 무엇보다도 지구화 시대의 세계시장경제체제가 강고해지면서 복지예산이 고소득층의 원천이라고 해야 할 기업의 추가비용 지출로 파악되면서 기업의 대외경쟁력 약화를 걱정하게 된다. 이렇게 양극화 해소 문제를 고소득층과 저소득층 간의 영합적 과제로 이해할 경우, 고소득층의 경쟁력이 줄면서 일자리가 줄고 그 결과 오히려 저소득층의 취업기회가 줄어드는 악순환 관계를 가정하게 될 것은 물론이다.

그러니 사회복지관련 지출을 투자로 보는 시각교정이 필요하게 된다. 고소득층과 저소득층의 관계를 윈윈관계로 보자는 것이다. 자기희생을 통해 어느 일방이 다른 일방을 지원하거나 지지하는 상대적 개념으로 접근할 것이 아니라 공동체 전체에 대한 기여를 통해 구성원 전체의 경제적 유익을 함께 확장하고 누리는 전략을 구상해 보자는 것이다. 상생전략이다. 근자에 들어서면서 우리사회 일각에서 공동체자유주의나 공생발전에 대한 논의가 제기되는 이유다. 이는 또 시장의 원리가 말하는 등가적 교환관계에는 그런

교환을 통해 승자와 패자를 가르거나 승자를 승자가 되도록 하는 특정의 경제공동체 자체의 가치 또는 비용에 대한 평가가 계산되어 있지 않다고 보려는 것이기도 하다. 경제적 승자란 그가 승자가 되도록 허용하거나 부역한 특정한 형태의 경제공동체의 수혜자에 다름 아니라는 입장이다. 그러므로 경제적 승자에게는 그런 경제공동체의 유지에 대한 비용 부담의 책임을 물어야 마땅하다고 보려는 것이다. 그에 따라 기업의 사회적 책임을 말하는 자본주의 4.0시대를 열자는 것이다. 대기업과 중소기업 간의 동반성장이나 노동과 자본 간의 조합주의적 대타협을 모색하는 일 등이 이런 관점의 연장선상에서 논의될 수 있다.

3. 지구경영

오늘날 우리사회가 정치적 갈등의 격화, 경제적 격차의 심화에 당면하게 되는 것은 일국주의의 경계를 넘는 지구화 현상에서 비롯되는 바가 적지 않다. 먼저 정치적 차원에서 보면, 지구화로 인해 강대국을 중심으로 하는 초국적 일원주의가 심화되고 있다. 일국주의의 경계를 초월하는 지구적 정책네트워크를 통해 국내 정책결정과정이 외국정부나 국제기구 등에 의해 일방적으로 왜곡될 가능성이 커져 있다. 이로 인해 민주주의의 이완과 이격성 문제가 매우 심각한 과제로 제기된다. 지구 거버넌스 내지는 정책 레짐에 대한 균형 있는 참여와 대표성 확보 문제가 발등의 불이 되어 있는 것이다. 그러나 다른 면에서 보면, 지구화가 환경파괴, 테러, 마약, 매춘,

아동착취, 빈곤 같은 지구공통의 문제에 대한 공동 대응력을 신장시키는 측면도 있으며, 부의 축적과 사회하부구조의 범지구적 확산으로 인해 과거 어느 때보다도 민주주의의 범지구적 확대 가능성을 높이고 있다. 그런데 민주국가는 그 권력의 주체가 국민이기 때문에 국민의 생명이나 안녕을 위협하는 국가 간의 전쟁이나 극단적인 충돌을 저어하기 마련이다. 그렇기 때문에 궁극적으로는 지구평화에의 접근 가능성을 높이는 것이라고도 볼 수 있다.

경제적 차원에서 볼 때는 지구화가 우리경제를 세계경제체제로 편입시키면서 그의 피동성을 한층 더 증대시켰다. 외환위기를 겪으면서 외국인 투자자들에 포섭된 현상이 가장 대표적인 사례일 것이다. IMF는 외환위기를 맞이한 우리에게 과잉대응을 주문했으며 이를 기초로 한 외국자본의 침투는 집요하고 전반적인 것이었으나 이에 대한 우리의 대응력은 무력한 것이었다(지주형, 2011). 거대자본의 융합이 세계시장을 주도하면서 글로벌 스탠다드를 제시하고 글로벌 룰을 통해 구조적 압박을 가중하는 일이 일상화하고 있지만 피동적 민족경제는 이에 안주하지 않을 수 없는 실정이다. 그러나 다른 한편에서 보면 바로 이런 세계경제체제로의 편입과 편승을 통해 민족경제의 범지구적인 확산이 가속화되고 있는 것 또한 사실이다. 한국경제의 범지구적인 거래망이 확장하고 있으며 세계경제체제에서의 주동성이 증대하고 지구경제활동의 중심부로 급속히 이동하고 있다.

스스로가 신중상주의의 희생양이면서 중상주의를 내세워 시장을 개척하고 상대의 민족주의적 폐쇄성을 비난하는 자기모순의 시대를 열고 있는 것이다. 한-칠레, 한-싱가포르, 한-EU, 한-인도, 한-미국 간의 FTA협정이나 경제협력체제의 구축과정에서 극명하게 드러나 있다. 이를 두고 한국경제가 적극적으로 지구경영에 나설 수 있는 실질적인 토대가 마련되는 것이라는 기대가 적지 않다. 그러나 이는 세계경제체제의 모순구조를 재촉할 뿐만 아니라 우리사회 내부의 분열과 갈등을 재촉하는 주요인자로도 작동한다는 사실을 외면하기 어렵다. 기존의 산업구조를 재편하면서 경제적 양극화를 심화시키고 영역 간 수혜자와 피해자를 극단적으로 갈라놓기 때문이다.

따라서 보다 적극적으로 지구화 현상에 대응하면서 지구화 현상의 피동적 객체가 아니라 주동적 주체로 나서 민족공동체의 유익을 극대화하고 피해를 최소화해야 한다는 요구가 매우 엄중한 실정이다. 지구경영의 시대를 열어야 하는 것이다. 지구시장경제체제를 이용하여 보다 적극적으로 민족경제의 활성화를 위한 교두보 마련에 나서야 하고, 자유주의적 민족주의를 통해 개방적 민족주의의 전범이 무엇인지를 보여줄 수 있어야 한다. 그럴 때만 가장 한국적인 것을 지구표준으로 삼을 기회를 얻을 수 있으며 지구중심국가 건설의 디딤돌 구축에 나설 수도 있다.

4. 남북공존

일국주의의 경계를 넘는 지구화 시대의 도래와 함께 보다 주동적으로 이에 대응해 나가기 위해서는 한반도 평화를 정착시키는 일이 시급한 과제다. 결손국가의 멍에를 지고 지구경영의 중심세력으로 성장하기는 쉽지 않다. 따라서 남북문제는 우리에게 있어 일종의 상수에 해당된다. 그런데 남북문제를 지나치게 민족주의 관점에서 접근하는 경우에는 오히려 갈등과 대치만을 고조시키게 된다. 이점은 특히 정당체계상의 이념적 양분화가 강화되었다는 사실을 상기해 볼 때 보다 더 우려되는 점이다. 우리사회의 경제적 양극화가 한국형 천민자본주의에 기인한 바 크다는 점에서는 바로 그 천민자본주의로부터 벗어나기 위한 전제조건 가운데 하나가 남북한 간의 평화정착에 있다는 점에도 유의해야 한다. 한국형 천민자본주의의 등장과 유지가 남북문제에 대한 민족주의적 접근이나 결손국가의 현실을 왜곡하는 데에서도 영향받았다는 사실은 주지하는 바와 같다.

따라서 남북문제에 대한 현실주의적인 접근의 필요성이 그 어느 때보다도 제고되어 있다. 남한과 북한이 각각 독자적인 국가를 구성해서 운영하고 있다는 엄연한 사실을 인정하는 위에서 남북문제를 논의해 보자는 것이다. 남한과 북한은 이미 별도로 유엔에 가입하고 있어 사실상 1민족 2국가체제를 구성한 상태에 있다. 이런 상황 아래에서 한반도의 긴장완화를 도모하는 길은 일방적으로 민족통일의 당위성 강조를 통해 북한을 포획하려고 할 것이 아니라 북한의 실존을 인정하고 그에 대한 전면적인 지원을 확장하는 데에서 해결의 실마리를 찾는 데 있을 것이다. 통일문제를 민족이라는 열정을 통해 접근하지 말고 보다 객관적이고 과학적인 차원에서 접근하자는 것이다. 이점은 이미 이명박 정부의 대북정책을 통해 반면교사의 가르침이 있었다.

물론 대북 지원을 통해 북한정권이 안정된다고 하더라도 북한에 의한 안보위협이 없어지는 것은 아니다. 다만 도발이나 갈등의 심화 같은 것은 상대가 안정될수록 그 가능성이 약해지는 것이기 때문에 논리적으로만 따진다면 현 단계에서는 대북지원이 한반도의 안정과 평화를 모색하기 위한 유일 대안이 될 수밖에 없다. 또 그런저런 논의를 떠나 인도주의적 측면에서만 보더라도 지구촌 최대의 빈곤상태에 처한 북한을 지원한다는 것은 인류공통의 가치이자 동족에 대한 우정의 발로이며 책임이기도 한 것이다.

그렇지 않고 북한이 붕괴하는 경우에는 우선 북한이 국제분쟁지역화 할 가능성이 적지 않다. 중국에 흡수될 수도 있고 남한을 크게 교란시키는 결과가 될 수도 있다. 남북한이 이질화되어 있기 때문에 흡수 통일하는 경우에는 거기에서 비롯되는 정치사회적 갈등과 경제적 부담도 적지 않다. 남한경제가 이를 감당할만한 능력을 아직 갖추지도 못했으며 통일 이후의 북한 주민이 가질 소외의식에 효율적으로 조응하고 경제적 욕구를 충족시켜 줄만한 여력이 마련되어 있지도 못한 상태다. 따라서 우선은 통일보다 공존의 길을 모색하는 것이 순서다. 그런 정책적 지향성의 변화 자체가 북한을 안심시키면서 남북 간의 긴장을 완화하는 데에 기여할 수도 있다.

그런데 문제는 1민족 2국가체제의 안정화를 위해 당장 어떤 과제가 해결되어야 하느냐에 있다. 이를 위해서는 우선 평화협정체결에 주목할 필요가 있다. 그래야 북한에 대한 국제사회의 지원투자도 가능해지고 남북의 교역이 전면화하면서 대북투자도 확대될 수 있다. 북한 경제가 안정화되어야 오히려 안보위협이 줄고, 우리로서는 당면한 최대 과제 가운데 하나인 청년실업의 해소나 양극화 문제 해결의 단초를 열면서 제2의 경제도약을 위한 토대를 마련할 수도 있다. 국방비 지출이 줄면서 지금 문제가 되고 있는 복지예산에 대한 재원 조달에 새로운 통로가 개척될 수도 있다. 중국의 부상과 함께 점증하는 한반도 주변국 사이의 긴장과 갈등 그리고 거기에서 비롯되는 압력이나 간섭을 줄이면서 오히려 그런 긴장관계를 우리의 국익증대 요인으로 활용하기 위해서도 한반도의 안보 리스크를 하향 조절하는 일은 필수불가결적인 과제다. 평화협정의 체결은 동북아 신질서 구축의 방아쇠가 되는 셈이다.

이렇게 통일문제에 대해 일종의 점진주의적 접근전략을 강조하는 경우, 통일을 염원하는 이들은 분단고착화의 가능성을 우려할 수도 있다. 그러나 그런 통일지상주의는 남북한 관계를 보다 더 긴장시킬 수 있으며 그 결과 오히려 통일이나 평화협정의 체결을 지체시키거나 어렵게 할 가능성이 적지 않다. 남북공존의 실존적 사실을 인정하고, 그 현실의 토대 위에서 한반도 평화통일과 군사적 안정화의 문제를 해결하는 대안을 모색해야 한다. 그렇지 않고 남북문제에 대해 어떤 프레임을 걸고자 하는 경우, 남북문제가 양국 지도자들 또는 지배층의 자기이익 증대를 위한 수단으로 동원될 가능성이 적지 않고, 경제적으로도 그 편이 훨씬 더 고비용 전략이 된다. 통일문제를 보다 객관화해 보려는 시각교정이 필요한 이유다.

Ⅴ. 결론

국정기조의 설정문제를 쌍방주의의 관점에서 접근하는 경우 현 단계 우리사회의 정치지형을 어떻게 파악할 것이냐에서부터 논의의 출발점을 삼지 않을 수 없다. 현 단계 우리의 정치지형은 정당체계의 양분화와 이념적 진보성의 강화, 수도권과 비수도권 사이의 신지역주의 심화, 정치적 유목민을 떠올리게 하는 제3유권자 집단의 등장 등으로 압축된다. 그런데 이들 모두를 관통하는 하나의 일관된 시대정신이 있다면 이는 어떤 형태의 일방주의적 또는 일원주의적 프레임도 이를 거부하려는 것이라고 할 수 있을 것 같다. 자신의 외부로부터 주어지는 어떤 형태의 주문이나 간섭도 이를 적절치 않다고 보거나 부정하려는 것이다. 후기근대의 내재적 모순에 조응하고 정보사회의 급변하는 사회적 관계에 부응하려면 바로 이런 외부 프레임에서 벗어나는 것이 문제해결의 출발점이 되지 않을 수 없을 것이다. 자신을 둘러싸고 있는 기존의 질서에 내포되어 있는 구조적 모순을 절감하고 있다는 의미다. 이는 또한 지금까지는 자신에게 부여되는 환경적 조건에 수동적으로 대응하도록 주문받고 또 그렇게 반응해 왔다면, 이제는 보다 적극적으로 환경을 주조해 나가는 주동적 존재가 되고자 하는 자기 존중감 내지는 주체성이 강화되고 있음을 보여주는 것이라고도 말할 수 있다.

이렇게 보면 정치적으로 국민통합이 시급한 과제로 제기되어 있지만 이를 달성하고자 하는 전략적 관점은 전통적인 그것과는 크게 달라질 수밖에 없다. 국가 내부의 시스템이나 권력관계를 재편하고 그것을 통해 국민 사이의 관계를 조정, 관리하는 능력을 높이며, 그 결과 국민 간의 결속을 높이려고 할 것이 아니라, 국가와 시민사회 사이의 관계 자체를 조정함으로서 국가에 의한 일방주의 내지는 일원주의를 극복하고 사회 전체의 역동성과 상황조응력을 높이자는 것이다. 시민참여의 공간을 확대하면 국정운영의 현장성과 가변성을 높일 수 있다고 보는 것이다. 국민 각자가 자신의 외부에서 주어지는 선험적 질서나 프레임으로부터 벗어나 그들과 역동적으로 상호작용할 때 가변적 상황에 대한 진정한 이해와 결속이 가능해지며, 이는 결과적으로 국민통합에 이르는 첩경이라고 보는 것이다.

경제적으로는 양극화 극복이 시급한 과제이지만 이를 극복하는 방안은 시장의 승자가 패자를 일방적으로 지원해 주는 재분배정책이나 사회복지정책상의 수혜체계구축에 있지 않다. 시장의 승자와 패자 사이에서 상호주의적인 공생적 윈윈관계를 구축하는 것이 문제해결을 위한 유효대안으로 인식된다. 공생발전을 지향하는 자본주의 4.0체제는 어느 일방에 의한 타방의 지원이나 격려가 아니라 이들 간의 교호작용을 통해 공동체 자체의 건전성을 회복하자는 데에 초점을 맞추고자 한다. 어떤 기성의 프레임이나 잣대를 통해 공동체 질서를 재구성함으로서 경제적 균형관계를 회복하려고 할 것이 아니라, 시장의 승자와 패자 간에 이루어지는 공동작업을 통해 경제공동체 자체의 자생력 회복에 나서자는 것이다.

어떤 단일적 또는 선험적인 프레임을 통해 시장의 패자를 구원하고자 할 것이 아니라 상황조응적 노력의 공동전선 모색을 통해 공존의 길을 모색해 보려는 것이다.

이 점은 지구화 시대의 도래와 거기에 따른 민족주의적 대응과정에서도 같다. 우리사회의 외부로부터 주어지는 일원주의적, 일방주의적 프레임에 수동적으로 동조하거나 영합하는 것으로는 더 이상 지구화에 따르는 모순적 과제를 효율적으로 극복하기 어렵다. 보다 적극적으로 지구화 현상에 조응해 나가는 일이 중요하며 이는 지구화 시대를 우리가 한국적 시각과 표준을 가지고 조타해 나간다는 주체적 관점에서 응전해 나갈 때 가능해진다. 지구경영의 객체가 아니라 주체의 눈으로 접근할 때 한국적 표준의 범지구적 적용이 가능해지고, 그런 상황조응적 전략만이 지구촌과의 공생적 관계 구축을 가능케 한다. 선험적 프레임을 통해 지구촌을 재구축해보려는 어떤 노력도 우리에게 합당한 양식의 지구공영체제를 보장하지 않는다.

이는 남북한 관계에서도 같다. 남북한 간을 어떤 기성의 질서 예컨대 민족성의 회복이나 단일국가의 형성 같은 하나의 프레임을 정해 놓고 거기에 남북한을 동조시키거나 구속하려는 경우에는 필연적으로 어느 일방이나 모두의 반발이나 저항을 유발할 수밖에 없고 이는 결과적으로 민족통일의 길을 지난하게 만드는 일이다. 오히려 양자의 자율적 의사결정권과 독자성을 인정하는 가운데 각자도생의 길을 열어주는 것이 상호신뢰 구축의 출발점이자 긴장완화의 첩경이다. 어떤 형태의 외부적 프레임도 이를 상대방에게 주문하거나 부가하려고 하지 않는 데에서부터 대화와 상생의 길을 열자는 것이다.

이렇게 놓고 보면 현 단계 우리사회가 요구하는 가치지향점은 제3유권자 집단의 현실인식과 가치지향 속에 명료하게 드러나 있다고 할 수 있다. 인간에 대한 신뢰 및 사랑과 헌신, 자율성과 자존감 이런 데에서 사회문제 해결의 단초를 열자는 것이다. 무엇보다도 어떤 외생적, 일방적 프레임도 이를 거부하고 사회구성원 사이의 역동적 상호작용을 통해 상황조응적 결과를 지향하자는 점에 주목해야 한다. 이 시대의 국정기조는 국민 각자의 자결권 회복에서부터 찾아야 한다는 주문에 다름 아닌 것이다.

제4장

국정원리: 쌍방향 소통과 참여공간의 확대

Ⅰ. 서론

국정기조를 가치관의 공유와 국민의 자결권 회복에 둔다고 할 때 제기되는 가장 현실적인 물음은 어떤 전략적 프레임을 통해 우리 사회를 구분하고 그들 사이의 대화와 협력을 도모하여 가치관 공유를 확장하며 국민 참여를 제고할 것인가에 있다. 현 시점의 우리사회에서 가장 첨예한 대립이나 갈등관계를 구축하는 대척점을 어디로 보느냐의 질문이다. 이런 관점에서 볼 때 가장 주목되는 것 가운데 하나는 안철수 현상으로 지칭되는 새로운 가치관의 등장에 있다. 안철수 현상의 정체성을 찾는 일은 국정운영의 원리를 구상하고 집행하는 데 있어 최우선적인 과제 가운데 하나로 여겨진다.

흔히 안철수 현상은 현실정치에 대한 실망의 소산으로 평가되기도 하고 실제 안철수 교수 스스로가 기성정치에 대한 절망감 때문에 현실정치에 참여했다고 밝힌 바도 있다. 그러나 안철수 교수 자신은 그럴지 몰라도, 안철수 교수에 대한 대중적 지지를 뒷받침하는 안철수 현상 자체는 그보다 훨씬 더 깊은 연원을 지녔다. 문명사적 전환기를 암시하는 세기적 변화에 대한 열망이 응축되어 나타나 있다. 정보사회의 도래 이후 사회적 관계의 가변성, 속도성, 복잡성, 역동성이 기하급수적으로 증가하면서 더 이상 소구력을 갖지 못하게 된 계서제의 무덤이나 관료제의 종말 또는 정부실패론(Salamon et al, 2000: 28-30)이 자리 잡고 있으며 간접민주주의에 대한 회의론과 좌절감이 함께 도사리고 있다.

산업사회 전반을 지배했던 작금의 국정운영 디자인은 이제 더 이상 적실성을 유지하기 어렵게 되었다. 안철수 현상은 구체제를 부정하고 새로운 체제 건설에 나서려고 하는 조용한 시민혁명의 한 양식처럼 여겨지기도 하는 이유다(장현호, 2012). 한때 구체제를 넘어뜨리는 기폭제였던 민주공화정의 정치는 이제 그것 자체가 배척의 대상으로 자리바꿈을 하게 된 것이다. 아니 민주공화정의 정신이 도전받고 있는 것이 아니라 그를 구현하기 위한 수단으로 고안되었던 제도적 장치의 유용성에 대한 의심이 제기되고 있다고 해야 보다 정교한 설명이 된다.

그러나 그렇다고 해서 아직 그런 구체제 내지는 구디자인을 대체할만한 대안이 따로 고안되어 있는 것은 아니다. 기존의 패러다임에 절망하고 있지만 이를 대신할 새로운 패러다임은 여전히 암중모색 단계에 있다. 바로 이점에서 보면 안철수 현상은 그의 지지자들이 안철수 교수를 통해 문제의 해결점을 찾으려는 것이라기보다는 자신의 정체성과 동감하는 대상으로 안철수 교수를 선택했을 뿐인 것으로 여겨진다. 안철수 교수는 안철수 교수를 지지하는 이들이 바라본 스스로의 정체성에 대한 "자기 밖의 아이콘"인 셈이다.

그런데 그런 안철수 교수의 지지자들은 매우 극단적인 세대별 편차를 보인다. 안철수 교수의 지지자 가운데 75.3%가 2040세대(53.0%가 2030세대이고, 22.3%가 40대)인 데 반해 5060세대 이상은 24.7%에 지나지 않는다(한겨레, 2012. 09. 24). 우리사회의 새로운 가치관이 2040세대를 통해 구체화되고 있는 셈이다. 이런 현상은 현 단계 우리사회의 세대 간 정체성 간극이 매우 심각한 수준에

도달해 있음을 시사한다. 가치논쟁의 전선이 2040세대와 5060세대를 축으로 형성되어 있다는 의미다.

이는 또한 우리사회의 정치적 통합이 가능하려면 가장 시급한 과제 가운데 하나가 바로 세대 간 소통과 갈등의 해소에 있다는 의미이기도 하다. 오늘날의 세대 갈등이 사실은 사회경제적 계급 갈등과 연동되어 있다는 사실에서 보면 그 중요성이 보다 더 강조되어야 마땅할 일이다. 이런 현실인식과 문제의식을 토대로 여기에서는 먼저 2040세대의 정체성을 규명해 보고자 한다. 이는 결과적으로 안철수 현상의 실체를 밝히는 우회적이고 간접적인 작업이 될 것이며 우리사회에 새롭게 등장하는 가치관의 실체가 무엇인지를 규명하는 결과가 되기도 할 것이다(전상진, 2012.01.13). 이는 결과적으로 보다 효율적인 국정관리의 기본원리를 모색하기 위한 시발점이 되기도 할 것으로 믿는다.

Ⅱ. 왜 2040세대인가?

먼저 오늘날 우리사회가 2040세대에 주목하는 현실적 이유는 어디에 있는 것일까? 물론 2040세대가 새로운 가치관 혁명의 전진기지처럼 보이는 데에 있다. 그로 인해 세대 간 단절이 그 어느 때보다도 심각하다는 위기의식이 팽대해 있는 것도 사실이다. 그러나 보다 현실적인 이유는 2040세대의 선택에 따라 2012년 12월의 대선 향방이 결정된다고 보기 때문일 것이다. 실제로 2010년에 실시된 지방선거, 2011년 4월에 있었던 국회의원 재보궐 선거, 2011년 8월의 서울시 주민투표, 2011년 10월에 실시된 서울시장 선거, 2012년 4월에 치뤄진 국회의원 선거에서 모두 2040세대의 지지를 획득한 쪽이 승리를 거머쥐었다. 2040세대는 한국정치의 결정변수 내지는 리트머스 시험지같은 기능을 수행하는 셈이다. 2040세대가 이렇게 한국정치의 향방을 결정짓는 중요변수로 등장하게 된 이유는 2040세대가 유권자 전체에서 차지하는 규모 자체가 크기 때문이다. 어찌 보면 너무나도 당연한 일이기는 하지만 2040세대가 우리나라 전체 유권자의 5분의 3을 점유한다. 2012년 12월의 18대 대통령 선거에 임하는 유권자 구성비율을 보면 2040세대는 20대가 18.4%, 30대가 20.4%, 40대가 20.0%를 차지하면서 전체 유권자의 60.8%를 구성한다. 이에 반해 5060세대는 50대가 18.9%, 60대 이상은 20.3%를 구성하면서 전체 유권자의 39.2%를 차지할 뿐이다(중앙선거관리위원회, 2012). 따라서 정치뿐만 아니라 산업, 교육, 문화, 경제 등 여러 분야가 2040세대에 주목하는 것은 너무나도 당연한 이치다.

여기에 더해 표의 확장 가능성 면에서도 2040세대는 5060세대에 비해 월등한 차이를 보여준다. 4.11 총선의 세대별 투표율 분석 결과에 따르면, 20대 41.7%, 30대 45.5%, 40대 52.6%, 50대 62.4%, 60대 68.6%가 투표한 것으로 나타났다(중앙선거관리위원회, 2012). 이는 2040세대의 46.6% 그리고 5060세대는 65.5%가 투표장에 나갔다는 뜻이며, 양자 간에는 평균 투표율 약 20% 정도의 차이가 났다는 의미다. 2012년 12월의 대통령 선거에서 유권자의 70% 정도가 투표한다고 가정하는 경우, 5060세대에서는 더 이상 투표자가 늘어나기 어렵지만 2040세대에 있어서는 표의 확장 가능성이 상대적으로 높다는 사실을 알 수 있다.

그러나 보다 중요한 사실은 과거와는 달리 40대가 2030세대와 동조하는 경향이 뚜렷해지면서 2040세대를 하나의 공감집단으로 간주해도 무리가 없게 되었다는 점이다. 과거에는 40대에게 50대와 가깝냐 2030세대와 가깝냐고 물으면 50대라고 대답하는 것이 보통이었으나 이제는 2030세대라고 응답하는 비율이 훨씬 더 커지게 되었다. 따라서 40대가 2030세대와 비슷한 가치관과 투표행태를 노정하게 될 것은 자명한 일이다. 여기에 더해 40대의 주관적 이념지형이 변화를 보이면서 진보화의 경향성을 띤다는 점도 유의해 볼 일이다. 내일신문(2012.01.03)의 조사결과에 따르면 40대의 주관적 이념척도가 10점 척도에서 2002년에 5.9점, 2007년에 5.1점이던 것이 2011년에는 4.8점으로 평가되면서 점점 더 진보 쪽으로 이동하고 있음을 알 수 있다. 상대적으로 진보적인 성향을 보여온 2030세대와 이념적 동조 현상이 강화되고 있는 것이다.

이렇게 2040세대의 정치적 비중이 커지면서 진보진영에서는 '젊은 세대는 우리 편'이라고 주장하는가 하면 보수진영에서도 '젊은 세대에서도 보수가 싹트고 있다'고 하면서 2040세대를 서로 자기 편으로 끌어들이거나 친화적 관계설정에 고민하고 있지만 엄밀히 말하자면 2040세대에는 아직 '주인'이 없다(전경웅, 2011). 아니 2040

세대를 어느 특정 정파로 귀속시키려는 노력은 그것 자체로서 성과를 약속하기 어려운 과제처럼 보인다. 2040세대는 그들 스스로가 '독립변수'이기를 자처하는 집단이기 때문이다. 그 만큼 더 2040세대의 정치적 비중이 커지는 것 또한 사실이다.

Ⅲ. 2040세대는 누구인가?

1. 탈영웅주의 시대의 자기중심성이 강한 존재

2040세대는 자의식이 강한 자결적 존재다. 외부의 어떤 프레임에 의해 조정되거나 수동적으로 반응하기 보다는 스스로의 결정과 선택에 집중하는 경향성을 지녔다. 세상을 자기중심적으로 해석하고 대응한다는 뜻이다. 이에는 정보사회와 그에 따른 탈영웅주의 시대의 도래가 미친바 영향이 적지 않다. 영웅이란 원래 스스로를 일반 무리들과 질적으로 구분되는 엘리트라고 생각하면서 명령전달의 효율성과 효과성에 주목하고 자기 프레임을 다른 이에게 일방적으로 전달하려는 욕구를 지녔다. 그러나 정보사회의 도래는 더 이상 영웅의 실존을 허락하지 않게 되었다. 정보사회는 정보소통상의 가변성, 복잡성, 광역성, 급변성을 동반하면서 사회관계의 불확실성을 초래하게 되었다. 그런데 이런 불확실성의 시대에서는 어느 누구도 미래를 말할 수 없으며, 미래를 말할 수 없으니 선각자가 있을 수 없고, 선각자가 없으니 영웅이 있을 수 없게 된 것이다(전상진, 2012). 이는 또 영웅의 선지자적 예지력에 대한 도전의 결과이기도 하다. 정보 유통양식의 변화로 인해 정보의 독점이 불가능해지면서 정보의 접근성, 가용성, 투명성, 해득력 등 정보의 생산과 소비에 있어 차별이나 차등이 감소하고, 그 결과 타인 의존적 의사결정의 시대를 마감하게 되었다.

따라서 일방적 일원주의에 함몰되어 있는 영웅세대를 중심으로 구축되어 있는 기존의 질서에 대해 총체적으로 부정하는 기질을 갖게 되었으며, 공동체 보다 개인을 우선하고, 가르치기보다 업적으로 본보기를 보이는 간접소통양식, 군림하거나 이끌지 않는 지도력 내지는 상담자의 조언을 선호하게 되었다(전상진, 2012). 이런 성향은 탈이념화 현상으로도 구체화되고 있다. 타인에 의한 프레임을 거부하는 성향이 기성의 질서에 순응하거나 편입되기를 거부하는 저항의 기질로 연결되면서 이념의 틀에 스스로를 가두는 일에 동의하지 않게 된 것이다. 정보화 사회의 가변성이 이념의 틀에 내장되어 있는 경직성과 충돌하면서 진보도 보수도 사회진단의 틀이나 지시등으로서의 타당성을 상실케 되었다는 점도 이념에 대한 순종을 거부하게 만드는 또 다른 요인이 되었다.

다만 오늘날의 40대인 과거의 386세대가 이념과 구호의 집단적 추종자였다면 2030세대는 이를 거부하고 독자적으로 자신이 가치를 정립해나가는 주관적 가치생산자의 특성을 지녔다는 점에서 볼 때, 40대가 2030세대보다는 상대적으로 덜 자기중심적이라고 말할 수 있을 것이다. 이렇듯 2030세대가 보다 더 자기중심적이라는 사실은 2030세대가 "노간지 효과"의 주동세력이라는 사실에서도 확인된다. 2030세대가 노무현 대통령에게 열광하는 이유 가운데 하나는 개천에서 용 난 사람, 현실에서 이룰 수 없는 꿈을 이룬 사람, 실패나 고난에도 굴복하지 않고 기성세대에 맞장뜬 사람이라는 데에서부터 출발한다. 인습을 타파하고 사회정의를 실현하려고 한 용기 있는 사람이라는 것이다(전경웅, 2010.7.11). 이는 기존의 프레임을 거부하고 자신의 프레임을 관철시킨 사람이라는 관점에서 동감한다는 의미다. 노대통령의 자기중심적 사고에 성원을 보낸 셈이다.

이런 2040세대의 자기중심성은 SNS의 이용이 확산되면서 보다 더 강화되는 결과를 가져왔다. 5060세대가 주로 TV같은 구미디어를 통해 수동적으로 정보에 접근하고 소통해 온 데 반해, 40대는 SNS를 약간 더 사용하게 되었고, 2030세대는 압도적으로 SNS에 의존하게 되었다(이어진, 2012.01.02). 그런데 SNS는 가입과 탈퇴가 자유로울 뿐만 아니라 구미디어와는 달리 소통의 주도권을 소통의 당사자가 쥐도록 되어 있어 이용자의 자기중심적 삶을 강화시켜주는 성질을 지녔다. SNS는 자기 주동성을 실감시켜주는 매체인 것이다. 독자적인 커뮤니케이션 수단을 가진 이들이 보다 더 자기중심적일 것은 당연한 일이다.

오랜 동안 우리사회를 관통해 온 권위순응형, 타자(他者) 의존형 가치체계가 자기 내부의 욕구와 가치를 중시하는 자아 중심형으로 전환하게 되었다는 뜻이다.

2. 탈물질주의 시대의 자존감(self-respect) 강한 존재

인간의 사회적 특성을 진단하는 이론 가운데 하나인 희소성 가설에 의하면, 인간은 상대적으로 보다 적게 공급되는 것에 보다 더 큰 주관적 가치를 부여하는 경향을 지녔다. 이런 관점에서 잉글하트는 탈물질주의를 향한 조용한 혁명론을 제기한 바 있다(Inglehart, 1977). 제2차 세계대전 이후 지구촌에서는 전쟁 없는 평화와 번영의 시대가 이어지면서 질서유지와 경제적 이익의 보호같은 물질주의적 가치에 대한 요구가 줄어드는 반면 자아실현이나 정치적 참여 같은 탈물질주의적인 가치에 대한 욕구가 증대하는 조용한 변화를 경험하게 되었다는 것이다. 이런 논리의 연장선상에서 보면, 2040세대는 우리나라가 경제성장과 절차적 민주화를 이룬 이후에 성장했다는 점에서 상대적으로 경제적 욕구나 신체적 안전 같은 물질적 욕구에 대한 갈증 정도가 낮고 반면에 보다 상위 가치라고 할 수 있는 자아실현이나 자기존중감 같은 탈물질적인 가치에 대한 욕구가 커지게 되어 있다. 실제로 우리사회의 탈물질주의 지수를 조사한 결과(2009년 5월 전국 800명 대상, 한국사회과학데이터센터 설문조사)에 따르면 20대의 22.8%, 30대의 15.2%, 40대의 9.9%, 50대 이상의 3.9%가 물질주의 중심의 기존 사회시스템에 대한 거부욕구를 지닌 것으로 파악되었다(김욱, 2009). 2040세대에서 그 이전의 세대와는 다른 가치지향성이 나타나고 있는 것이다.

여기에 더해 인간의 기본가치는 그가 성인이 되기 전에 겪었던 상황에 크게 영향을 받는다는 사회화 가설에 입각해 보면 2040세대는 비일상적 참여를 통해 정치적 효능감을 축적해 온 세대다. 월드컵의 붉은 악마, 미선이 효순이 사건, 노무현 대통령의 당선 견인, 노무현 대통령 탄핵반대집회, 미국산 쇠고기 반대 촛불시위, 박원순의 시장 당선 등 일련의 사건을 통해 자신의 발언과 참여가 어떤 변화를 낳는지를 현장에서 확인하고 실감할 수 있었던 세대다. 이렇게 정치적 효능감을 확인하면서 자기존중감과 참여에 대한 욕구를 확장하게 되었을 것은 자명한 이치다.

'엽전이 별 수 있나'며 자기 비하적인 삶을 살아온 이전 세대와는 달리 자존감 넘치는 인간군으로 변화하게 된 것이다.

3. 탈공동체주의 시대의 개인주의가 강한 존재

2040세대는 무한경쟁 시대를 살아오면서 이기주의적인 존재로 순치되었다. 유치원에서부터 시작해서 대학입시 그 이후의 취업 전선에 이르기까지 극심한 경쟁에 노출되어 온 탓이다. 그렇기 때문에 내가 성공하기 위해서는 남과의 경쟁에서 이겨야 한다는 학습이 축적되었다. 무엇보다도 바로 옆의 친구가 '적에 가까운 경쟁 상대'라는 인식은 '원교근공(遠交近攻)'의 생존원리에 본능적으로 친숙하게 만들었다(전경웅, 2011). 이런 경험은 과거처럼 혈연, 학연, 지연 같은 집단귀속성에 의존하기 보다는 스스로가 자기 이익은 자기가 지켜야 한다는 판단을 촉진하게 되었다.

특히 급변하는 정보사회의 불안정성과 불확실성은 즉각적인 만족추구가 합리적인 전략이라는 깨달음을 가져다주었다. 인스턴트

효과를 추구하게 된 것이다. 내일 무슨 일이 생길지 모르는 만큼 공익을 위해 개인의 이익을 양보하거나 '나'보다 공동체를 앞세우는 것은 어리석은 짓이라는 생각을 갖게 한 것이다(전상진, 2009). 정보사회의 가변적인 사회 환경이 개인 이익의 즉각적인 실현을 권장하게 된 셈이다. 탈공동체주의적인 가치관이 압도하면서 개인주의적인 성향을 확장한 결과다.

이런 개인주의적인 성향은 문자통화 시대의 자유주의 가치관에 의해서도 촉진되었다. 2040세대는 음성통화보다 문자통화(이동전화 · 메신저)에 친숙한 세대다. 그런데 음성통화는 즉각적인 반응을 필요로 하지만, 문자통화는 당사자들이 대화에 몰두하지 않을 여지, 즉 곧 바로 답변하지 않아도 되는 자유의 여백을 제공한다(전상진, 2009). 문자통화 시대는 시간적으로 유연한 공동체를 상정하게 하며, 이는 개인에게 극대화된 선택의 자유를 제공하는 성질을 지녔다.

더욱이 2040세대가 주로 노출되는 인터넷 중심의 사회관계는 어떤 목표를 위해 빠르게 관계를 형성하거나 정리하는 성향을 지녔다. 정보유통상의 협송성(narrow casting)은 합리적 수준을 넘는 사회적 관계의 단절을 불러오면서 공동체 의식 자체의 생성을 차단하는 효과도 동반한다. 가족 해체의 위험성마저 경고되고 있는 실정이다. 휴대전화나 인터넷 등 통신수단을 통해 쉽게 만나고 헤어지는 사회적 관계는 오프라인에서도 끈적끈적한 게 별로 없는 인간관계를 형성하는 것이다(동아일보, 2008.09.03).

그 결과 오프라인에 의존해 살아온 5060세대에서는 선국가 후개인의 국가중심주의나 끈끈한 연고관계에 기초한 공동체주의적인 국가관이 강한 반면, 2040세대에서는 자신이 있어야 국가도 있다는 개인주의적인 국가관이 보다 더 강하게 되었다. 이로 인해 무조건적으로 국가의 지시에 따르기보다는 자신이 생각하고 느낀 대로 행동하려는 자유주의 또는 개인주의적 성향이 2040세대에서 보다 더 강하게 되었으며, 직접 자신이 자신의 길을 개척해야만 자신의 이익이 담보된다는 생각을 갖게 되었다.

오랜 동안 우리사회를 지배해 온 유교적 집단주의 내지는 공동체주의가 무너지면서 개인주의 가치관으로의 이동이 가시화되고 있는 셈이다.

4. 유목민 시대의 즉응성이 강한 존재

인터넷 시대의 도래는 유목민적인 인간관계를 불러왔다. 목초를 찾아 떠다니는 유목민처럼 공동의 목적을 위해 재빨리 모이고 목적을 달성할 경우 미련 없이 떠나는 인간관계를 낳은 것이다(동아일보, 2008.09.03). 이런 유목민적인 인간관계는 매우 빠른 변화와 대응을 전제로 한다. 흔히 인터넷 사회의 최소 구성요소로 설명되는 초미립자의 지속적인 떨림 현상처럼 가변성과 변용성을 특징으로 한다. 과거 산업사회의 사회관계망이 의존했던 체제나 구조가 일정 정도의 정지 화면 내지는 지속적인 관계 유지를 전제로 하는 것인데 반해 초미립자의 세계는 떨림을 에너지의 운동으로 이해하려는 것만큼이나 어떤 형태의 고정적인 관계설정도 이를 거부한다. 늘 변동을 예정하고 있는 것이다.

이렇게 떨림처럼 수시로 만나고 헤어지는 유비커터스적인 사회관계는 깊이 있는 만남이 아니라 즉흥적이며 유한적일 수밖에 없다. 따라서 매우 단기적이고, 실용적이며, 합리적인 인간관계에 주목하는 특성을 지녔다. 과거 우리사회에서 강조되던 '의리'나 '정', '평생 우정' 따위는 더 이상 인간관계 형성의 최우선적 고려대상이 아니며 단지 자신에게 유용한지의 여부가 인간관계 형성의 주요 고려대상으로 부상하게 되었다. 이런 초단기적이고 가변적인 사회관계망의 형성이 성장과정에서 부동산 폭등이나 학군 등으로 인해 이사가 잦을 수밖에 없었고 어느 세대보다도 치열한 경쟁으로 인해 인생의 부침이 격할 수밖에 없었던 2040세대에서 보다 더 두드러지게 나타나는 것은 어찌 보면 매우 당연한 귀결처럼 보인다.

이에 따라 사랑도 인스턴트, 직장생활도 조기 이직이라는 사회현상을 동반하게 되었다. 휴대전화나 인터넷 같은 통신수단이 언제 어디서나 빠르게 설익은 만남을 가능케 하고, 남의 시선을 의식하지 않아도 되게 해주기 때문에 '뜨겁게(hot)' 만나 '쿨(cool)'하게 헤어지는 것이 일상화하고 있다. 직장의 경우도 즉흥적 감정에 따라 이직하는 일이 잦다. 한국경영자총연합회가 전국의 100인 이상 사업장 345개 사(社)를 대상으로 대졸 신입사원 이직률을 조사한 결과 '입사 후 1년 이내 퇴사율'이 27.9%이고 특히 중소기업의 경우는 36.6%나 되었다(동아일보, 2008.09.30).

다음 세대를 보고 오늘의 생활계획을 세운다는 초장기 시관(時觀) 사회인 우리나라가 어느새 2040세대에 있어서는 초단기 시관

사회로 변화하고 있는 것이다.

5. 고용불안 시대의 실속추구가 강한 존재

우리사회는 산업사회에서 정보화, 지구화 사회로 급속히 변화하는 과정을 밟고 있다. 그런데 5060세대와 2040세대가 바로 이 시대 변화의 분수령에서 세대교체의 접점을 이룬다. 5060세대가 산업사회의 말기에서 고용과 성장이 동시 진행하는 시대의 팽창사회를 경험하고 그 혜택을 누리며 살아왔고 또 지금도 그 언저리에 머물러 있다면, 2040세대는 정보화 사회, 지구화 시대를 맞아 성장과 고용이 순비례적으로 확장하지 않는 사회의 고통을 고스란히 짊어지게 되었다. 그 결과 5060세대와 2040세대의 세계관을 갈라놓게 되었을 뿐만 아니라 2040세대가 세대를 기준으로 사회구조적인 고통을 공유하는 결과를 낳았다. 정보화 사회의 모순이 불러오는 계급적 차등의 문제가 2040세대의 경우에는 영역이나 부문에 우선해서 세대를 기준으로 나타나게 된 것이다. 5060세대는 이미 고용상태에 있는 데 비해 2040세대는 아직 고용시장에 진입하기도 전에 고용기회의 축소를 경험하면서 가장 중요한 것은 생존이고, 생존의 필요수단은 경제력이라는 현실 체험 속에서 실속추구형 가치관을 갖게 되었다. 이는 외환위기를 겪으면서 보다 더 심화되는 결과를 낳았다.

더욱이 한국식 천민자본주의가 동반하는 부패와 윤리적 타락이 도덕적 기준율이나 명분을 지켜주지 못한다는 사실을 절감하면서 배경, 출신, 소속 같은 '간판' 대신 실력을 강조하거나, 격식보다 실질적인 편안함, 디자인보다는 실용적인 가치를 우선시 하는 경향을 갖게 되었다(전경웅, 2011). 이런 실용주의적인 가치지향성은 그 동안 우리사회가 높은 수준의 명분사회였다는 점을 상기해 보면 매우 급진적인 변화가 아닐 수 없다. 이런 실용주의적인 사고가 맺고 끊는 게 명확한 인간관계를 지향하거나 가식 없는 투명사회를 우선시 하는 사회적 가치를 동반하게 된 것도 사실이다.

6. 가식 없는 시대의 도덕 감성이 풍부한 존재

2040세대는 냉전, 사이비 진보 보수 간의 대립, 3김 주도의 지역감정 등에서 벗어나 성장한 결과, 기성의 게이트키핑이나 프레임에 편입되어 순치되거나 성장하지 않았다. 그런 만큼 기성의 정치적 선입견으로부터 자유롭고 앞서의 탈물질주의와 탈영웅주의에서 보는 것과 같이 물질이나 외부의 간섭으로부터도 자유롭다. 따라서 기성의 선입견이나 편견으로부터 벗어나 가식 없이 자신의 윤리적 감정을 표출할 수 있는 세대다. 여기에 더해 자존감과 자기중심주의가 결합하면서 기성의 질서가 의존하고 있는 불공정성에 대한 저항의식이 강하고, 부도덕하고 불의한 것을 거부하는 비교적 순수한 감정이 풍부하다. 따라서 특권과 차별을 배척하고 숨겨져 있는 프레임에 의한 부도덕성을 거부하며, 자기 실력껏 평가되기를 소망한다. 이는 나는 가수다, 위대한 탄생, 슈퍼스타 K2, 나는 꼼수다 같은 프로그램에 이들이 열광하는 이유이기도 하다.

일반적으로 40대에 이르면 현실에 안주하고 생활의 안정을 추구하면서 불의에 타협하고 기성의 질서에 편입되는 경향이 크다고 하지만 아직 과거 386세대였던 오늘날의 40대는 역린의 세월을 견디어 온 것만큼이나 도덕 감정을 유지하고 있다. 2030세대가 과거의 2030세대가 걸어온 길과는 다른 경험을 하면서 상대적으로 도덕적 순수성이 크다는 점은 이미 밝혀진 바와 같다. 불의로 얼룩졌다고 평가되는 우리사회가 윤리적인 사회로 이동하는 조짐을 보여주고 있는 것이다.

7. 포스트모더니즘 시대의 유희성이 강한 존재

흔히 포스트모더니즘(Postmodernism)의 사회에서는 일과 놀이를 구분하지 않으며 오히려 이들을 융합할 때 시너지 효과가 크다고 말한다. 일상의 규정에 따라 어떤 목적을 지향해 움직이는 노동과 그런 규정의 강제에서 벗어나 자유로운 상태에서 욕망과 상상을 추구하려는 유희를 융합하여 일이 곧 놀이이고 놀이가 곧 일인 생활양식을 추구하는 것이다. 이는 정보사회의 도래로 일과 일상의 생활이 지리적 이격성에서 해방되었다거나 자기중심적인 세계관이 심화되면서 들어나는 현상이기도 하다. 제일기획이 우리나라 10~50대의 라이프스타일을 조사한 결과에 따르면 '즐겁게 사는 것이 내 인생의 전반적 목표'라는 항목에 '그렇다'라고 대답한 이들이 2030세대의 75.9%, 10대의 71.1%, 40대의 69.5%, 50대의 61.9%로 들어났다. 2040세대의 인생관이 50대에 비해 보다 더 놀이 친화적이라는 사실을 알 수 있다(동아일보, 2008.09.30). 실제로 이런 유희 중시 행동양식은 최근에 있었던 다양한 형태의 촛불문화제에 유모차를 이끌고 참여하는 워킹맘의 행렬, 동영상 패러디, 인증샷 놀이 등에서 보듯 유희적 특성이 가미된 문화적 생활양식에 의한 정치참여 등에서 확인된다.

이런 노동과 유희의 융합은 그 동안 산업사회를 지배해 온 청교도적인 근로윤리로부터 인간성을 해방시키려는 것이기도 하다. 사회구조의 변화가 상시화, 급변화하게 되는 만큼 오로지 일에만 집중하는 것이 아니라 때때로 사회현실의 현주소를 진단하고 그에 따라 일상의 진로를 수정하거나 교정해야 할 필요성이 커졌다는 사실을 반증하려는 것이다.

8. 모순의 시대에 개혁지향성이 강한 존재

40대가 개혁지향적인 이유는 연령 효과보다는 코호트(Cohort) 효과가 보다 더 강하게 영향을 미친 결과다. 40대는 흔히 나이가 들면서 현실 안주적인 성향이 강해지는 연령의 시발점이라고 생각해 왔다. 그런데 오늘날의 40대는 반독재 · 민주화 투쟁이 치열하게 전개된 1980년대에 20대를 보내면서 진보적 성향을 체화해 왔다. 여기에 더해 대학 졸업 후에는 1997년의 IMF를 만나 조기실직하고 폭등하는 부동산 가격에 휘둘렸으며, 카드 열풍에 시달렸다. 그로부터 10년 후에는 다시 2008년에 불어 닥친 미국발 서브프라임 모기지 사태로 인한 세계금융위기로 인해 고용불안, 노후불안을 겪어야 한다. 어렵사리 내 집 장만에 나섰으나 집값이 내려 하우스 푸어(house poor)의 고통에 직면해 있는 이들도 40대다. 기존의 질서에 대한 반감이 형성되어 있을 것은 당연한 일이다(김현수, 2012.08.22).

여기에 더해 신자유주의가 요구하는 노동윤리가 무한 경쟁을 강요하고 그에 따라 무조건 젊어야 하고, 유연하며, 진취적이고, 도전적이어야 한다는 생각을 갖도록 유도한 것도 진보적, 개혁적, 역동적 가치관을 갖게 하는 또 다른 이유가 되었다.

다른 한편 2030세대는 생애주기론에 따라 진보적 성향을 띄지 않을 수 없다. 생애주기론에 의하면 젊을수록 진보적이고, 기존질서에 대해 비판적이며, 개혁지향적인 성격을 배태하기 마련이라고 한다, 여기에 더해 작금의 2030세대는 기존의 프레임에서 벗어나 성장했기 때문에 인간 본래의 도덕 감정에 충실하고자 하는 성향이 강하고, 기성의 체제에 내재되어 있는 부도덕성을 거부하는 성정을 지녔다. 사회구조적으로 보더라도 20대에서는 높은 등록금, 일자리 부족, 취업난 등이 가중되어 있으며, 30대의 경우에는 노후불안, 자녀교육, 고용불안, 주거불안, 늘어난 부채와 양극화, 물가 불안 등에 시달리면서 현재의 삶에 대한 실망과 미래에 대한 불안이 가중되어 있다. 이들이 이런 절망을 구원해 줄 새로운 질서의 구축을 염원하게 될 것은 너무나도 자명한 이치다.

이렇게 놓고 보면 2040세대는 문화정서적 동질성보다는 경제사회적 현실에 대한 인식공유를 통해 진보적인 성향을 연대하는 것이라고 하겠다. 이는 상대적으로 보수적이었던 우리사회가 진보적인 사회로 진화하고 있다는 의미이기도 하다.

9. 지구화 시대의 글로벌 마인드가 강한 존재

2040세대에서는 범지구적인 사고가 강하고 지구를 무대로 활동하고자 하는 성향이 매우 높아졌다. 이런 개방적인 사고는 선진국에 기죽지 않으며 제3세계에서의 활동이 급증하는 변화를 가져왔다. 그 결과 미국, 유럽 등 서구 선진국 의존적도 아니고 그렇다고 해서 일부 '386세대'가 의존하고자 했던 좌파적 세계관을 지향하는 것도 아니다. 제3세계 국가에 대한 관심도 매우 높다. 세계무대가 도전과 선망의 대상인 동시에 참여와 기여의 대상으로 구체화되어 나타나고 있는 것이다.

이는 이전 세대에 비해 2040세대가 상대적으로 보다 세련된 글로벌 마인드를 갖추었다는 의미이다. 교육과학기술부에 따르면 초중고교 시절 해외 유학을 위해 출국한 학생의 수가 1996년 현재 3,573명이던 것이 2006년에는 2만 9,511명으로 8배 이상 증가하였다(동아일보, 2008.10.02.). 지구촌 전역과 실시간으로 연동되는 인터넷이 글로벌 능력을 키워준 세대이기도 하다. 해외여행 자유화 이후에 성장하면서 외국여행의 기회가 많았으며 경제력 측면에서도 자력으로 해외여행을 떠날 수 있었던 세대이기도 하다. 그래서 그런지 글로벌 경쟁이나 미지의 도전에 결코 주눅 들지 않는 토대를 갖추고 있다. 우리 것, 남의 것을 가리지 않고 문화를 혼합해 '세계화된 우리 것'을 만드는 이른바 '세계지역화(Glocalization)'의 능력을 보여주기 시작한 것도 이들이다. 이는 문화개방 이후의 K-Pop 열풍에서도 확인된다. 자신에 대한 자신감 내지는 자존감이 상승하면서 스스로를 지구촌의 주변부가 아니라 중심부라는 인식을 갖기 시작한 셈이다.

오랜 동안 기성세대들이 반도에 갇힌 우물 안 개구리로 살아왔던 것에 비해 지구경영의 주체로 성장하려는 변화의 조짐을 보이고 있는 세대가 등장한 셈이다.

Ⅳ. 2040세대는 어떤 정치를 원하나?

1. 2040세대의 정치적 요구

일반적으로 2040세대는 진보적이라는 평가가 대종을 이루는 것이 사실이지만(김욱, 2009: 11), 이를 보다 자세히 들여다보면 이때의 진보라는 말은 노동자나 사회적 약자의 지위를 기득권층과의 대립적 관점에서 접근하고자 하는 고전적 의미의 진보를 뜻한다기보다는 현상유지나 복고주의에 대한 반동으로서의 진보, 즉 개혁지향성을 강조해 말하는 것으로 이해된다. 기성의 질서에 대한 거부감을 지니고 새로운 질서의 창출을 갈망한다는 의미다. 이는 2040세대가 매우 자기중심적이며 외부로부터 제공되는 어떤 형태의 프레임도 이를 거부하는 성질을 지녔다는 점에서 쉽게 수긍이 가는 일이다.

이렇듯 기성의 이념적 틀에 순치되기를 거부하는 만큼 자유주의냐 공동체주의냐 또는 자본주의냐 사회주의냐 같은 이분법적 틀에 순응하기를 거부할 것은 당연한 이치다. 오히려 그런 이념적 틀을 걷어낸 후에 남아 있는 것이 무엇이냐에 보다 더 관심이 높다고 보아야 할 것 같다. 기본으로 돌아가자는 말은 바로 이런 경우에 합당한 수사어일 것이다. 그래서 그런지 인간의 존재성 자체에 대한 사랑과 헌신을 보다 더 중시하는 경향이 있다. 기성의 이념들이 인간을 성악설적인 존재로 가정하고 그런 인간의 추악한 요소를 어떻게 관리할 것인가에 주목하고자 한 것이라고 한다면, 이들은 바로 그런 인간에 대한 가정 자체를 달리하여 인간의 선악설적인 존재성을 걷어내면 그 바닥에는 성선설적인 존재가 남아있을 것이라고 보려는 경향이 있다. 그렇기 때문에 사랑, 평화, 헌신 따위를 보다 중요시 한다. 나눔에 대한 본능이 자리 잡고 있는 셈이다.

그러나 2040세대를 사회구조적인 측면에서 접근하는 이들은 사회복지 프로그램의 확충을 들고 나와 2040세대를 설득하고자 한다. 실속 중심의 즉응적인 근성에 호소하고자 하는 셈이다. 그러나 사회복지 프로그램이 확충될 경우 그에 따른 재원의 부담은 결국 경제적 활동인구의 주류를 형성하게 되는 2040세대가 짊어져야 한다. 그런 만큼 2040세대의 문제를 복지 프로그램의 확충으로 풀 수는 없다. 오히려 일자리 창출을 통한 경제적 불평등의 시정이 보다 더 시급하고 호소력 있는 대안으로 여겨진다. 이를 위해서는 빈익빈 부익부의 논리에 빠져 있는 시장에 공정성을 회복시켜 주어야 하며, 이는 경제민주화의 한 양식이기도 할 것이다.

결국 일자리 공급이 가장 효율적이고 적극적이며 직접적인 복지가 되는 셈인데, 그런 점에서 수동적으로 주어지는 복지가 아니라 자신의 경제적 운명을 스스로 결정짓는 능동적 복지를 원하는 것이라고 말할 수 있다. 2040세대를 사회적 약자로 간주하고 시혜적 관점에서 사회적 승자로부터 추렴하여 복지서비스를 확장하려는 것은 2040세대의 가치관에 잘 부합하지 않는 것이기도 하다. 자존감이 강하고 자기중심적인 사고의 틀을 지닌 2040세대에게는 그들로 하여금 사회적 약자의 자리에 서게 한 불공정 경쟁체제 자체를 시정하고 새로운 경기규칙을 설정하여 공정한 경쟁이 가능하도록 하는 제도 개혁보다 더 절실하고 정정당당하게 되는 대안은 따로 있을 수 없다.[7] 2040세대가 경제적 약자일지는 모르지만 과거 그 어느 때보다도 우월한 정치적 강자라는 사실에 주목해야 한다. 자존적이며 독립적이고 정치적 비중 자체가 큰 집단이기 때문이다.

이런 적극적이고 주동적인 정치적 정체성을 지닌 2040세대가 시민참여의 공간을 열망할 것은 당연한 일이다. 이는 정당정치의 쇠퇴에 따른 불가피한 선택지이기도 하다. 정당이 정치적 대리인 체제로서의 역할을 제대로 수행하지 못하는 상황에서는 새로운

---

7) 2040세대가 공짜 점심을 원치 않는다는 주장에 대해서는 김현수(2012.08.22) 참조.

대안에 대한 수요가 폭증할 수밖에 없다. 그 동안 우리사회가 정당을 비롯한 간접민주주의에 의존할 수밖에 없었던 이유 가운데 하나는, 우선 물리적으로 모든 참정의 주체들이 한꺼번에 모일 수 없고, 일상에 바빠 시간적인 여유를 내기도 어려웠으며, 전문적인 지식이나 정보가 축적되어 있지도 않았기 때문이다.

그러나 정보사회의 도래 이후 보다 더 정보사회에 노출되어 있는 2040세대의 경우에는 정보통신 기기에 대한 독해력과 효능감 정도가 높고, 그렇기 때문에 직접 정치과정에 참여해서 자신의 의견을 피력하고 이견을 수렴하며 사회적 합의를 도출해 내는 일에 익숙하고 또 유능하게 되었다. 기성세대가 엘리트중심의 정치참여에 순치 되어 있는 데 반해 2040세대는 타인의존형 의사결정을 외면하면서 자발적이고 자기중심적이라는 사실도 시민주도적인 참여를 선호하는 주요 요인 가운데 하나다. 실제로 인터넷 등을 통한 의제형성 과정에서 비중 있는 역할을 수행하는 것은 2040세대로 알려져 있다. 간접민주주의와 직접민주주의를 혼합하여 정치적 거버넌스를 모색하고자 하는 욕구가 매우 강한 세대인 것이다.

2. 정치개혁의 과제

문제는 이런 참여에 대한 요구를 어떻게 수용하고 그에 따르는 국정운영 양식을 재디자인할 것인가에 있다. 2040세대가 정치적으로 요구하는 것은 그들의 대표가 참여하는 공간이 아니라 그들 개개인이 직접 참여할 수 있는 기회 공간이다. 그런 점에서 SNS을 통한 참여 네트워크의 개발은 필수적 과제다. 온라인상의 정치참여를 활성화해야 한다(신두철, 2009). 이를 위해서는 국정운영관련 정보를 지금보다 훨씬 더 공개하고, 국정운영과정의 투명성을 확대하는 일이 필요하다. 정당 자체를 보다 더 연성화해야 하고, 이를 위해 수평적, 개방적 구조로 개편하는 작업을 수행해야 한다. 엘리트 중심의 접근이 아니라 대중의 눈높이에서 접근함으로서 탈영웅주의에 부합하는 참여공간을 만들어야 하는 까닭이다.

2040세대가 유희적 인간관, 즉응적 세계관, 실용주의적 가치를 지향하는 경우 공동체주의에 대한 관심이 부족할 것은 당연한 일이다. 그러나 오늘날의 세계가 극단적 개인주의에서 비롯되는 많은 문제에 직면해 있고, 2040세대가 기성의 질서에 분노하고 새로운 질서의 창출을 고대하는 이유도 따지고 보면 과도한 자유주의와 그에 따른 폐해에서 비롯된다는 점을 상기할 필요가 있다. 지나친 개인주의를 상쇄하고 사회적 관계의 균형을 이루기 위해서는 공동체주의적인 요소를 가미할 필요가 있음은 주지의 사실이다.

따라서 유희적 인간관이 동반하는 재미와 열정이 단순히 개인의 삶 속에 머물도록 하지 말고 '사회적 파이'를 크게 하는 쪽으로 유도할 필요가 있다. 이는 마치 SNS가 영국 민주주의의 모태라고 할 수 있는 런던팝이나 커피숍 같이 이웃하는 이들끼리의 격의 없는 담론장 기능과 기성의 질서에 대한 해학과 저항, 분노의 분출 도구로 이해되는 카니발 기능을 동시에 지니고 있지만, 단순히 카니발이라고 하는 유희적 기능에만 빠지지 말고 런던팝과 같은 참여의 기능을 배합하여 재미와 책임을 동시에 수행토록 하자는 조언과 궤를 같이 한다. 이는 성장 지상주의의 패러다임을 수정하여 덜 먹고 덜 쓰는 삶을 대안으로 제시하자는 데에서도 발견된다 (이명진, 2009). 경쟁교육이나 이를 위한 기술교육이 아니라 공동체적 삶의 가치를 지향하는 시민교육과 그에 필요한 덕성의 훈련이 시급한 과제임을 뜻하는 것이기도 하다. 교육, 노동, 복지가 공동체 자유주의의 틀 안에서 선순환 구조를 이루도록 유도해야 한다.

또한 2040세대의 또 다른 특징이라고 할 수 있는 글로벌 마인드, 신보주의적 요구에 부합하는 공간기회를 만들어야 한다. 뛰어난 외국어 실력, 다양한 해외 경험, 외국 문화에 대한 열린 자세 등 2040세대가 지닌 글로벌 능력의 활용을 위한 정책개발이 필요하다. 특히 2040세대의 일자리 창출 문제와 관련하여 인력의 외국 송출 문제를 진지하게 고민해 볼 필요가 있다. 해외로 파견되어 현지사회의 개혁과 변화를 위한 자원봉사도 하고 어학도 익히며 지역사정에 대한 시야를 넓히고 현지민과의 네트워크도 구축하도록 지원하자는 것이다. 가뜩이나 취업난에 허덕이는 청년실업문제도 해결될 수 있을 것이며 경제적인 효과는 물론 자신들의 진로를 스스로 찾아가는 자생력을 길러주게도 될 것이다.

이렇듯 2040세대가 지니고 있는 진보주의적 태도, 도덕적 감성, 실용주의 정신 등을 감안해 보면 이를 수용하거나 반영하는 사회체계의 구축이 시급한 과제임을 알 수 있다. 지금까지 우리사회를 지탱해 온 일종의 세습적 '봉건 질서'를 혁파하려는 노력이 필요하다는 의미다. 인맥, 학맥, 언론 등으로 짜인 정치적 카르텔을 해체하고 낡은 질서를 타파하여 공정한 경쟁 내지는 대화가 가능한 공간을 창출해야 한다. 이런 점에서 소통과 담론은 필수적 과제다. 특히 재벌이 장악해 온 경제영역에서의 일방주의는 적극적인 개선을 필요로 한다. 이렇게 일방주의가 아닌 쌍방주의를 통해 진정한 의미의 이해와 소통이 일어나도록 해야 하는 이유는 2040세대가 각별히 자기중심주의적이고, 자존감이 강하며, 또 진보주의적이라는 점에서 비롯된다. 토크콘서트 같은 문화공감을 통한 소통방식이 유행하는 이유도 이런 기회가 일방적인 정보제공이 아닌 쌍방향적인 소통을 가능케 하고 즉응적인 대화의 통로를 열어주기 때문이다.

Ⅴ. 결론

2040세대는 지금까지 우리사회의 중추를 형성해 왔던 5060세대와는 크게 다른 정체성을 지녔다. 2040세대는 자기중심적이며 자기존중적이고 개인주의적이며 즉응적이고 실속중심적이며 윤리적이고 유희성 강하며 개혁지향적이고 지구적 관점을 지닌 것으로 파악되었다. 흔히 우리사회가 이념차원에서 보수와 진보로 나뉘고 지역차원에서는 영남과 호남으로 나뉘어 대치하면서 계층별로는 중산층이 무너지고 사회경제적 양극화가 진행된 결과 가진 자와 없는 자 사이의 갈등이 심화된 것으로 여겨지는 것이 보통이다. 그러나 2040세대가 보다 개방적이고 진취적이며 도덕적인 가치관을 구축하면서 구체제와 신체제 내지는 낡은 것과 새 것 또는 구세대와 신세대 내지는 과거와 미래 사이의 대척점이 보다 더 근본적이고 압도적인 갈등의 경계선을 형성하게 되었다. 이는 우리사회의 갈등전선이 바로 이 가치관 경쟁으로 이동하게 되었다는 것을 뜻하며, 18대 대선의 가장 강력한 프레임이 가치관 경쟁일 것임을 시사해 주는 것이기도 하다. 수평적 리더십과 수직적 리더십, 개방주의와 폐쇄주의, 일방주의와 쌍방주의, 독단주의와 집단주의 등이 바로 신구 가치관을 예시하는 국정운영상의 기준율들이라고 말할 수 있을 것이다.

문제는 이렇게 서로 다른 가치관 사이의 갈등과 대치를 어떻게 순화하고 관리할 것이냐에 있다. 이점은 특히 국가의 운영을 책임지는 이들이 최우선적으로 고민하고 대안을 내놓아야 할 과제다. 서로 다른 가치관 집단 사이의 공존과 화해를 어떻게 모색할 것인가가 문제의 핵심인 것이다. 이를 위해서는 당연히 소통을 통한 가치관의 공유 작업이 촉진, 조장되어야 하고, 이는 다시 공론장 내지는 담론의 기회 확장이 선결과제임을 뜻한다. 이를 위해 다양한 양식의 합의제 의사결정양식이 제안될 수 있을 것이다. 2040세대와 5060세대가 서로 다른 세계관이나 이해관계를 놓고 대화와 조정을 통해 서로 이견해소에 나설 수 있도록 조장하고 지원해야 한다는 의미다. 이를 위해 국가가 나서야 하지만 국가가 개입하기 이전 단계에서라도 서로 간에 훨씬 더 활발한 소통이 있도록 해야 한다. 물론 국가도 당연히 혼자서는 문제해결에 나설 수 없다. 오늘날의 국가는 과거 국가중심주의 시대에 활동하던 국가의 비중을 유지할 수도 유지해서도 안 되는 상황에 처해 있다. 따라서 국가와 시민사회가 협력적 공조체제를 구축하는 거버넌스의 도입이 시급한 과제일 것은 물론이다. 그러나 이 모두는 문제해결의 새로운 양식을 제안하는 것일 뿐 이런 문제해결양식을 따르면 가치갈등의 문제가 결정론적으로 해결된다는 의미는 물론 아니다. 다만 2040세대가 추구하는 새로운 가치관이 결과보다는 과정, 먼 미래보다는 오늘을 중시한다는 점에 주목할 필요는 있다. 이점에서 안철수 현상에 대한 안철수 교수의 고민이 깊을 것이다.

그러나 보다 낙관적인 조망도 가능하다. 이미 타자의존형 사회를 지나고 있다는 점을 상기해 볼 필요가 있기 때문이다. 사회문제해결을 위한 어떤 프레임이 선험적으로 존재해야만 하고 이를 고안하고 제시하는 책무가 시대의 영웅들에게 덧씌워지는 시대는 이미 호소력을 잃고 있다. 과거보다는 훨씬 더 많은 부분을 시민사회 스스로가 해결하거나 분담할 수 있고 또 그렇게 하고자 하는 가치관이 확산되고 있다. 자결과 자존의 시대이기도 한 것이다. 바로 이점에서 위안을 삼아보자는 것이다.

제5장

지구공동체와 지구경영시대의 선도

Ⅰ. 지구화 전략 개념의 도입과 지구화 종합지원체계의 구축

Ⅱ. 대외관계 대응능력의 강화

Ⅲ. 동반자형 대외원조모형의 개발

Ⅳ. 실업 해소와 해외자원봉사자 파견사업 확대
(안에서 걱정 말고, 밖에 나가 살 길 찾자)

Ⅴ. ODA 관리체제의 정비(분절화 문제 개선)

Ⅵ. 범지구촌 문화네트워크의 구축

Ⅶ. 한민족 종합관리정책의 수립

Ⅷ. 다문화 사회의 도래와 대응

Ⅰ. 지구화 전략 개념의 도입과 지구화 종합지원체계의 구축

1. 지구화 전략 개념의 도입

오늘날 우리는 지구화 시대에 살고 있다. 특히 인류공영의 지구질서 창출을 염원하는 목소리가 작지 않다. 따라서 그에 부응하는 정부기능의 조정과 종합관리체제를 구축해서 운영해야 한다는 요구가 매우 커져 있을 것은 물론이다. 그런데 지구화가 진행되고 있는 지구촌을 잘 살펴보면 구질서가 몰락하면서도 아직 신질서가 창출되지 않아 역사의 지체가 매우 심각한 상태에 있다. 우리처럼 지구중심축의 외곽에 머물러 온 나라에게는 중심부로 이동하기에 매우 좋은 환경이 마련되어 있는 셈이다. 지구화 시대에 보다 주도적으로 대응해 나갈만한 물적, 정신적 토대도 많이 성숙되었다. G20 일원으로서의 위상에 상응하는 지구경영 책임을 감당하라는 요구도 적지 않다. 그러나 우리의 국정운영양식은 아직도 많이 폐쇄적이고 단절적이다. 아직 지구 전체를 종합적으로 조망하고 체계적으로 관리하려는 지구관리 전략적인 사고 자체가 마련되어 있다고 보기 어렵다. 보다 창조적으로 지구화 시대를 선도하고자 하는 안목 자체를 확산하고 공유하려는 노력이 있어야 하겠다. 공직사회 내부에 일국주의의 경계를 넘는 개방적, 자유주의적 민족주의를 개척해 나가려는 시각교정과 의지가 있어야 한다. 세계 여러 나라를 성장과 공존의 동반자로 삼고자 하는 적극적, 개방적 가치관이 국정관리과정에 도입되어야 한다는 의미다.

그런데 지구촌 전역에는 소프트 파워를 통한 문화권력이 압도하는 변화가 일고 있다. 문화권력 확장의 필요성이 커지는 이유다. 문화권력은 단순히 문화적 우위를 겨냥하는 것 이상의 것으로서 국격 내지는 국가에 대한 지구촌 공동체의 평판도와도 직결된다. 문화를 통한 패권주의를 겨냥하는 것이 아니라 문화의 나눔을 통한 정서적 공명을 지향해야 한다. 싸이의 말춤이나 K-Pop 등에서 보는 바와 같이 한류를 타고 우리의 문화와 정신을 지구촌 전역에 보다 적극적으로 공급해야 한다는 주문이 크게 일고 있다. 그러나 이를 문화상품의 수출을 통한 통상진흥의 시각이 아니라 문화의 나눔을 통한 한국적인 것에 대한 공명의 기회로 삼을 줄 알아야 한다.

이밖에 사회주의 국가권의 붕괴와 해외동포 투표권의 허용 이래 지구촌에 산재해 있는 한민족에 대한 지원 및 관리 수요도 급증하고 있다. 한민족 공동체의 형성과 함께 이들이 지구촌 발전에 기여할 수 있도록 여건을 조장해야 한다는 수요가 급격히 신장하고 있다. 결혼 이주자 및 이주 노동자의 증가는 단순한 문화 다양성의 문제 이상의 것을 필요로 한다. 이를 지구화 시대의 생활양식 내지는 새로운 문화의 창조과정으로 이해할 필요성이 제기되고 있다.

2. 지구화전략위원회의 설치

1) 의의

지구화 시대에 접어들고 있음에도 불구하고 정부의 각 부처에서는 심각한 국제문제 내지는 지구현안 과제를 발견하기가 쉽지 않다. 지구적 관점과 시각 특히 지구공동체에 적극적으로 대응해 나가려는 시각 자체가 결여되어 있기 때문이다. 이런 현상을 교정하기 위해서는 전정부적으로 국정운영양식을 지구화의 시각과 관점에서 진단, 평가하고 기획, 조정, 지원하는 중앙통제장치를 필요로 한다. 글로벌 경쟁력을 갖춘 통합적 국제행정지원체계를 갖추는 일은 지구화 시대를 조타하기 위해 최우선적으로 요청되는 과제 가운데 하나다. 무엇보다도 지구경영이라는 보다 적극적인 지구화 시대 대응형 가치관을 개발하고 확산시켜 국정운영의 기준율 자체를 바꾸기 위해서는 이를 전담하는 관리중추가 필요하게 된다.

2) 기능

지구촌 전체를 상대로 지구화 시대를 선도해 나가는 데 필요한 적극적인 전략과 프로그램을 개발하고, 이를 전정부적으로 확산시키며 총합적 시너지 효과가 발생하도록 기획, 조정, 통괄하는 업무를 담당하도록 한다. 이는 지구 공동체에서의 국가 영향력 및 위상을 체계적으로 제고하자는 것이기도 하다. 이를 위해 소프트 파워의 확장을 위한 종합계획의 수립과 조정 업무를 담당하고, 소프트 파워를 중심으로 국제사회에 대한 지원활동을 촉진하며, 한민족의 글로벌 활동 지원 및 네트워크 강화, 문화산업의 육성과 확산, 다문화 사회에의 대응, 시민외교역량의 강화 및 지원 업무 등을 종합, 조정하도록 한다.

3) 구성

전정부적인 통괄과 정책기획기능의 강화를 위해 지구화전략위원회를 대통령실 소속으로 하되 인권위원회나 국민권익위원회와 같이 행정위원회의 형태로 설치함으로서 운영상의 독립성과 적극성을 보장하고자 한다. 이는 지구화전략위원회가 자칫 집권세력의 행정관료사회를 장악하기 위한 도구나 집권 이데올로기의 전파수단으로 오해될 위험성을 사전에 차단하고 부처 간 관계에서도 중립적으로 접근하여 정책수립상의 편향성이나 왜곡 가능성을 단절하고자 하기 때문이다. 위원회의 운영과 관련해서는 행정 각 부처에 지구화전략 담당관을 두어 각 부처의 지구화 업무추진을 기획, 조정하도록 한다. 이는 행정 각 부처별로 지구공동체의 가치와 관점을 소개하고, 확산하는 업무를 주관하는 부서를 지정하도록 하여 국정운영 현장에서의 지구화 과제를 독려하고자 한 것이다. 현재 정부 기관 가운데 지구화 시대에 대응하는 업무를 전담하는 기구로는 한국국제협력단, 국제교류재단, 재외동포재단, 한민족네트워크 등을 들 수 있는 정도다.

3. 지구시민교육의 확대 실시

1) 의의

우리가 명실상부한 지구화 시대의 중심세력이 되기 위해서는 지구적 표준을 제시하고 이를 관철할 수 있는 실력을 갖추어야 하지만, 이를 위해서는 좀 더 넓은 세계를 경험하고, 문화적 다양성을 존중하며, 지구촌의 새로운 작동 메커니즘을 이해하고, 좀 더 공정하고 지속가능한 사회를 만들기 위해 열정을 가지고 노력하는 이들이 지금보다는 훨씬 더 많아져야 한다. 그런 이들의 에너지와 지혜를 우리가 속한 공동체에 대한 애정을 가지고 한 곳에 결집할 수 있어야 할 것도 물론이다.

무엇보다도 지금 진행되고 있는 지구화 현상에 내포되어 있는 여러 문제점을 이해하고 이에 적극적으로 대처하고자 하는 의지와 능력을 갖추어야 한다. 보다 빈번한 국가 간의 교류는 이해갈등에 따른 긴장을 고조시키고 있으며, 이문화 간의 충돌을 확대 재생산하고 있다. 지구문화의 창출은 문화의 혼성화나 문화적 동형화를 통해 문화적 다양성을 축소하는 제국주의적 침탈의 또 다른 유형이라는 비판도 제기되어 있다. 생태적인 측면에서는 기후변화, 외래종의 도래, 과도한 어획, 오염 등 전지구적인 환경문제를 야기하고 있다. 경제적인 측면에서는 국내외 경제의 양극화로 인해 빈익빈 부익부 현상을 낳고 있다. 이런 지구의 현안과제에 대한 이해력과 정보의 확산공유가 가능하도록 하고 그런 지구촌 현실에 대한 인식을 통해 우리의 대응 자세가 무엇이며 어떤 가치 준거를 가져야 하는지를 공유케 하자는 것이다.

2) 기능

지구촌 현실을 직시하고 지구경영의 주체로서 대응해 나가기 위해서는 지구공동체 전체를 이해하고 포용하는 열린 마음과 자세가 갖추어져 있어야 하며, 이는 지구시민권의 관점에서 접근할 때나 가능한 일이다. 이렇게 국민들 특히 자라나는 청소년들에게 지구적인 시각을 제공하기 위한 교육은 그의 하위 구성 영역을 지식, 태도, 기술로 나눌 수 있다.

먼저 지식은 세계의 상호연관성, 다문화와 문화 다양성, 평등과 사회정의, 지속가능한 발전, 분쟁과 갈등의 예방 및 평화 등에 대한 정보와 가치관을 공유케 하는 일이다. 지구촌에는 서로 다른 사람들이 함께 살아가고 있고, 세상에는 부와 가난이 함께 존재하며, 이런 이유로 인한 갈등이 상존한다는 사실 등을 인식하게 하자는 것이다. 더 나아가 우리의 미래와 환경이 가치 있는 것이 되도록 하기 위해 필요로 하는 지식을 습득하는 일도 지식영역의 중요한 과제 가운데 하나다. 태도의 영역에서는 인간에 대한 존엄성을 바탕으로 다른 문화에 대해 존중하는 태도를 가지며 정의와 공정한 삶의 자세를 유지하도록 하는 것이다. 기술의 영역에서는, 앞서 언급한 지식과 태도를 실천하기 위해 실질적으로 요청되는 기술을 습득시키고자 한다. 이에 필요한 기술로는 사회조사방법, 민주적인 의사소통 기술, 추상적인 개념을 이해하고 비판적으로 사고하는 능력, 정치 참여 기술(정치문해) 등이 있다. 그러므로 '지구시민교육'은 단지 지식만을 갖춘 세계인을 만들자는 것이 아니라, 아는 바를 공정하고 객관적인 태도와 기술로 실천에 옮기는 적극적인 지구시민을 양성하자는 것이다(박선영, 2008: 173).

3) 운영

지구시민권 교육을 학교교육과 성인교육의 주요 커리큘럼으로 개발하여 교과과정에 반영하도록 하는 것은 물론이고 이와 병행하여 국사와 함께 세계사교육을 강화하도록 하고, 외국어교육과 함께 국어교육을 강화하여 세계어로 성장하도록 지원한다.

4. 참고자료

평판연구소(Reputation Institute)가 2011년 전 세계 각지 4만 2,000명을 상대로 어떤 나라에게 존경과 신뢰, 호감이 가는지 등을 설문조사한 결과 우리나라는 전체 50개국 가운데 중하위권인 34위에 그쳤다. 아시아에서는 일본(12위)에 이어 싱가포르(20위), 대만(25위), 인도(27위), 태국(30위)이 우리나라를 앞질렀다. 이는 다음의 표에 잘 나타나 있다.

〈표-5〉 세계 여러 나라의 평판도 순위(2011 Country RepTrak™)

RANK	Country	2011 Country RepTrak™ Score	RANK	Country	2011 Country RepTrak™ Score
1	Canada	74.8	26	Poland	50.9
2	Sweden	74.7	27	India	50.3
3	Australia	74.3	28	Peru	50.2
4	Switzerland	74.2	29	UAE	50.0
5	New Zealand	73.1	30	Thailand	49.9
6	Norway	73.1	31	Chile	49.7
7	Denmark	71.9	32	Puerto Rico	47.4
8	Finland	70.5	33	South Africa	46.7
9	Austria	69.4	34	South Korea	46.6
10	Netherlands	68.7	35	Mexico	46.0
11	Germany	68.3	36	Turkey	46.0
12	Japan	67.2	37	Egypt	45.9
13	Belgium	65.6	38	Venezuela	45.4
14	Italy	64.6	39	Bolivia	42.4
15	UK	64.2	40	Ukraine	42.2
16	Spain	63.7	41	Israel	41.9
17	Ireland	63.6	42	Haiti	41.8
18	France	62.1	43	China	40.7
19	Portugal	58.1	44	Saudi Arabia	38.8
20	Singapore	58.0	45	Russia	38.6
21	Greece	55.8	46	Colombia	37.1
22	Brazil	54.6	47	Nigeria	30.9
23	USA	52.9	48	Pakistan	27.2
24	Argentina	52.0	49	Iran	22.7
25	Taiwan	51.3	50	Iraq	21.8

Ⅱ. 대외관계 대응능력의 강화

1. 의의

지구화 시대의 도래는 사회적 관계의 초국적 연결망의 확대와 함께 정부의 대외관계에 대한 협상력 강화의 수요를 급진적으로 확장하고 있다. 먼저 지구경제체제의 확산은 국제통상에 대한 협상 수요를 폭발적으로 증가시키고 있다. 특히 세계경제의 침체가 장기화하면서 경제선진국들도 자국경제의 절박성이 심화되고 그에 따라 경제협상에서의 여유 공간을 점점 더 잃고 있다. 그만큼 우리와 같이 도전적인 후발 경쟁국가에 대한 압력이 거세질 것은 자명한 이치다. 특히 철강, 자동차, 전자, 화학 산업 분야에서의 국제 경쟁력 강화, 국내 시장 규모의 확대, 우리 기술수준의 급격한 신장 등을 목격하면서 우리를 더 이상 보호대상으로 봐주지 않으려 할 것은 분명한 일이다. 이는 WTO체제가 사실상 FTA체제로 전환되면서 개별 국가별, 개별 사안별 통상 협상에 대한 수요가 급진적으로 확장되고 있다는 데에서도 확인된다.

또한 동북아 국제정세의 급격한 변화는 안보 및 통일외교의 수요를 급속히 신장시키고 있다. 북한의 김정은 체제 등장 이후 한반도 평화와 안전의 유지에 대한 우려가 증대하고, 동아시아지역에서의 미국과 일본 간의 역할 분담에 대한 논의가 진행된 이후 일본의 독자적 군사역량 강화가 급진전하고 있으며, 한일간의 독도영 유권 문제, 일중간의 댜오위다오(센카쿠) 열도 문제, 러일간의 쿠릴열도 분쟁 등 지역 영토분쟁이 본격화하는 조짐을 보이고 있다. 북한에 의한 핵위협이 여전한 것은 물론이다. 동북아지역의 안전과 평화에 대한 위협이 자칫 아시아 나아가 세계 평화를 조준하는 착화점이 될지도 모른다는 우려마저 증대하고 있다. 점증하는 주변국간의 긴장과 잦은 무력시위가 안보 협상에 대한 수요를 급격히 신장시키고 있다.

이에 더해 오늘날의 세계에서는 국가 간의 관계 외에도 시민사회구성원 간의 교류와 연대가 빈번해지면서 지구시민사회가 급속히 형성되고 있다. 이에 따라 지구시민문화 형성에 대한 요구가 범지구적으로 확산되고 있다. 그러나 지구공동체의 문제를 정부간의 협상과 협력에만 의존하는 경우 기본적으로 관료제에 기초하기 때문에 그의 구조적 경직성으로 인해 국제환경 변화에 기민하게 반응하지 못하고, 주도권 쟁탈전을 일삼거나, 운영과정이 비효율적이라는 문제를 야기한다. 그렇다고 시장 메커니즘에 의존하는 경우에는 인본주의적 수요를 외면하고 경제사회적 불평등을 낳는 등 여러 부정적 속성을 동반한다. 국가나 시장 가운데 어느 한쪽을 통해 한 나라의 문제를 지구 차원에서 해결하고자 하는 데에는 스스로 한계가 있을 수밖에 없다. 따라서 국가와 시장의 특성 내지는 공적 목표와 사적 자율성 모두를 아우르는 "중도 노선(the Middle Way)"에 유의하지 않을 수 없다. 이는 토니 블레어 총리의 "제3의 길(the Third Way)"이나 독일 슈뢰더 수상의 "신중도(New Middle)"에서 확인된다. 시민 중심의 외교 역량을 강화해야 하는 이유다.

2. 통상산업부의 부활

우리의 대외 통상협상력을 강화하고 통상능력 자체를 확장하기 위해서는 세 가지 조건이 충족되어야 한다. 먼저 국제통상 및 협상 관련 전문인력을 단시일 내에 육성, 확보해야 하며, 둘째 관련 업무를 전담하는 조직을 만들어 업무역량을 집중할 수 있어야 한다. 셋째로 산업진흥과 통상협상 업무가 동일 업무경로에 취합되어 시너지 효과를 낳도록 해야 한다. 정부내외의 전문가를 단시일 내에 확보하기 위해서는 계약제 및 직위분류방식의 변경 등을 통해 인사정책상의 충원방식 개선을 도모해야 한다. 산업진흥과 통상협상 관련 업무를 전담조직에 집중하는 일과 관련해서는 현재의 지식경제부를 개편하고 외교통상부의 통상기능을 이전하여 통상산업부를 신설하기로 한다. 현재의 지식경제부는 상업, 무역, 공업, 외국인 투자, 정보통신산업, 산업기술정책, 에너지, 지하자원, 우편, 우편환 등 실로 방대한 영역을 관장하고 있어 부처전문주의의 정신에 반할 뿐만 아니라 그로 인해 조직 효율성이 크게 위협받고 있다(이승종 외, 2012). 이 가운데 우선 통상, 무역, 산업진흥(2차 및 3차 소프트웨어 산업 제외),[8] 산업인력양성, 중소기업 경쟁력 강화 분야를 일관 정책체계로 구분하여 통상산업부가 전담하도록 하자는 것이다. 다만 중소중견기업 육성과 관련하여 이를 집중 지원하기 위해서는 중소기업청을 중소기업부로 승격시켜야 한다

8) 하드웨어를 제외한 2차 및 3차 소프트웨어 산업에 대해서는 신설하는 정보통신부가 다루도록 한다.

는 주장도 있으나 먼저 제조업 분야의 경우에는 중소중견기업의 경쟁력 강화를 위해서는 지구시장경제체제 차원에서의 생존력 강화 지원정책이 필요하고 특히 산업정책 차원에서 지원하는 것이 필요하다고 보아 통산산업부가 관장하도록 하고, 서비스 분야에 대해서는 소상공인의 접근편의성 등을 고려하여 현행과 같이 중소기업청이 담당하도록 하는 관할영역상의 분화가 필요하다고 보았다(이승종 외, 2012). 이는 일자리 창출과 성장동력 확보의 차원에서도 절실히 요구되는 과제다.

3. 통일외교부의 신설

기존의 통일부와 외교통상부의 외교 부문을 통합하여 통일외교부를 신설토록 한다. 통상기능이 산업진흥과 어울릴 때 보다 더 시너지 효과를 낼 수 있다는 판단에서 통상업무를 신설하는 통상산업부로 이전하기로 했으니 외교통상부에는 외교기능만이 남게 되는 데, 그 동안 통일부의 북핵정책과 대외정책을 전담하는 외교통상부 사이의 정책혼선이 심각했다는 점은 통일정책 추진과정에서의 통일성이나 일체성 신장을 위해 보다 적극적인 조치가 필요하다는 판단에 이르게 한다. 특히 남북공존의 문제를 감성주의보다는 합리주의의 입장에서 접근하고자 하는 경우, 남북을 포함한 주변국과의 협상, 협력 및 외교의 과제가 매우 중요한 부문을 구성하게 된다. 남북문제를 매우 중요한 외교문제로 보자는 것이다. 이점은 매우 빠르게 변하는 동북아 주변 정세의 현황을 감안할 때 앞으로의 5년이 매우 중요한 전환점이 될 것이라는 판단도 작용했다. 나아가 정보사회 및 지구화 시대의 도래 이후 국가 간 교섭의 과제가 정부의 전 영역으로 확산되고 있어 협애하게 외교부문만을 따로 떼에서 다루기가 쉽지 않다는 점도 고려의 대상이 되었다. 신설되는 지구화전략위원회가 대외관계에서의 전정부적인 통일성 유지에 기여할 수 있을 것이라는 점도 염두에 두었다.

4. NGO 국제화센터의 신설

시민외교 역량을 강화하는 일은 단순히 제3섹터의 기능적 좌표를 확장하거나 강화시켜주는 것[9] 외에도 당연히 우리의 대외관계 대응능력을 강화하는 데 결정적 기여를 하게 된다. NGO를 통한 시민외교는 "공적 목표를 위한 사적 구조(private structure for public purpose)"를 채용함으로서 대외문제 해결과정에서의 유연성과 과제 해결능력을 동시에 제고하고, 그 결과 "제3의 정치(the politics of the third way)"가 가능해지는 영역을 개척하자는 것이다(Salamon, 2003: 2). NGO간의 협력과 연대를 통한 시민외교는 이렇듯 한 나라의 내부 문제 해결을 위한 국제적 또는 지구적 대응방안 가운데 하나일 뿐만 아니라 국제지역사회나 지구시민사회에서의 문제 해결에도 기여하게 된다. 이는 국제지역사회나 지구시민사회가 일국의 구조적 특성이 국경 밖으로 연장되는 외연에서 생겨나는 어떤 사

9) 본서의 "제6장 사회공동체와 민관협력체제의 구축"의 "Ⅳ. 제3섹터의 기관능력 제고" 부분을 참고하기 바란다.

회구조물이라는 관점에서 이해하려는 것으로 볼 수 있다.

여하튼 이는 제3의 정치에 있어 그 핵심요소라고 할 수 있는 NGO가 지구화 과정의 중요행위수행자로 자리매김하고 있고, 시민사회운동의 범지구화가 촉진되고 있으며 초국적 정치영역의 핵심부로 진입해 들어가고 있다는 현실인식에 기초한다. 물론 이렇듯 지구시민사회를 상대로 하는 시민외교가 단시일 내에 가시적 성과를 내기는 어려운 일이라고 하더라도 운동역량의 부족을 이유로 초국적 정치공간에서 떨어져 나와 폐쇄적 일국주의를 고집한다면 NGO간의 교류와 연대가 범지구적 운동으로 발전하는 과정에서 매우 중대한 장애 요인으로 작용하게 될 수 있다(임현진, 공석기, 2005: 158-159).

또한 정보통신기술의 발전으로 정보의 유동성이 급격히 증대하고 그 결과 기존의 체제나 질서가 영원불변의 것이 아니라 매우 가변적이라는 인식이 싹트고 있으며, 그 결과 어떤 현상의 타파나 보다 나은 대안을 개발하고자 노력하는 일 등이 매우 당위적 과제라는 인식을 갖게 되었다. 이로 인해 지구적인 과제의 해결을 위해 보다 용이하고 능률적인 양식으로 대처하기 위한 대안을 시민이 찾아 나선다는 일 자체가 매우 자연스럽게 유발되고 있으며 또한 당연한 일로 간주되고 있다. 이에 따라 이미 지구공동체에서는 새로 조직을 창설하거나 지구적 연대를 결성하는 등 기존의 국가나 시장 중심의 국제 질서 위에 새로운 차원의 문제 해결 대안으로서 NGO에 의한 시민외교를 추진하는 일이 스스럼없이 추구되고 있다(NGLS, 2003:6). 이런 변화의 흐름을 감안할 때도 시민사회에서의 대외역량 강화는 매우 중요한 과제로 제기된다.

Ⅲ. 동반자형 대외원조모형의 개발

1. 의의

우리나라는 2010년 1월 개발원조위원회(DAC)의 회원이 되었으며, 그에 따라 21세기 국제원조사회의 준거인 'Glocalization(글로벌 원조규범 준수 + 수원국 주도 개발 파트너십 참여)'에 따라 대외원조 전략을 개선해야 할 필요성에 직면해 있다. 기존의 '한국형 원조사업'이 공여자 편의적이라는 평가를 받아 온 만큼 글로벌 원조규범을 준수하면서도 수원국 스스로의 개발역량을 강화하는 방식으로 재구성할 필요성도 제기되어 있다. 무엇보다도 중요한 것은 기존의 한국형 원조사업이 그에 대한 개념 설정이나 철학적 준거가 불분명할 뿐만 아니라 보다 적극적으로 지구화 시대의 중심축으로 자리매김하려는 국정운영의 가치관이 반영되기 전 단계에 머물러 있다는 사실이다. 이로 인해 거의 모든 원조영역에 무분별하게 간여해 왔고, 다른 나라의 대외원조와의 비교우위나 차별화를 이루기도 어려웠다. 원조시스템 내의 연계효과가 부족하게 되거나 원조사업 추진 방식 및 형태 간의 연계가 미흡하고 대외원조 담당 기관 간의 분산 추진으로 인해 유사사업의 중복을 초래하는 등 비전 부재에 따른 관리효율상의 문제가 적지 않은 것으로도 인식되었다.

이로 인해 지구화 시대의 환경변화와 지구경영시대를 선도하려는 국정관리의 준거율을 반영하는 대외원조 철학 및 비전을 새롭게 개발하는 일이 최우선적인 과제로 제기된다. 지구촌 공영의 가치관을 반영하거나 수원국과의 대등한 관계 설정을 통해 대외원조의 일방주의 내지는 보편주의를 극복하고, 대외원조를 지구촌 공영의 길을 열기 위한 공여국과 수원국 간의 협력적 공조 과제로 인식하려는 시각교정이 요청되는 것이다. 이점에서 보면 미래형 대외원조는 공여국과 수원국 간의 동반자적 관계 설정 하에서 추진되어야 마땅한 일이다. 소프트 파워 시대의 대외원조는 수원국의 마음을 사로잡을 수 있어야 하며 이는 당연히 수원국의 눈높이에서 대외원조를 공생의 과제로 인식할 때에나 가능한 일이다.

2. 동반자형 대외원조의 모색

국제원조규범을 준수하면서도 한국적 특성을 반영하는 한국형 대외원조모형을 개발해야 한다는 점은 이미 밝힌 바와 같다. 대부분의 수원국이 우리의 개발경험을 공유하고자 하는 데 관심의 초점을 맞추고 있고 실제로 우리가 이들을 지원해 줄 수 있는 것 가운데 가장 경쟁력이 있는 분야가 바로 개발전략과 방안을 공유하는 일이다. 그러나 외국의 대외원조가 대부분 실패한 원인이 공여국의 수원국에 대한 일방주의 내지는 공여국 중심의 사고나 전략의 틀을 벗어나지 못했기 때문이라는 점과 설혹 지원 사업 자체로서는 성공하더라고 수원국의 정서적 공감이나 마음을 사지는 못한 것이 대부분이었다는 점을 감안하여 수원국 중심의 대외원조 전략을 수립해야 한다는 것은 필수적 과제다.

이렇게 일방주의가 아니라 상호주의, 일방의 타방에 대한 헌신이나 기여가 아니라 공동 학습 내지는 호혜적 관계의 설정을 지향해야 하는 것이라고 한다면, 그런 대외원조는 공여국과 수원국 간의 동반자적 협력관계가 구축될 때 가장 구현 가능한 일이다. 이는 우리의 대외원조 정책의 수립 초기 단계에서부터 수원국의 참여와 의견개진 기회를 개방하자는 것이나 다름없다. 우리로서도 우리의 개발경험을 수원국의 눈높이에서 재해석하고 수원국의 개별적 수요나 환경적 특성을 고려한 맞춤형 대안을 개발하는 데 주저하지 말아야 한다. 이런 수원국 참여형 대외원조 또는 공생적 대외원조 전략이야말로 가장 한국적 특성을 살리고 다른 나라와의 차별화가 가능해지며 원조의 취지를 가장 잘 살리게 되는 전략이 될 것이다. 바로 이 지점에서 우리의 대외원조가 지구공동체에서의 경쟁력을 확보할 수도 있게 될 것이다.

따라서 바로 이런 한국형 원조수요가 높은 지역, 우리와의 유사성이 높은 나라, 이미 우리나라의 NGO 및 기업진출이 활발하게 이루어져 한국형 대외원조가 작동하기 좋은 환경이 마련되어 있는 지역 등 수원국과의 소통과 협력이 용이한 지역을 중심으로 집중 지원하는 선택과 집중의 전략을 취할 필요가 있다. 이와 관련하여 단발적, 개별적 원조보다는 일종의 프로그램형 원조(정책자문 + 인프라구축 + 인력자원개발(HRD)) 사업을 개발하여 국가통합형 협력전략(CPS)을 모색할 필요도 있다. 원조의 종합적 시너지 효과를 기대하자는 것이다. 이는 선택과 집중을 통해 성공 모델을 창출하고 이를 통해 원조효과를 확산하고자 한다는 점에서는 성공 모델 확산 전략이기도 하다.

3. 추진전략

지구화전략위원회로 하여금 대외원조전략의 기본정책 수립과 집행을 종합 관리하도록 한다. 이를 위해 대외원조 관련 부처가 모두 참여하는 회의를 통해 대외원조의 기본 정책을 수립하도록 한다. 이는 대외원조 사업과정에서의 할거주의, 파편화, 중복 등의 낭비와 비효율을 줄이자는 것일 뿐만 아니라 전정부적인 통일성과 연관성의 확보를 통해 대외원조가 국정의 종합 비전인 지구화, 지구경영의 시대를 여는 일과 적극적으로 연계되어 시너지 효과를 내도록 조정, 관리, 확산하자는 것이기도 하다.

일단 대외원조의 기본정책방향이 설정되면 이를 토대로 한국국제협력단(KOICA)이 분야별 사업추진 전략을 수립하고 이를 관련 부처와 공동으로 추진토록 유도, 지원한다. 이때 프로그램 수준의 원조모델은 이를 단위사업 수준의 사업기술 목록으로 구체화 시켜 제안하게 하고, 이를 중심으로 몇 개의 원조모델을 구상한다. 그리고 이런 표준 원조모델을 중심으로 수원국의 개별적인 요구를 반영하여 수정하거나 조정하는 가운데 개별 국가와의 대외협력을 진행한다. 차후 모델별 사업수행실적을 평가한 후 점진적으로 보다 적실성 있고 타당성 높은 대외원조 모형을 모색해 나가는 점진주의적 조정 전략을 제안한다.

4. 참고자료

〈2010년도의 개발원조위원회(DAC) 발표 대외원조 현황〉

ㅇ 2010년 DAC 회원국은 금융위기 이후 재정상황이 악화되었음에도 불구하고 2009년 대비 6.5% 증가한 역대 최고 수준인 총 1,287억불(DAC 회원국 GNI 총합의 0.32% 규모)의 ODA를 제공했다. 2010년도의 최대 ODA 공여국은 미국(302억불), 영국(137.63억불), 프랑스(129.16억불), 독일(127.23억불), 일본(110억불) 순으로 나타났으며, 최대 공여국인 미국은 특히, 아이티 등 최빈 개도국 및 파키스탄에 대한 원조를 대폭 증액하였고, 일본은 최빈 개도국에 대한 양자 무상원조 및 세계은행 기여금을 크게 증액하였다(유상차관 회수분을 차감한 순지출 기준).

ㅇ 2010년 우리나라는 지난해 대비 25.7% 증가한 11억6천8백만불(GNI 대비 0.12%) 규모의 ODA를 제공하여, 호주(12.1%), 벨기에(19.1%), 캐나다(12.7%), 일본(11.8%), 포르투갈(31.5%), 영국(19.4%)과 함께 2009~2010년간 ODA를 대폭 증액한 국가로 평가되었다(우리나라의 2010년 ODA 규모는 2005년 대비 56% 증가).

출처: OECD 대한민국 대표부

Ⅳ. 실업 해소와 해외자원봉사자 파견사업 확대
(안에서 걱정 말고, 밖에 나가 살 길 찾자)

1. 의의

경제적 양극화와 함께 청년 및 노년 실업이 매우 심각한 사회적 과제가 되어 있다. 그런데 오늘날의 경제적 양극화나 그에 따른 실업의 원인은 많은 부분 경제활동의 지구화 내지는 초국적 활동의 심화에 두고 있다. 그런 만큼 실업 해소방안의 일부도 인력의 해외송출이나 대외관계 연계활동에서 찾아 볼 수 있을 것이다. 민족국가의 경계를 넘는 고용기회의 창출에서 해법을 찾아보자는 것이다. 지구경영 차원의 시각에서 실업문제를 조망하고 대처해 나가자는 것이기도 하다. 그러나 노동인력의 직접적인 유입에 대해서는 대부분의 나라가 저어하거나 환영하지 않는 만큼 우회적인 방안을 모색할 필요가 있다. 이와 관련하여 청년 자원봉사자나 퇴직전문가의 해외 파견사업을 재해석하는 경우 인력의 해외송출이나 취업기회 확장과 연계해 볼 수 있을 것이다.

그러나 지금까지 정부의 청년 자원봉사자나 퇴직전문가 해외 파견사업은 일차적인 목표를 청년과 노년의 실업해소와 일자리창출에 두기보다는 개도국의 빈곤완화나 보건위생환경의 개선 등 수원국 지원에 우선적인 목표를 두어 왔다. 파견자의 규모도 작고 보다 많은 인력을 파견하는 일보다는 보다 우수한 인력을 확보하는 쪽에 우선적인 비중을 두어왔다. KOICA의 경우 2005년부터 청년의 국제개발협력사업 참여 확대를 목적으로 기존의 연간 200명 파견 규모를 700명으로 확대하고 퇴직전문가 파견사업은 2010년 89명을 파견했고 2011년에는 160명 파견했다고 하지만 이는 아직 절대적인 파견규모가 영세한 실정임을 보여주는 것에 지나지 않는다. 무엇보다도 사후관리 등 파견사업 자체가 우리의 기능적인 국가경계를 지구촌전역으로 확장하려는 지구경영시대의 요구에 부응하려는 적극적인 관점과 안목을 결여하고 있다는 점도 문제다.

2. 청년 스티븐스(심은경) 프로젝트 추진

1) 의의

미국의 평화봉사단원으로 젊은 시절 한국에 왔던 스티븐스 영어교사가 귀국 후 주한 미국대사가 되어 돌아오듯이 해외파견 청년자원봉사자가 현지어의 습득, 현지사정의 숙지, 현지인과의 네트워크 구축 등을 통해 지역 전문가로 성장하고 나아가 우리나라와의 연계활동을 통해 현지취업, 현지창업, 귀국 후 지역전문가로 활동할 수 있도록 청년의 생애 경로 지원 사업을 개발, 지원하자는 것이다. 이를 위해서는 봉사활동참여자의 선발, 교육훈련, 현지지도, 사후관리 등의 전 과정에 걸쳐 해외자원봉사자 파견사업에 대해 새로운 개념과 비전을 가지고 접근할 필요성이 제기된다. 비록 성공적인 지역전문가로 성장하지 않는다고 하더라도 지구적인 안목과 가치관을 심어주게 되어 결과적으로 지구화 시대를 보다 적극적으로 수용하고 대처해나가는 국민을 길어내는 효과를 기대해 볼 수 있을 것이다. 특히 청년실업자가 폭증하고 있는 현실에 비추어 보면 공공부문의 일자리 창출 차원에서도 해외봉사단의 규모를 크게 확장해야 한다는 데에는 이의가 있을 수 없다.

2) 운영

이를 위해서는 먼저 해외봉사단의 파견 규모를 연간 2만 명씩으로 확장하여 앞으로 5년 후에는 총 10만 명이 파견될 수 있도록 계획할 필요가 있다. 이는 해외자원봉사자 파견사업을 정부 단독으로 진행하기 보다는 대학, NGO, 기업 등과 함께 민관협력사업으로 개발, 운영하는 것이 바람직하다는 의미이기도 하다. 이와 관련하여 NGO 단체의 유사사업을 지원하는 경우에는 이를 통해 시민외교역량을 강화하는 효과도 얻게 된다. 특히 대학생은 해외봉사활동을 통해 글로벌 감각을 익히고 보다 다양한 경험을 쌓기를 희망하는 경우가 폭발적으로 증가하고 있는 만큼 정부가 자체 파견사업 규모를 혁신적으로 확장하는 것은 물론이고 대학의 자체 파견 또는 전문기관(대학사회봉사연합회 등)을 통한 대학생(재학생)의 단기봉사단 파견 등의 규모를 확대하도록 권장하고 유도하는 지원, 조장 정책을 펼쳐야 한다. 대학과의 산학협정 체결을 통해 해외자원봉사에 대해 학점을 인정하는 등 대학생의 봉사활동 참여 지원을 독려하고 확대할 필요도 있다. 봉사활동 이후 봉사활동의 경험 및 지역전문성을 살려 취업하거나 해외창업하려는 경우에 대해서는 중소기업중앙회 창업지원센터, 전경련, KOTRA 등과의 협력을 통해 체계적인 지원정책을 수립, 운영하도록 한다.

행정적인 준비과제로는 수원국 현지의 해외자원봉사자 관리 인프라를 확충하는 일이 시급히 요청되며, 해외파견 봉사자들에 대한 체계적인 교육 · 훈련을 강화하기 위해 World Friend of Korea(WFK) 통합훈련센터의 확충(2014년 개관 목표)이 시급한 과제로 제기된다. 교육과정에서 특히 지구화 시대의 중심국가로 나서려는 국정비전을 공유하고 그런 맥락에서 해외봉사활동을 접근하고 재해석하는 안목을 심어주도록 하는 일도 필요하다.

3. 은퇴자 해외파견과 노인복지사업

1) 의의

노령화 사회로 접어들면서 노인 인구가 급증하는 것과 함께 노인 사회복지 차원에서 노인의 일자리를 창출해야 하는 문제가 매우 심각한 사회적 과제가 되고 있다, 이와 함께 청년실업의 여파는 조기 퇴직자를 양산하고 있어 이들에게 재취업 기회를 마련해 주어야 한다는 문제가 매우 심각한 수준에 달해 있다. 따라서 자원봉사자 해외파견 사업을 단순히 수원국에 대한 지원 사업으로만 보지 말고 퇴직자나 은퇴 노인의 재취업 및 자활 지원 사업의 차원에서 접근할 필요성이 제기된다.

이와 관련하여 정부는 KOICA가 2005년에 퇴직자를 포함하는 시니어단원 제도(현재 50~62세, 경력 10년 이상자)를 마련해서 운영하고 있고, 2010년부터는 퇴직인력의 기술, 전문성 등을 활용해서 개발협력에 참여할 기회를 부여한다는 차원에서 퇴직자만 지원 가능한 제도를 마련해서 시행 중에 있다. 유사한 사업으로는 외교부(KOICA)가 중장기자문단사업을, 지경부(정보통신산업진흥원)가 퇴직전문가 사업을 추진 중에 있다. 그러나 이런 전문가 파견 사업은 현재 재취업기회 개발의 성격보다는 봉사활동에 대한 단순 경비지원 수준을 넘지 못하고 있고 그 규모도 아주 작다.

2) 운영

따라서 전문가 파견 사업의 기본 개념 설정 자체를 보완하여 퇴직자 내지는 은퇴자의 재취업기회 개발이라는 노인복지 제고 수요를 반영하여 사업 프로그램을 보완, 개선할 필요가 있다. 퇴직자의 경우, 퇴직 후 개발협력활동을 현지에서 1~2년 봉사하도록 지원하고, 귀국 후에는 취업 경로 개척을 후견함으로서 재취업이 가능하게 되는 연계 프로그램을 개발하도록 한다. 중장기자문단(퇴직전문가)의 제도화를 통해 현지 정착 및 현지 취업 기회 개발 문제도 적극적으로 고안해야 할 과제다. 현재 운영되고 있는 중장기자문단과 퇴직전문가 사업은 자격조건이나, 선발방식 등이 매우 유사하여 수요조사, 홍보, 사후관리 등을 통합적으로 관리해야 할 필요도 크다.

4. 참고자료

정부는 2008년 4월 국제적 감각을 갖춘 글로벌 인재 양성을 위해 범정부 차원의 '글로벌 청년리더 양성계획'을 수립하고(2009~13년 사이에 해외봉사단 2만 명 파견 목표로 추진 중에 있음) 같은 기간 동안에 해외인턴 3만 명, 해외취업자 5만 명의 파견 사업을 추진하는 과정에 있다. 이런 해외봉사단의 대표성을 높이고 효율적인 인력관리를 위해 각 부처에서 파견되는 봉사단을 통합브랜드인 'World Friend Korea(WFK)'로 묶어 다루기로 한 것은 2009년 5월의 일이다. KOICA의 해외봉사단, 중장기자문단(외교부), 대학생봉사단(교과부), IT 청년봉사단(행안부), 과학기술자문단(교과부), 퇴직전문가(지경부) 등을 모두 묶어 통합 브랜드로 단일화하여 다루고자 한 것이다. 2010년 7월에는 부처별로 실시해온 해외봉사단 파견사업의 효율성 및 효과성 제고를 위해 2011년부터 KOICA 예산으로

〈표-6〉 청년실업의 실태

	2006	2007	2008	2009	2010
생산가능인구	9,843	9,855	9,822	9,780	9,705
경제활동인구	4,634	4,530	4,398	4,304	4,254
취 업 자	4,270	4,202	4,084	3,957	3,914
실 업 자	364	328	315	347	340
실 업 률	7.9	7.2	7.2	8.1	8
취 업 률	92.1	92.8	92.9	91.9	92
고 용 률	43.4	42.6	41.6	40.5	40.3
경제활동참가율	47.1	46	44.8	44	43.8

* 청년층: 15세~29세, 출처: 통계청(2011)

일원화해서 관리하고자 하는 변화를 꾀하기도 했다.

그러나 1990~2010년 사이에 KOICA가 파견한 봉사단원은 모두 7,806명이며, 통합 봉사단(WFK)의 이름으로 2009~2010년에 파견한 인원은 총 8,363명에 지나지 않는다. 2011년도의 파견인원은 4,032명으로 예정되어 있다(이 중 KOICA는 1,000명). 이 가운데 20~30대의 봉사단 참여율이 80% 이상으로 가장 높은 비중을 차지하고 KOICA의 경우 80% 정도가 대학졸업 이상의 학력을 가진 자로 나타나 있다.

Ⅴ. ODA 관리체제의 정비(분절화 문제 개선)

1. 의의

2000년 이후 ODA 예산이 급격히 증가하면서 이를 보다 효과적으로 운영해야 한다는 주문이 줄을 잇게 되었다. 대외원조사업의 집행과정에서 분절화 및 중복 현상이 심화되어 나타나고 있기 때문이다. 현재 32개 부처 및 기관, 71개 집행 산하기관이 1,073개 사업을 분산 추진 중에 있다(2010년 총리실 전수조사 결과). 이렇게 정부의 여러 부처가 각기 원조사업에 간여하면서 부처 간 유사사업이나 중복사업이 빈발하고 있다. 이는 원조사업의 혼선, 재원의 비효율적인 집행, 사업 효과성 저하 및 협력대상국으로 하여금 우리의 무상원조사업에 대한 이해나 협조에 있어 혼란에 빠지게 만드는 한 원인이 되고 있다.

특히 어떤 나라의 발전을 촉진하려면 그 나라의 어떤 한 분야만을 지원해서는 효율적인 성과를 내기가 어렵고, 전체적이고 종합적인 진단과 처방에 따라 총체적인 지원에 나서야 지속가능한 발전이 가능하다는 점은 이미 상식에 속하는 일이다. 특히 원조사업의 집행 경험을 누적하여 앞으로의 질적 개선을 도모하기 위해서도 종합관리는 필수적 과제다. 더욱이 ODA를 국정운영의 종합비전이라고 해야 할 지구경영의 원리와 연동하여 운영하고자 하는 경우에는 보다 더 종합관리에 대한 수요가 증가하게 된다. ODA에 대한 종합관리체제를 구축하여 대외무상원조 과정을 일원화해야 한다는 의미다.

2. 지구화전략위원회에 의한 종합관리

ODA 사업을 종합관리체제로 일원화하는 경우 정부의 국제개발협력을 효율화하고 나아가 확대 강화하는 효과를 불러오게 되겠지만 정책 사안에 따라서는 부처 간 갈등의 소지가 있어 이를 보다 중립적이고 총괄적 지위에 있는 기관으로 하여금 조율, 조정하게 할 필요가 있다. 예를 들어 KOICA가 개발도상국 40여개 국가에 사무소를 가지고 있어 현지 관련 부처와 상시적인 협의를 통해 사업을 진행하고, 진행된 사업을 현장에서 수시로 모니터링 및 피드백할 수 있도록 되어 있지만 KOICA를 중심으로 일원화 하는 경우에는 보건복지부, 재정기획부 등 현재 ODA 사업을 추진하고 있는 관련기관들이 KOICA의 관련 사업분야에 대한 전문성 부족을 내세워 관할권을 놓고 심각한 갈등을 빚게 될 가능성이 있다. 이점을 감안하고 특히 지구경영이라는 국정비전을 보다 효율적으로 반영하기 위해서도 보다 상위기관인 지구화전략위원회를 중심으로 일원화하여 정책수행상의 분절화를 사전에 차단하고자 한다. 그러나 분야별 사업진행에서의 전문성과 인간적 네트워크 등도 무시할 수 없는 성공결정 요인임으로 사업수립 및 집행의 모든 단계에서 관련 부처의 참여를 일상화할 필요가 있다.

ODA 사업 수행 관련 부처는 지구화전략위원회가 주관하는 CPS전략(국별협력전략) 수립 회의에 참여하여 사업 발굴 및 선정 단계에서부터 자신들의 의견을 개진함으로서 기존의 전문가 및 KOICA 담당 직원으로 구성, 운영되어 온 사전조사과정의 객관성과 신뢰도를 높이고 사업심사, 사업실시, 사업평가, 사후관리 방안 수립 등 사업 수행의 단계별로 참여하여 의견조정을 거치도록 할 필요가 있다. 이를 지원하기 위해 KOICA와 관련부처 간의 인력교류나 정례협의회의의 개최도 유도해 볼만한 일이다.

3. 참고자료

KOICA는 필리핀에서 보건 분야를 중점적으로 지원하고 있고 그 중에서도 공공보건의 강화에 힘쓰고 있다. 이를 위해 필리핀 공공보건에 가장 위협이 되고 있는 결핵분야를 중점지원하고 있는 중이다. 이러한 계획 하에 시범적으로 까비테 지역에 공공보건센터를 건립하고 직접적인 결핵관리 역량강화사업을 진행 중이며, 타 지역에서는 우선적으로 보건관련 인력에 대해 공공보건에 관한 한국의 경험 및 결핵관리에 대한 초청연수를 시행하고 있다. 이와 더불어 KOICA 지원으로 이미 설립된 필리핀 폐질환병원의 결핵관리센터를 활용하여 필리핀 전역의 결핵관리를 효율적으로 관리할 수 있도록 지원하고 있다. 그러나 같은 결핵관리 시스템 지원사업을 보건복지부가 필리핀을 대상으로 하고 있어 중복사업의 대표적인 사례로 꼽힌다.

〈표-7〉 부처별 유사성격의 ODA 중복 사례 (필리핀 결핵관리 사업의 경우)

구 분	KOICA	보건복지부 (국제보건의료재단)
사업명	필리핀 까비테 공중보건 및 결핵관리역량 강화 사업	필리핀 결핵관리 시스템 지원 사업
사업목적	보건의료 서비스 개선 및 공공보건 관리역량 강화	결핵관리 시스템 구축을 통한 결핵퇴치 목표달성 지원
대상국명	필리핀	필리핀
사업규모/기간	2012년도 예산: 1,845,750천원, 1,605,000미불 (총사업 기간: 2010~2012년/사업 총액: 300만 불)	2012년도 예산: 10억 원, 869,565미불 (총사업 기간: 2011~2013년/사업 총액: 30억 원)

Ⅵ. 범지구촌 문화네트워크의 구축

1. 의의

지구화 시대의 중심국가가 되기 위해서는 소프트 파워를 강화해야 하고 이는 문화권력을 장악하는 데에서부터 가능해진다. 지구촌은 이미 군사권력이나 경제권력이 아니라 문화권력이 중심축을 이루는 시대로 급속히 이동하고 있다. 지구경영시대를 열려면 문화를 통한 지구촌 공동체로의 접근이 필수적, 최우선적 과제라는 의미다. 이는 흔히 후기근대를 문화의 시대라고 부르는 데에서도 확인 된다. 따라서 문화를 국가 간 갈등해소와 이해력 증대 문제와 연계해서 관리할 줄 알아야 한다. 그러나 문화권력은 단순히 문화산업을 일으키고 그 결과물을 지구촌 전역으로 확산시킨다고 해서 생겨나는 것은 아니다. 더욱이 산업국가시대의 문화강국론이나 발전국가형 문화산업 정책에 매몰되거나 문화산업을 자국의 패권수단화하려는 연성국가주의적 시각으로는 성공하기 어렵다. 문화산업을 경제권력의 관점에서 접근하는 나머지 세계를 거대한 시장으로 보고 이웃을 산업적인 공략의 대상으로 보려는 시각이 위험할 것은 당연한 일이다.

또 다른 차원의 시장 확대나 문화적 우월성의 확인 내지는 영향력 행사범위의 확장 같은 것이 아니라, 문화의 향유를 통한 공감대의 형성이나 공명의 나눔 같은 곳에 초점을 맞추어야 한다. 국격과 평판도 제고 문제와 연계시켜 접근해 볼 일이다. 이를 위해서는 문화교류의 일방주의가 아니라 쌍방주의가 필수적 과제이며 문화산업의 현지화와 현지 문화와의 협력적 공조가 핵심적 과제다. 현지의 유통구조 현대화, 특히 IT 네트워크 융합에 의한 현지인과의 접근성을 높이는 일은 매우 중요한 과제 가운데 하나다. 문화강국이란 자국중심의 발상을 넘어서는 동반자적 시각에서 접근할 때 성취가능한 일이다.

그러나 우리는 아직 문화강국에 대한 개념 자체가 잘 정립되어 있지 않을 뿐만 아니라 이를 폭넓게 공유하려는 적극적인 노력도 미진한 단계에 있다. 그러면서도 우리의 문화상품이 범지구적인 호응을 받으면서 한류의 시대를 열고 있다는 사실은 우리에게 있어 기회이자 위험이라는 양면성을 지녔다. TV 드라마, 대중음악, 영화, 만화, 애니메이션, 캐릭터, 패션 등의 문화상품이 주류를 형성하는 가운데 한류가 전지구적으로 확산되고 있다. 그러나 이는 문화강국과 관련하여 긍정적인 요소와 부정적인 요소를 함께 지녔다. 긍정적으로는 당연히 우리의 문화상품이 범지구적인 확산성과 접근성을 갖게 되었다는 점이다. 부정적으로는 자칫 중상주의적 담론에 의한 민족주의적 대응의 위험성이 도사리고 있다는 사실이다. 한류의 바람이 부는 곳에서 혐한류의 바람도 함께 분다는 사실에 유의해야 한다. 이런 점을 극복하고 문화적 연대를 확장해 나가려면 무엇보다도 문화산업을 보는 시각 자체를 교정하는 일이 급선무다. 한류가 지속되려면 남에게도 권하고 싶은 한류가 되어야 하고, 이는 현지의 문화소비자와 동감할 때 가능해지는 일이다.

2. 동반자형 문화산업 네트워크의 구축

우리 문화가 현지사회와 동감할 때 문화권력의 창출이 가능하고, 이는 현지사회와 동반자형 관계를 구축할 때 가능해진다는 점은 이미 밝힌 바 있다. 그리고 이를 위해 문화산업의 현지화를 촉진해야 한다는 점도 알았다. 이를 보다 구체적으로 살펴보면 현지 소비자와의 협력에 의해 상품을 개발하고 현지의 유통구조 현대화에 참여하며 IT 융합을 통해 현지인과의 접근성을 높이는 일 등이 현안과제로 제기된다. 네트워크 지식국가론과 문화산업을 연계해 보자는 것이다. 바로 이점에서 한류를 보는 시각 자체를 교정할 필요성이 제기된다. 한류는 근본적으로 디지털 위력에서 비롯되는 현상이라는 점을 절감해야 한다. 이는 싸이의 "강제된 외국 진출"에서 가장 극명하게 드러나 있다. IT를 기반으로 하는 디지털 한류의 문화 역량을 강화해야 하는 이유다. 바로 이점에서 보면 지적재산권을 보호하는 일은 매우 중요한 과제 가운데 하나다. 문화산업 특히 IT 네트워크를 통한 문화산업의 핵심은 결국 지적재산권의 보호로 귀착되기 때문이다.

또한 지식기반형 문화산업을 진흥하기 위해서는 IT를 기반으로 하는 문화산업 클러스터를 조성하는 일이 필수적 과제다. 웅크린 집적 단지가 아니라 열린 네트워크의 노드(node)를 개척하자는 것이다. 소비자, 생산자, 문화인재 모두가 참여하는 동반성장형 문화산업체제를 구축해야 한다. 다원적인 문화 네트워크, 즉 사이버 공간 중심의 탈중심형 문화 네트워크를 개발하자는 것이다. 국내

여타 제조업과의 연계발전도 시도해 볼만한 일이다. 디지털 형태의 문화콘텐츠 제작에 주력하여 IT를 통한 해외 문화소비자에 대한 접근성을 확대해야 한다.

3. 문화산업 수출기반의 확충

그런데 한류가 단발형으로 끝나지 않고 지속가능성을 갖도록 하기에는 한류의 기초가 되는 우리의 문화산업 수출기반이 매우 취약한 실정에 있다. 한류관련 전문인력과 기술력이 부족하고, 해외투자 및 지역전문가도 크게 부족하다. 열악한 투자 환경도 문제다. 전근대적인 유통구조도 문화사업의 발흥을 어렵게 하는 또 다른 이유 가운데 하나다. 전통문화와 문화산업 간의 연계도 부족하다. 문화산업에 대한 저항적 문화수호운동을 넘어 글로벌 코드를 개척하는 차원에서 접근해야 한다는 점도 과제다. 스크린쿼터 수호운동 같은 수용과 저항의 이분법적 사고를 극복해야 한다는 의미다.

이런 상황 속에서 문화산업 진흥 기반을 확충하기 위해서는 창의적인 전문인력의 양성과 기술개발 지원사업을 강화해야 한다. 문화산업의 유통을 합리화하고 시장구조를 개선하는 일도 중요한 과제다. 이를 위해서는 문화산업 투자 펀드를 조성한다거나 정부가 자금 지원을 통해 문화산업의 활성화에 나서야 한다. 문화산업 인재육성전담기관의 설립을 통해 문화산업 인재의 저변확대를 위한 노력도 함께 펼쳐야 한다.

4. 참고자료

〈표-8〉 연간 문화산업 총생산

2009								
		업체수	종사자수	매출액	부가가치	부가가치율	수출액	수입액
계		122,121	521,876	69,000,472	28,515,387	41.33	2,604,232	1,769,531
출판		28,474	206,926	20,609,123	8,736,207	42.39	250,764	348,336
만화		10,109	10,748	739,094	290,833	39.35	4,209	5,492
음악		38,259	76,539	2,740,753	1,022,766	37.32	31,269	11,936
게임		30,535	43,365	6,580,600	3,348,867	50.89	1,240,856	332,250
영화			28,041	3,306,672	1,087,895	32.9	14,122	73,646
에니메이션		289	4,170	418,570	175,213	41.86	89,651	7,397
방송	방송산업	838	34,308	12,768,963	5,165,349	40.45	184,577	183,011
	독립제작사	393	4,748	796,175	328,343	41.24	14,349	61,277
광고		4,532	33,509	9,186,878	3,445,079	37.5	93,152	610,277
캐릭터		1,542	23,406	5,358,272	2,202,786	41.11	236,521	196,367
에듀테인먼트			-	-	-	-	-	-
지식정보		2,330	44,897	5,255,185	2,237,658	42.58	345,693	432
콘텐츠솔루션		1,104	15,967	2,036,362	802,734	39.42	113,418	387

주석 : 매출액 및 부가가치 단위는 백만 원, 수출액과 수입액의 단위는 천 달러임.
출처 : 문화관광부(2009).

Ⅶ. 한민족 종합관리정책의 수립

1. 의의

지금처럼 이주민의 유출과 유입에 대한 업무수요가 폭증한 때는 일찍이 없었다. 지구화 시대의 도래가 이주민의 이동성과 접근성을 모두 급격히 증대시킨 까닭이다. 먼저 이주민의 유출(out-bound) 환경 측면에서 보면 재외동포 관련 업무수요가 급격히 팽창하고 있음을 알 수 있다. 사회주의 국가권의 개방과 함께 재외동포의 양적 규모가 급속히 팽창하게 되었고, 재외동포사회의 신세대 등장으로 인해 새롭게 관리해야 할 동포 수의 증가도 예견되고 있다. 지구화 시대의 도래로 인해 범지구촌 단위의 한민족 공동체 형성과 함께 민족국가의 경계를 한민족 공동체로까지 확장해야 한다는 생각이 공감을 얻고 있다. 이는 해외동포의 참정권 보장 등에서도 확인할 수 있다. 재외동포의 역량을 결집시켜 국가발전에 활용해야 한다는 당위성과 필요성에 대한 논의는 이미 새로울 것도 없다. 좁아지는 지구공동체의 등장과 함께 교민사회의 교민청 신설에 대한 요구가 빈발하고 있다.

이주민의 유입(in-bound) 차원에서 보더라도 상황은 다르지 않다. 다문화 가정 및 외국인 노동자의 증가에 따른 인력수급정책 및 사회통합 수요 증대 현상이 심화되고 있다. 출입국관리 업무를 단순한 사증발급 차원을 넘는 인력종합관리 업무로 이해해야 하는 수요가 증대하고 있다. 이주노동자 문제를 보다 종합적이고 다원적인 과제로 인식하고 접근해야 하는 이유다.

2. 이민청의 신설

이주민 관련 업무의 정치사회적 비중의 증대, 이주민 관련 행정 업무의 순증, 이주민 관련 업무가 지니는 범사회적 의미와 영향력의 다원성에 대한 인식의 확대 등으로 인해 이민청 신설에 대한 주문이 크다. 이에 따라 이민청을 신설하는 경우에는 이민청의 기능적 좌표 자체를 단순 출입국관리업무 이상의 것으로 확대할 필요가 있다. 지구화 시대에 조응해 나가려는 우리사회의 기능적 확장 내지는 인적 네트워크의 결성과 관리 업무로 승화시켜 보자는 것이다. 이에 따라 출입국관리업무 외에 현재 재외동포재단이 수행 중인 재외동포 지원업무를 승계하도록 하고, 다문화 가정지원 업무를 총괄하도록 하며, 이주노동자의 관리 및 인력수급관련 정책 업무를 담당하게 하자는 것이다. 해외동포의 교민청 신설에 대한 주문에 부응하자는 것이기도 하다.

3. 한민족 네트워크의 구축

이에 따라 IT를 기반으로 하는 재외동포 네트워크를 구축하여 범한민족 연계체제를 구축하는 것은 물론이고 다양한 콘텐츠를 개발하여 제공하도록 한다. SNS를 통한 정보제공과 참여공간을 확장하는 것과 함께 한류 관련 문화사업과의 연결도 시도해 볼만한 일이다. 이런 네트워크 체제의 내실화를 위하여 한민족 차세대 글로벌 인재 육성사업을 지원하도록 한다. 통합적 지구화전략위원회의 사업 가운데 차세대 글로벌 지도자 및 활동가 육성사업 및 지원프로그램을 포함하고 국제기구 및 외국기업 종사자, 외국 현지사업자 등을 포함한 한민족 네트워크를 확대 강화하는 일에 비중을 두고 추진한다.

한민족 차세대 글로벌 인재 육성사업의 일환으로 재외동포 장학사업을 확충하기로 한다. 성킴 프로젝트를 시행하자는 것이다. 주한 성킴 미국대사의 부임은 한민족이 외국에 이민하여 그 나라의 국가기관에 진출하고 그 결과 우리나라로 파견됨으로서 연어의 회귀를 연상케 하는 사건이다. 재외동포가 현지국가의 주요 지도자로 성장할 수 있도록 종합적인 지원 프로그램을 개발하고 운영할 필요성이 있음을 상징적으로 보여주는 일이다. 재외동포 차세대 사업의 하나로 현지적응과 현지사회진출을 지원하기 위한 장학사업을 실시하자는 것이다. 한글학교나 한국문화원의 확대 개방도 유의해 보아야 할 과제다. 이는 결과적으로 국가의 기능적 경계를 범지구적으로 확장하는 효과를 가져오게 될 것이다.

4. 참고자료

〈표-9〉 재외동포 현황

(단위: 명)

지역별 \ 연도별	2007	2009	2011	백분율(%)	전년비 증감율(%)
아주지역	4,040,376	3,710,553	4,063,220	55.90	9.50
일본	893,740 ①(296,168)	912,655 ②(320,657)	904,806 ④(326,671)	12.45	−0.86
중국	2,762,160	2,336,771 ③(1,923,329)	2,704,994	37.21	15.76
기타	384,476	461,127	453,420	6.24	−1.67
미주지역	2,341,163	2,432,634	2,521,470	34.69	3.52
미국	2,016,911	2,102,283	2,176,998	29.95	3.55
캐나다	216,628	223,322	231,492	3.18	3.66
중남미	107,624	107,029	112,980	1.55	5.56
구주지역	645,252	655,843	656,707	9.03	0.13
독립국가연합	533,976	537,889	535,679	7.37	−0.41
유럽	111,276	117,954	121,028	1.66	2.59
중동지역	9,440	13,999	16,302	0.22	16.45
아프리카지역	8,485	9,577	11,072	0.15	15.61
총 계	7,044,716	6,822,606	7,268,771	100	6.54

① 1952~2005년간 재일동포 귀화자 총수(조선적 포함), ② 1952~2008년간 재일동포 귀화자 총수(조선적 포함), ③ 2000년도 중국 전국인구조사상의 조선족(중국 국적) 총수, ④ 1952~2010년간 재일동포 귀화자 총수(조선적 포함)

Ⅷ. 다문화 사회의 도래와 대응

1. 의의

유입 이주민이 증가하면서 다문화 가정 문제와 함께 사회통합대책을 수립할 필요성이 증대하고 있다. 2000년대 이후 여성결혼이주자가 급속히 증가하여 외국인집단에 대한 관심이 높아지고 있을 뿐만 아니라, 다문화 가정에 대한 정책지원이 활발하게 이루어지고 있음에도 불구하고, 여성결혼이주자의 인권문제, 이주민자녀의 교육문제, 다문화 가정의 경제적 · 사회문화적 갈등문제 등이 심화되어 있어, 이를 보다 체계적으로 통합 관리할 필요성이 높아지고 있다.

현재의 다문화 사회에 대한 우리사회의 인식은 매우 피상적이며, 다문화 정책은 결혼이주여성에 편향되어 있을 뿐이다. 이주노동자, 난민, 동반이주자(tied movers) 등은 상대적으로 정책의 주변부에 머물러 있다. 다문화 가정에 대한 시혜적이고 동화주의적인 시각 및 인종주의적 관점의 극복을 통해 내국인의 다문화성과 개방성을 함양할 필요가 있다. 이주외국인들이 우리의 제도와 문화를 이해하고 존중하도록 유도하여 이들과의 통합성을 강화해 나가야 한다.

2. 지구화전략위원회의 총괄지도

현재 단편적이고, 중복적으로 추진되는 중앙정부 다문화정책의 방향성과 효율성을 제고하기 위해서는 다문화 가정에 대한 종합관리 업무를 이민청이 담당하기로 하고, 이를 중심으로 지구화전략위원회가 전정부적인 조정, 관리업무를 담당하도록 할 필요가 있다. 지자체 차원에서는 일정 규모 이상의 외국인 주민(1만 명)이 거주하는 기초지자체에 대해서는 '외국인주민센터'를 설치하여 운영하도록 유도한다. 부처별로 분산되어 있는 관련 연구소들을 통합하여 우리나라 이민정책과 사회통합정책의 장기적인 방향을 제시하고 정책의 효과성을 제고하기 위해서는 '이민 및 사회통합' 국책연구소를 설립, 운영할 필요성도 있다. 이런 국책연구소나 대학연구소에 대한 연구지원을 통해 다문화 정책 전문가를 지속적으로 양성, 공급해야 하는 과제도 남아 있다.

3. 다문화 가정의 생애주기별 대책수립

이주 초기단계에서부터 성공적인 유입이 가능하도록 유도하는 노력을 경주해야 한다. 다문화 가정의 형성 이전 단계에서부터 관련 제도(국제결혼, 체류자격)를 정비하여 국제결혼의 부작용을 최소화하도록 하자는 것이다. 이를 위해서는 국제결혼 중개업체에 대한 관리 · 감독을 강화하고, 결혼정보의 투명성을 강화하며, 국제결혼 안내프로그램의 내실화 및 모니터링을 통해 한국인과의 국제결혼에 대한 주변국들의 인식을 개선하고 국제결혼의 부작용을 사전에 예방하도록 해야 한다. 해외자원봉사 사업의 참가자를 활용하여 국제결혼 현지에서부터 결혼 전 사전 적응 프로그램을 운영하는 것도 대안 가운데 하나일 것이다. 다문화 가정을 형성한 이후에도 분야별 지원정책을 체계화하여 지원사업의 중복을 방지하고, 지원의 효율성 확보에 유의해야 한다. 결혼이주자의 정착 초기 단계에서는 정착생활의 기초가 되는 언어, 육아, 교육, 보건 분야에 대해 다양한 지원정책을 수립, 시행하도록 한다. 다문화 가정의 사회통합에 있어 핵심적 분야라고 할 수 있는 교육과 고용에서의 우대정책을 수립하여 다문화 가정 2세들의 상급학교 진학률과 취업률(특히 공공분야)을 제도적으로 보장하도록 해야 한다. 다문화 가정에 대한 분야별 '우대정책(affirmative action)'을 수립, 시행하자는 것이다.

그러나 보다 더 진정한 의미의 다문화 사회로 진입하기 위해서는 우리사회 자체가 인구정책, 노동정책, 산업정책 등과 연계하여 향후 외국인 이민정책의 방향에 대해 사회적인 합의를 도출하는 일에 보다 더 노력해야 한다. 결혼이주자 중심에서 이주노동자, 유학생, 난민 등에 대한 단계별 이민정책을 수립하여 다문화 사회의 성공적 정착을 유도할 필요가 있는 것이다. 내국인의 다문화성 함양을 통해 다문화 사회의 통합성을 증진하고, 무조건적으로 외국인 유입에 대해 경각심을 지니는 자세를 지양하고, 이주 외국인이 우리사회에 성공적으로 유입, 정착, 통합할 수 있도록 대응 프로그램을 마련, 운영해야 한다.

4. 참고자료

〈표-10〉 국적별 결혼이민자(국민의 배우자) 체류현황

(2011.6.30.현재, 단위: 명)

구 분	총 계	남 자	여 자
총 계	144,058	19,269	124,789
중 국	66,563	11,487	55,076
한국계	30,969	7,705	23,264
베트남	36,200	173	36,027
일 본	10,807	932	9,875
필리핀	7,843	216	7,627
캄보디아	4,424	6	4,418
타 이	2,593	42	2,551
몽 골	2,438	55	2,383
미 국	2,294	1,702	592
우즈베키스탄	1,782	48	1,734
러시아	1,310	66	1,244
캐나다	1,119	973	146
네 팔	758	133	625
파키스탄	680	640	40
기 타	5,247	2,796	2,451

제6장

사회공동체와 민관협력체제의 구축

Ⅰ. 제3섹터와의 민관협력체제 구축

1. 제3섹터에 대한 사회적 수요와 기대역할

오늘날 우리사회는 정부의 재정 적자가 심화하는 가운데 복지에 대한 수요는 오히려 증가하는 모순의 시대에 살게 되었다. 이는 크게 보아 근대정부의 실패와 시장의 실패 이후 새로운 대안 모색에 대한 사회적인 수요가 커지고 있다는 의미로 해석된다. 근대정부의 실패가 구조적 모순에 기초한 것이라는 점에서 보면 국정운영에 대한 창의적 아이디어와 새로운 에너지 공급에 대한 수요가 커졌다는 뜻이다. 그런데 정보화 사회의 도래 이후 촛불 시위 등에서 보는 바와 같이 국가와의 관계에서 그의 모순을 풀기 위해서는 개인의 자율성을 증대하고 공공성을 제고해야 한다는 목소리가 커지고 있다. 국민의 참여 없는 민주정체는 그것 자체로서 모순이라고 보는 것이다.

그러나 정부가 언제나 국민과 격리된 채 운영되는 것은 아니다. 모든 국민이 정부와 직접 연계되어야 소기의 성과를 기약하게 되는 것도 아니다. 다만 한 사회를 구성하는 기본요소 가운데 국가와 시장을 제외한 나머지 영역으로서, 기본적으로 가치지향적이고, 원칙적으로 발생이윤을 사회 · 환경 · 문화적 목표 등을 위해 재투자하고자 하는 비정부조직들의 경우에는 정부와 시장의 실패로부터 자유로우면서도 보다 적극적으로 공동체의 유익에 기여하고자 하는 의지를 지니고 있는 만큼 이들이 정부와 협력하도록 하다면 보다 효율적으로 근대정부의 모순을 완충하거나 해소할 수 있을 것이라는 기댓값을 가져보게 된다.

이런 비정부조직들을 총칭하여 제3섹터라고 부르는 경우, 여기에는 실로 다양한 형태의 조직이 포함되며, 다양성을 존중하는 일이 매우 중요한 과제 가운데 하나로 제기된다. 대체로, 시민사회운동단체, 자원봉사단체, 지역사회 풀뿌리운동단체, 사회적기업, 생활협동조합, 상호신용조합 등이 여기에 속한다고 할 수 있을 것이다. 이런 제3섹터가 보다 생산적으로, 언제 어디서나 정부와 협력할 수 있도록 하는 경우 보다 효율적인 거버넌스 체제를 갖출 수 있게 되고, 이는 오늘날 우리가 당면하고 있는 정부실패의 많은 문제를 해소하는 데 기여할 수 있을 것이다. 무력화되고 있는 정당정치 내지는 대의과정에 대한 보완적 기능을 발휘하게 될 것도 물론이다. 후기근대사회의 모순에 대응하는 매우 중요한 전략적 대안으로 여겨지는 것이다. 정부가 제3섹터와의 협력을 증대하고 제3섹터의 국정운영에 대한 참여를 확장하는 경우, 이는 수직적 분권 또는 나눔의 한 양식으로서 아래와 같은 기대효과를 예상해 볼 수 있게 된다.

먼저 정치적으로는, 국가권력의 정당성을 높이고, 국가의 자의적 권력행사에 대한 견제력을 강화하며, 국가 브랜드의 소구력을 강화하고, 정부에 대한 사회적인 신뢰를 제고하게 된다. 민주주의의 질적 성장을 촉진하고, 성장주의에 매몰되어 공리주의적 효용에 치중해 온 근대적 가치의 한계를 극복하며, 국민을 권력의 주체로 세우고, 보다 평등한 사회를 건설하는 일에 기여하게 된다. 방탕한 자유주의로부터 공적 유익의 증대를 통한 공동체자유주의 정신을 구현하는 현실적 대안이라고 보는 것이다.

경제적으로는, 새로운 고용기회를 창출하고 노동력을 생산하거나 재생산하여 일자리 부족 현상의 시정에 기여하는 것은 물론이고 그 결과 상품에 대한 수요와 구매력을 높여 국민경제에도 기여하게 된다. 특히 사회적인 목적과 헌신 및 봉사에 기초하기 때문에 시장경제가 생산할 수 없는 순수하고 따뜻한 생활 서비스를 공급하게 된다는 점에 유의할 필요가 있다. 자본주의의 구조적 모순을 보완하고, 시장의 왜곡을 감시하며, 사회적 경제활동을 통한 공동체적 연대를 확대하는 데 기여한다. OECD 회원국 가운데에는 국가 총생산의 70%, 고용의 10%를 제3섹터가 창출하는 나라도 있다.

사회적으로는, 복지수용자와의 감정이입이나 자발성, 헌신성 등으로 인해 보다 효율적으로 복지 서비스를 전달할 수 있으며, 사회적 승자와 패자의 중간지대에서 사회적 갈등의 완충장치로도 작동하게 된다. 이는 사회통합, 문화적 재생산, 사회자본의 형성으로 이어지게 될 것이다. 국가와 시장의 일방적 횡포나 무지를 견제하거나 보충하는 역할을 수행하게 된다. 사회적 불평등 시정, 대표성 진작, 지역사회의 수요에 대한 대응력 신장을 동반하게 된다는 장점도 지녔다.

문화적으로는, 인간이 지닌 존재론적 가치의 소중함을 일깨우고 보다 인본주의적인 가치관을 함양하며, 경쟁과 긴장보다는 협력과 공존, 나눔과 베풂의 가치를 중시하는 보편적 질서를 확산하도록 유도하는 효과가 있다. 지구화 시대의 국제사회에서 개발도상국가로부터의 신뢰를 제고하고 공존과 대화의 폭을 넓혀 지구시민으로서의 유대와 공감대를 확산하는 데도 기여하게 된다. 지구평화를 진작하는 출발점이 될 수도 있다는 의미다.

그러나 아무리 정부와 제3섹터가 공동의 목표를 향해 협력한다고 하더라도 서로의 독립성을 인정하고 보장하는 일은 매우 중요한 과제다. 이는 정부와 시민사회 간의 신뢰관계 구축에 있어 핵심적 과제이며 협력의 성과를 담보하는 데 있어 필요불가결적인 요체다. 무엇보다도 제3섹터가 국민의 요구가 무엇인지를 파악하는 데 있어 보다 유리한 입장에 있다는 사실을 잊어서는 안 된다. 그렇기 때문에 정부는 국민과 직접 접촉하고 기여하는 제3섹터에 대한 이해와 지식을 지금보다는 훨씬 더 확장할 필요가 있다. 제3섹터는 정책형성과정에 반영되어야 할 다양한 정보와 현장경험을 축적하고 있는 정책관련 정보의 보고이기 때문이다.

그렇기 때문에 정부는 제3섹터의 발흥과 기관능력의 강화를 위해 보다 적극적으로 노력할 것이 요청된다. 이는 궁극적으로 지역공동체의 발전을 도모하는 일이기도 하다. 이 과정에서 제3섹터에 대한 재정 지원은 특히 공정하고 책임있는 양식으로 이루어져야 하며, 제3섹터의 투명성과 책임성을 높이는 일에 유의해야 한다. 이는 제3섹터에 대한 사회적 신뢰와 지지를 확장하기 위해서도 필수적으로 요청되는 과제다. 나아가서는 너무나도 당연한 일이기는 하지만 제3섹터를 통한 시민의 참여와 발언권 증대를 위해 노력해야 한다는 점도 잊어서는 안 된다.

2. 제3섹터의 정책과정 참여체제 구축

1) 제3섹터와의 기본협약 체결

정부와 제3섹터가 협력적 공조체제를 구축하기 위해서는 먼저 국정운영에 있어 제3섹터를 국정의 동반자로 삼을 것임을 공식적으로 선언하고, 그 구체적인 방안을 공개적으로 천명하는 일이 필요하다. 이는 정부와 제3섹터 간의 상호 신뢰 및 존경의 관계를 구축하는 데 있어 필수적으로 요청되는 일이다. 이런 협약의 체결은 정부에 대한 제3섹터의 접근성 및 기관능력을 신장시키는 기초가 될 것이며, 이 과정에서 제3섹터는 스스로가 누구를 대표하고자 하는지를 분명히 할 수 있게 된다. 이런 점에서 볼 때 정부가 제3섹터와 협약을 체결하고 협력적 관계를 모색해 나가는 데에는 다음과 같은 원칙의 준수가 필요하다.

(1) 상호존중의 원칙

정부와 제3섹터는 서로의 차이점을 인정하고 그 차이점을 존중한다는 점을 투명하게 밝혀야 한다.

(2) 정직성의 원칙

서로 존중하는 만큼 공개적으로 솔직하게 의사소통해야 하며 결코 기관목표 이외의 부가가치를 추구해서는 안 된다. 청렴성을 지켜야 한다.

(3) 독립성의 원칙

제3섹터의 독립성을 인정하고, 법률이 정한 범위 내에서는 정부의 정책을 비판하거나, 주의주창하거나, 정부로부터 재정지원을 받더라도 그와 상관없이 독자적인 판단과 활동이 가능하도록 독립성을 보장해 주어야 한다. 개별 단체의 독자적인 의사결정 및 운영상의 독립성이 보장되어야 한다는 의미다.

(4) 다양성의 원칙

가급적 보다 다양한 의견과 생각이 개진될 수 있도록 해야 하며 그 결과 보다 활성화된 지역사회를 구현할 수 있어야 한다.

(5) 평등성의 원칙

사회적 지위나 환경조건에 관계없이 평등하고 공정한 사회의 건설을 공통의 목표로 삼아야 한다.

(6) 시민성의 원칙

기존의 사회체제를 개선, 변화시키고자 하는 시민의 권한을 강화시켜주고 이를 위한 추동력 신장에 공동의 목표를 두어야 한다.

(7) 자발성의 원칙

정부과정에 대한 참여는 자발적이어야 하며 어떤 외부적인 요인에 의해서도 강제되거나 유도되어서는 안 되며 자발적 참여의 가치를 인정하는 데에 정부와 제3섹터는 서로 공감해야 한다.

2) 제3섹터의 정책과정 참여제고

제3섹터가 정부의 정책과정에 참여하도록 하기 위해서는 먼저 정책 캠페인을 통해 제3섹터로 하여금 보다 적극적으로 정책과정에 참여하도록 독려하고 정부에 대한 감시와 통제에 나서도록 유도하며 공공재의 전달업무 대행에 나서도록 격려하는 등 정부의 적극적인 노력이 필요하다. 이렇게 하여 제3섹터와 정부 사이에서 전면적인 협력관계가 증진되는 경우 일반시민에게 있어서는 일할 수 있는 기회가 늘어나게 되며, 정부로부터 필요한 서비스를 제공받는 데 있어서도 보다 더 유리하게 된다. 이 과정에서 가족이나 친구 등과의 연대나 결속이 강화되는 결과도 낳게 된다. 그러나 이를 위해서 몇 가지 기본원칙이 충족되어야 한다.

(1) 조장성의 원칙

정부는 일반시민의 자기의견 주창기회 부여에 적극 나서야 하며, 시민의 정책과정에 대한 참여를 저해하는 장애 요인이 무엇인지를 예의 주시해서 파악하고 이를 제거하고자 노력해야 한다.

(2) 보충성의 원칙

제3섹터는 사회정책에 대한 자문 및 개발과 정부 서비스의 전달을 대행하는 등의 과정에서 사회적 약자의 목소리를 대변하고자 노력해야 한다. 강자 중심의 정부정책이 미처 배려하거나 지원하지 못한 영역이나 대상에 대해 제3섹터가 이를 감당하거나 대변해야 한다.

(3) 전문성의 원칙

제3섹터가 정부와 협력적 공조체제를 갖추고 공적 과제에 대한 의견을 피력하려면 객관적이고 검증된 정보나 지식에 따라야 하며 그러기 위해서는 분야별 전문지식을 갖출 것이 요청된다.

(4) 신뢰성의 원칙

정부와 제3섹터는 서로가 공공의 유익 증대를 위해 노력한다는 데에 한치의 의심도 없어야 한다. 따라서 언제나 허심탄회하게 의견을 나누고 정보를 공유하며 상대의 선의성이나 윤리성에 대한 믿음을 가져야 한다.

(5) 호혜성의 원칙

정부와 제3섹터는 서로의 유익을 위해 상호지원하거나 분업적 공조체제를 구축할 수 있어야 한다. 서로의 특장을 살려 서로에게 유익한 관계를 설정하도록 노력해야 한다.

3) 제3섹터의 정책과정 참여제도

정부의 정책과정에 대한 제3섹터의 참여가 실질적으로 보장되기 위해서는 최소한 아래와 같은 제도적 장치가 도입되어 정부 내의 정책개발 과정 자체가 제3섹터 친화적으로 변화해야 한다.

(1) 참여수요 평가제의 도입

정부는 정부의 여러 부서로 하여금 정책을 입안하거나 공공재를 전달하는 초기단계에서부터 제3섹터의 참여수요가 얼마나 있는지를 조사, 평가하고 거기에 기초해서 제3섹터 소속 단체 가운데 참여의사가 있는 곳으로 하여금 정책과정에 참여하여 의견을 피력하거나 협력할 수 있도록 참여기회를 제공해야 한다. 이를 위해서는 정부가 제3섹터에 대한 기본인식 자체를 바꾸는 일이 매우 중요한 과제로 제기된다.

(2) 참여기회 예고제의 실시

정책개발 초기단계에서부터 그런 정책개발 의사를 제3섹터에 공개하여 제3섹터가 참여를 준비할 수 있도록 시간적인 여유를 보장해주어야 한다. 따라서 정부가 어떤 정책을 고안하거나 개발하는 경우에는 충분히 시간적인 여유를 두고 시작해야 하며, 또 이를 공개해서 제3섹터가 참여할 수 있도록 유도해야 한다. 영국의 사례를 벤치마킹한다면 제3섹터가 정책과정에 참여하기 위해서는 최소한 12주 정도의 준비 시간이 필요하다고 보아 늦어도 12주 전에는 정책개발 의사를 공개해야 한다는 점에서 "12주법"을 두고 있다. 도입할 만한 제도다.

제3섹터 쪽에 대해서도 진정한 의미의 제3섹터에 의한 참여가 이루어지도록 하기 위해서는 참여단체 내부토론 단계가 활성화되도록 지원, 조장해 주어야 한다. 제3섹터의 전영역에서 여러 단체가 차별 없이 참여할 수 있도록 접근성을 보장하고 지원, 조장해주어야 한다. 다양한 참여의 통로나 전략, 방법을 개발하고 제시하며 또 설명해주어야 한다. 제3섹터의 기관능력, 대표성 신장 등

하부구조 개발을 위해서도 정부가 적극적으로 나서야 한다.

제3섹터로서는 정부와 협의하거나 자문에 임할 때 단체 서비스의 이용자, 회원, 자원봉사자, 이사진 등으로부터 광범위하게 의견을 수렴하고 내부 토론을 활성화해서 단체지도층의 일방적이고 독단적인 의견이 아니라 회원 중심의 의견이 결집될 수 있도록 해야 한다. 정부와의 협의가 있은 후에도 그 협의의 결과를 관련 회원에게 전달하고, 공유하도록 해야 한다. 정부에 전달하는 정보의 정확성, 신뢰성에 유의하고, 정보의 출처를 명확히 밝히도록 하여 정보의 신뢰도를 높이는 일에도 유의해야 한다.

(3) 참여영향 평가제의 도입

정부가 정책개발, 입법활동, 행정지도에 나설 때에는 그것이 제3섹터에 미치는 영향이 무엇인지를 평가하여 정책과정에 반영하도록 해야 한다. 제3섹터의 정책개발과정 참여에 따르는 부수과제가 무엇인지를 파악하고 이를 선제적으로 해결하고자 노력해야 하는 것이다. 예를 들자면 제3섹터의 정책과정 참여로 인해 제3섹터가 입게 되는 비용증가 부분을 파악하고, 이를 지원하도록 해야 한다. 제3섹터의 정책과정 참여 관련 정보가 정보공개법에 의해 공개될 가능성이 있다는 점을 미리 고지해 주어 제3섹터 소속 단체들로 하여금 참여로 인해 예기치 않은 곤란에 직면하지 않도록 배려해야 한다. 제3섹터와의 협의로 인해 준비했던 정책 가운데 어떤 내용이 변화하거나 또는 변화하지 않게 되었는지를 공개하고, 공유하는 일도 중요한 과제다. 그래야 참여의 동기 유발이나 환류 및 지속적인 참여유인이 가능할 것이기 때문이다.

(4) 참여조장 재정자원 지원

제3섹터활성화기금 내에 사회혁신기금(social innovation fund)을 설치하여, 사회혁신에 기여하는 사업에 대해 재정 지원하도록 함으로서 제3섹터가 보다 적극적으로 정책개발이나 참여에 나설 수 있도록 재정적 환경을 마련해 주고 조장해 줄 필요도 있다. 정부, 시민사회, 기업 간의 협력적 공조체제 개발을 위한 연구조사사업을 재정적으로 지원하는 경우에는 참여제도 자체의 타당성이나 효율성을 높여 제3섹터의 활동을 활성화하는 데에 기여할 수도 있을 것이다.

4) 제3섹터에 의한 자원봉사

(1) 목적

정부는 제3섹터의 자원봉사활동을 촉진함으로서 정부와 제3섹터 간의 협력적 공조를 활성화 하고, 그에 따라 공공재 전달과정의 효율성을 증대하며 정책과정의 민주성을 진작할 수 있다. 이는 우선 민주주의 정체 자체가 일반시민의 자발적 참여를 전제로 성립하고 운영된다는 점에 기초한다. 기실 정치적 부패나 무능력의 많은 경우가 시민의 적극적인 참여가 결여되어 있는 데에서 비롯된다. 시민의 빈자리를 부패분자나 정치적 무능력자가 자리 잡는다는 의미다. 관료제에 기초한 오늘날의 정부 정책이나 서비스 전달과정은 비능율적이며 필요 이상의 경비지출을 강요하고 있어 보다 유연하고 현장과 지근거리에 있는 일반시민으로 하여금 이를 대행하게 하고 그 결과 정부의 전환비용을 줄여야 할 필요성이 커져 있다. 특히 사회복지 프로그램의 전달과 같이 보다 따뜻하고 수용자 중심의 서비스 정신을 필요로 하는 곳에서는 일반시민의 자발적인 참여가 보다 더 효과적이다.

(2) 기본방향

따라서 정부는 일반시민의 자발적인 참여와 헌신을 지원하고 조장하도록 노력해야 한다. 그러나 그렇다고 하더라도 진정한 의미의 자원봉사가 되려면 기본적으로 무보수성 · 자발성 · 공익성 · 비영리성 · 비정파성 · 비종파성을 원칙으로 해야 한다. 참여를 독려하기 위해 교통비, 식비, 부상에 대비한 의료보험비 등을 지급하는 경우가 있으나 이는 원칙적으로 자발적인 참여라고 보기 어렵다. 이런 경우 위장된 자원봉사가 되면서 결과적으로 시민참여가 정부에 의해 동원되거나 포획되어 일종의 정부기구의 연장선상에서 활동하는 것과 같은 결과를 초래할 위험성이 있다. 그러나 경우에 따라서는 최소한의 경제적 유인요소를 필요로 하는 경우도 있을 수 있다. 그렇지 않을 경우 자원봉사란 경제적 풍요 위에서나 가능한 것이 되는 까닭이다. 특히 자원봉사자에 대한 공상처리나 휴가처리 등과 같은 간접적 지원 조치는 적극적으로 고려해 볼만한 일이다.

또한 정책과정에 대한 참여가 자발적인 동기와 유인요소에 의해 이루어지면서도 결과적으로는 연령 · 성별 · 장애 · 지역 · 학력 등 사회적 배경에 따라 참여과정에서의 차별이나 편중이 있어서는 안 된다는 점도 자원봉사를 독려하는 과정에서 정부가 유의해야 할 또 다른 차원의 과제다. 자원봉사는 그것 자체로서 일종의 정책 과정이며 그렇기 때문에 민주적 비례성의 원칙이 지켜져야 한다고 보기 때문이다. 자원봉사는 정부와의 협력적 공조를 지향한다는 정신에 따라 추진되어야 하는 이유다.

(3) 활동분야

제3섹터에 의한 자원봉사는 정부가 미처 돌보지 못하거나 외면한 분야 또는 정부와 분업적 관계를 모색할 때 오히려 시너지 효과가 발생하는 분야 등에서 정부와 보충적, 보완적 관계를 구성한다. 따라서 이런 목적의식이나 문제인식 하에서 이루어지는 거의 모든 영역에서의 서비스 제공이나 주의주창 활동이 제3섹터의 활동 대상영역이라고 할 수 있다. 예시해 보면 다음과 같다.

사회복지 및 보건 증진에 관한 활동, 지역사회개발 · 발전에 관한 활동, 환경보전 및 자연보호에 관한 활동, 사회적 취약계층의 권익증진 및 청소년의 육성보호에 관한 활동, 교육 및 상담에 관한 활동, 인권옹호 및 평화구현에 관한 활동, 범죄예방 및 선도에 관한 활동, 교통 및 기초질서계도에 관한 활동, 재난관리 및 재해구호에 관한 활동, 문화 · 관광 · 예술 및 체육진흥에 관한 활동, 부패방지 및 소비자보호에 관한 활동, 공명선거에 관한 활동, 국제협력 및 해외봉사활동, 공공행정분야 사무 지원에 관한 활동, 그 밖에 공익

사업의 수행 또는 주민복리의 증진에 필요한 활동 등이다.

(4) 관계기관

제3섹터에 의한 자원봉사가 활성화하기 위해서는 먼저 국가나 지방자치단체가 자원봉사활동의 진흥에 관한 시책을 강구하여 시민의 자원봉사활동을 지원, 조장하려는 노력이 적극적으로 경주되어야 한다. 이에 따라 직장의 고용주는 피고용자가 자원봉사에 나서는 경우 이를 지원하고 권장하는 환경을 구축하도록 유도해야 한다. 정부가 직장의 고용주에게 자원봉사를 권장, 허용하는 데 따른 인센티브 제공 방안을 강구해 볼 수도 있을 것이다. 피고용자의 자원봉사에 따른 손실부분에 대한 세금 공제 등이 이에 해당된다. 학교는 학생의 자원봉사활동을 권장하고 지도 · 관리하기 위해 노력해야 하고, 이를 정부나 지방자치단체는 적극적으로 권장해야 한다.

5) 제3섹터에 의한 사회적기업 조장

(1) 목적

사회적기업의 설립 · 운영을 지원하고 육성하여 우리사회에서 충분하게 공급되지 못하는 분야에 대한 사회서비스를 확충하고 새로운 일자리를 창출함으로써 사회통합과 국민의 삶의 질 향상에 기여하고자 한다. 이는 기본적으로 지구화 시대가 불러오는 사회경제적인 양극화와 불평등, 사회적 배제와 가족의 해체 등 자본주의의 모순이 심화되면서 기존의 전통적인 사회복지정책만으로는 이에 대항하고 문제해결에 나설 수 없다는 판단에 기초한다. 새로운 패러다임을 통해 국가와 시장 또는 시장과 시민사회 사이의 경계를 넘는 융합적인 대안을 모색해 보자는 결과물 가운데 하나다. 제3섹터가 경영의 주체이면서도 기업처럼 이윤을 추구하고 그 이윤이나 이윤추구 과정을 통해 공익을 구현하고자 한다는 점에서 기존의 기업경영과 다르다. 자원봉사자들이 공적 서비스를 확대 전달하기 위해 기업경영의 양식을 취하는 것이라고도 말할 수 있을 것이다.

(2) 기본방향

사회적기업은 빈곤지역에 대한 지원, 사회적 포섭이나 공공서비스의 개혁이 필요한 분야에 대한 기여, 경기부양처럼 사회적 목적을 위해 설립되는 만큼 사회적 가치 추구의 원칙을 지켜야 한다. 이를 위해 기업경영 양식을 도입해서 운영하지만 창출한 이익은 공적유익의 증대를 위해서만 써야 한다는 점에서 사적 이익 취득 금지의 원칙을 지켜야 한다. 이렇게 하여 획득된 이윤은 사회적기업 목표의 달성을 위해 재투자의 원칙에 따라 관리되어야 한다. 이를 위해서는 경영과 소유를 분리하여 사회적 소유의 원칙이 지켜져야 한다. 비록 이렇게 공적 유익의 증대를 위해 노력하는 것이라고 하더라도 정부의 지원이나 보호보다는 기본적으로는 자력개발의 원칙에 따라 설립되고 운영될 것이 요구된다.

(3) 지원과제

사회적기업은 과거 같으면 정부가 담당했어야 하는 분야에 대한 서비스를 제3섹터가 담당하자는 것임으로 다양한 형태의 조장적 지원을 통해 기업활동의 활성화를 도모할 필요성이 제기된다. 이에 따라 정부가 사회적기업의 업무수행능력을 제고하기 위해 제공할 수 있는 것으로는 경영기술 지원, 교육훈련 지원, 시설설비 지원 등을 생각해 볼 수 있다. 사업의 경쟁력 제고를 위한 전략적 대안으로는 정부에 의한 우선구매, 조세감면 및 사회보험료의 지원, 사회서비스 제공에 대한 재정 지원 등을 고려해 볼 수 있을 것이다.

Ⅱ. 제3섹터와의 민관협력 실천기구 설치

1. 제3섹터활성화위원회의 설치

1) 목적

정부와 제3섹터 간의 쌍방향적인 소통과 효율적인 파트너십을 조장, 지원하기 위해서는 제3섹터의 의견과 요구를 결집하고 대화를 이끄는 협력기구가 필요하게 된다. 제3섹터 쪽에서 정부를 상대하는 동반자 기구가 필요한 것이다. 제3섹터 내부의 자율기구인 만큼 정부로부터 독립해서 설립되고 운영되어야 할 것은 물론이다. 정부는 바로 이런 기구의 설립을 지원하고, 조장함으로서 양자 간의 협력적 공조체제가 가능하도록 해야 한다.

2) 기능

정부와 제3섹터 간의 협력을 체계적으로 지원하자는 것임으로 제3섹터활성화위원회가 담당해야 할 일은 매우 광범위하고 포괄적이다. 이를 보다 구체적으로 밝혀보기 위해 담당업무를 예시해 보면 다음과 같다.

정부와의 협약 실천을 위한 전략개발의 지원 및 자문, 협약에 제시된 과제의 실천계획 개발 및 지원, 협약의 정신과 원칙을 전사회적으로 확산하는 일, 정부와의 협력관계모형을 개발하고 유지하는 일, 협약 실천계획과 제3섹터가 제시하는 의제를 결합하고 조정하는 일, 지역사회발전에 기여하는 일, 국가와 시민사회 간의 협력적 거버넌스를 강화하는 일, 사회적 열등세력에 대한 지원 및 발언기회의 제공, 다양한 시민사회단체의 활동을 지원하는 일, 시민성 및 시민의식을 함양하는 일, 제3섹터 소속 단체의 관리능력 및 서비스의 질적 수준을 제고하는 일, 시민의 정책과정 참여를 지원하는 일, 자원봉사, 사회적기업, 민주시민교육 등을 지원하고 조장하는 일 등이다. 이는 결국 민관협력을 위한 협약의 실천, 제3섹터, 지역사회, 거버넌스 등을 지원, 조장하는 일, 시민사회 단체를 지원하는 일 등으로 요약된다.

3) 구성

의사결정기구를 위원회 양식으로 구성하여 독임제에서 비롯되는 독단이나 폐쇄성을 극복하고 보다 다양한 의견이 민주적으로 수렴, 결집되는 체제를 갖추고자 한다. 이를 위해 위원장을 포함하는 7인으로 위원회를 구성하되, 제3섹터의 다양한 주체로부터 공개적인 추천을 받아 1,000명 이상 10,000명 이내의 선거인단을 구성토록 하고, 이 선거인단이 공선을 통해 위원을 선출하도록 한다. 위원장은 위원 가운데에서 호선하도록 한다. 이 경우 위원의 선임과정은 중앙선거관리위원회에 의뢰할 수 있다.

2. 제3섹터 장관실의 설치

1) 목적

협약체결의 정신을 살려 민관협력을 정부쪽에서 종합적으로 지원, 관리하는 일을 총괄하는 업무를 담당하도록 한다. 정부 내의 여러 부처가 각자 수행해 온 민관협력 업무를 통합 관리하여 전체로서의 일관성이나 체계적인 대응이 가능하게 하고, 지방정부 차원의 민관협력 업무에 대해서도 이를 총괄 지원함으로서 중앙과 지방 사이의 통일성을 기할 수 있도록 하고자 한다.

2) 기능

정부와 제3섹터 간의 협력을 정부쪽에서 지원, 조장하는 일을 담당하자는 것임으로, 정부활동의 전 영역에 걸쳐 제3섹터 지원 및 협력 업무를 총괄지휘하고 조정하며 종합 관리하도록 한다. 이를 위해 다양한 민간단체의 설립과 그에 따른 법인격 부여 업무를 수행하고, 지방자치단체의 민간단체 지원 현황을 파악하고 조장, 지원하는 것은 물론, 민간단체의 정책참여, 자원봉사, 사회적기업, 등을 위한 국가기본계획과 연도별 시행계획을 확립하여 실시하며, 이를 위해 정부의 대 민간단체 종합 재정지원 포털 사이트를 설립하고 운영한다. 종합적으로 제3섹터에 대한 적절한 조정과 협력 업무를 총괄하는 정부 내 부서인 셈이다. 이는 정부의 민관협력에 대한 의지와 정체성을 상징적으로 보여주는 역할도 수행하게 된다.

3) 구성

과거 정부의 특임장관실이나 정무장관실이 주로 정치권을 상대로 하는 정무적 조정업무를 담당해 왔던 데 반해 제3섹터 장관실은 시민사회 일반과의 협력과 조정 업무를 총괄하자는 것임으로 장관실 내부에 정부 각 부처별 담당관을 두어 각각의 부처별 민관협력 과제를 종합 관리하도록 한다. 장관실이 담당하는 업무를 내용별로 구분하면, 재정지원, 연구조사, 정책참여, 자원봉사, 사회적기업, 민간단체의 국제협력 등에 관련된 과제를 지원, 조장하는 일이 될 것이다.

3. 민관협력협의회의 운영

1) 목적

정부와 제3섹터 간의 의사소통과 협력을 촉진, 조장, 지원하기 위해 제3섹터 장관실과 제3섹터활성화위원회 사이에 협의회를 두어 운영하고자 한다. 시민사회의 의견과 정부의 의견을 조율하는 장소로 삼자는 것이다. 이는 서유럽의 노사정 위원회처럼 일종의 사회적 대타협을 도모하는 장치로도 활용될 수 있을 것이다.

2) 기능

정부와 제3섹터 간의 바람직한 관계의 정립에 관한 정책방향의 조율, 제3섹터와 관련된 법령 및 제도의 정비를 위한 상호협력의 과제, 제3섹터의 활성화를 위한 정책대안의 모색 등과 같이 정부와 제3섹터 간의 협력과 공조에 관한 기본 정책의 조율 업무를 담당한다. 정부와 제3섹터 간의 대화와 소통을 위한 공식적인 창구의 역할을 수행하는 셈이다.

3) 구성

제3섹터활성화위원회의 위원장이 추천하는 민간위원과 국무총리가 추천하는 정부위원으로 구성하고 제3섹터활성화위원회의 위원장과 국무총리가 공동위원장을 맡도록 한다.

Ⅲ. 제3섹터에 대한 재정자원의 지원

1. 재정자원의 확대와 안정화

제3섹터의 생명인 자율성과 자발성을 유지하려면 재정자원의 확보가 관건이다. 그러나 지금과 같이 제3섹터가 활성화 되어 있지 않은 상황에서는 제3섹터 자체적으로 필요한 재정자원을 확보하기가 쉽지 않다. 따라서 제3섹터를 적극적으로 육성하고 활성화하려면 정부가 재정자원을 지원할 필요가 있다. 일종의 유수효과를 기대해 보자는 것이다. 그러나 그렇다고 해서 정부의 영향력 범위 내에 머무르는 경우, 제3섹터 활성화의 본래 취지를 잃게 된다. 따라서 정부가 재정자원을 지원하기는 하되 협력과제의 기획 및 집행은 제3섹터가 독립적으로 집행하는 식의 분업적 협업체제를 강화할 필요가 있다. 제3섹터가 활성화되어 있다고 하는 선진제국에서도 제3섹터 재정자원의 많은 부분이 정부지원에 의해 충당되고 있다.

2. 제3섹터활성화기금의 조성과 운영

1) 의의

재정자원의 지원을 통해 제3섹터 활동의 독립성, 자율성, 적극성을 보장하고자 한다. 제3섹터에 대한 재정자원의 안정적인 공급을 위해서는 정부의 직접적인 지원 외에도 재정자원의 모금양식을 다양화 하고, 개인재단을 활성화하며, 증여법, 상속세법 등을 개정하여 제3섹터에 대한 기부를 적극적으로 유도하고, 개인 기부금 소득공제를 실질적으로 확대하는 등의 조치가 필요하다. 그러나 보다 더 근본적인 해결책은 대규모의 제3섹터활성화기금을 조성해서 운영하는 데 있다. 이런 중립적 성격의 공적 자금은 제3섹터 활동에 대한 정부의 직접적인 간여를 예방하는 방안 가운데 하나가 될 것이다.

2) 기능

제3섹터활성화기금이 조성되는 경우 이는 주로 제3섹터에 소속되어 있는 단체에게 사업비, 운영비 등을 지원하거나, 저리로 제3섹터 소속 단체에게 운영자금, 사업자금 등을 대출 또는 융자하는 데 쓰이게 된다. 제3섹터활성화기금은 제3섹터 지원을 위한 모금 및 지원금 배분 업무를 수행할 수도 있다. 제3섹터활성화기금을 모기금으로 하여 목적별 세부 기금을 할당하는 경우 사회혁신기금, 자원봉사 지원기금, 사회적기업 지원기금, 민주시민교육기금, NGO 국제활동 지원기금 등을 구상하고 설치하여 총괄 운영할 수도 있다.

3) 조성

제3섹터활성화기금은 기금이 본래 목적에 비추어 제3섹터활성화위원회 산하에 두고, 정부의 예산지원 외에도 정부가 시중 은행의 휴면계좌 가운데 40년 이상 거래가 없었던 계좌의 자금을 전용하여 기본 자산을 마련하고, 기업으로 하여금 기부금을 출연하도록 독려하여 기초 자금을 마련한다.

4) 운영

(1) 재정지원 기금의 배분

단체별 특성이나 단체생명주기를 고려하여 다양한 형태의 재정지원 프로그램을 만들어야 한다. 현장의 수요에 합당한 재정지원이 가능하도록 하기 위해서이다. 이를 위해 다양한 형태의 재정지원 방안을 모색하고, 다양한 규모의 재정지원 사업을 모색할 것이 요구된다. 제3섹터에 대한 재정지원은 당연히 제3섹터와의 협약 범위 내에서 이루어져야 한다.

(2) 재정지원 대상의 선정

재정지원 대상의 선정은 기본적으로 공개경쟁에 의해 실시하고 지원 서류를 포함한 공동경쟁 관련정보는 이를 모두 공개하도록 한다. 재정자원을 배분하는 과정에서 단체 간 균형성을 유지하도록 하고, 지원사업의 실패로 인한 위험부담을 분산시키려는 고려가 있어야 한다. 일단 재정자원을 배분하기로 하는 경우에는 일관성, 지속성을 유지하여 지원 효과가 일정 정도까지는 누적되도록 할 필요가 있다. 재정자원에 대한 지원신청이 용이하도록 접근성을 보장하고, 지원에 필요한 시간적 여유를 확보해 주어야 한다. 무엇보다도 재정자원의 회수효과를 극대화하려는 관점에서 선정

기준을 정할 것이 요구된다. 이를 위해서는 재정자원 지원과정에서 있을지도 모르는 이념적 편향성을 극복하고 형평성, 공정성을 유지할 것이 요청된다.

(3) 단체운영 비용의 인정

제3섹터 소속 단체에게 재정지원을 함에 있어 운영상의 행정경비를 정당한 지출비용으로 인정해 줄 필요가 있다. 대부분의 정부에 의한 재정지원은 정책사업비만을 인정하고 행정비는 이를 인정하지 않는 경향이 있다. 그러나 제3섹터활성화기금은 제3섹터의 발흥을 지원 촉진하자는 데에 우선적인 목적을 두는 만큼 적정수준에서의 행정비 지출을 인정할 필요가 있다. 제3섹터 소속 단체가 재정적 자립에 이르기까지의 기간 동안에는 보육적 성격의 협력과 지원에 나설 필요가 있다는 뜻이다. 같은 이치로 자원봉사 관련 발생비용을 보전하는 문제도 긍정적으로 검토해 보아야 한다. 다만 이런 비용을 추계하는 경우 단체 공통의 기준을 적용하여 불필요한 낭비나 최혜적 대우에 따른 불공정 시비를 최소화해야 한다.

(4) 단체선정 기준의 수립

지금과 같이 1년 단위의 단기지원에 치중하는 경우 단체의 수혜자 내지는 이용자에 대한 중장기적인 계획의 수립과 지속적인 지원이 불가능하게 되고, 이는 결과적으로 투자비용의 효과적인 사용을 제한하는 결과가 될 우려가 적지 않다. 이런 단기적인 지원전략은 단체소속 직원의 훈련이나 능력개발 및 인력유지에 있어서도 역기능을 초래할 위험성이 적지 않다. 단지 재정지원의 기본원칙이 단기지원 중심이라고 해서 재정지원에 따른 성과나 효과성이 높은 단체로 판정되는 경우에도 단기지원에 한정한다는 것은 최적 지원의 원칙에 위배된다. 이런 점을 고려하여 3년 이상의 중장기적인 차원에서 지원할 필요가 있다. 그렇지 않을 경우 정부는 적극적인 대안을 제시해야 한다. 선정과정에서도 최소 사업개시 3개월 이전에는 선정결과를 통지하여 사업 준비에 차질이 없도록 해야 한다. 채택되지 않은 단체에 대해서는 건설적인 평가 및 설명의 의무를 지녀야 한다. 앞으로의 발전 가능성을 염두에 두고 일종의 교육훈련기회로 삼자는 것이다.

(5) 업무집행 조건의 협의

제3섹터활성화기금은 재정자원을 제3섹터 소속 단체에게 지원하기 전에 그에 따르는 단체의 책임과 단체가 서비스를 전달하는 과정에서 준수해야 할 조건을 상의하고 합의해야 한다. 재정지원에 따른 성과를 담보하기 위해서다. 같은 이치로 위기관리능력이 있는 단체를 중심으로 지원하는 것이 좋다. 예상치 못한 상황이 돌발하거나 환경이 변화하는 경우에도 적극적으로 이에 응전하고 적응해서 소기의 목적을 달성할 수 있어야 하기 때문이다. 재정자원의 지원 단체와 함께 실적평가 및 상황변화에 대한 대응 전략의 수립 등에 대해 미리 합의해 두는 일도 필요하다. 미사용 재정자원에 대한 처분방법에 대해 미리 정하고 합의해 둘 필요도 있다. 지원하는 재정자원의 합리적이고 효율적인 운영이 담보되도록 선제적 감독과 관리전략을 구사하자는 것이다.

(6) 재정자원의 지불 방법

기왕에 재정자원을 지원하기로 하는 경우에는 단체의 지출 수요가 발생하기 이전에 지원하여 단체의 선제적 관리가 가능하도록 해야 한다. 현금을 지급하는 데 있어서도 단체가 지불청구서를 제출하는 경우에는 그로부터 10일 이내에 지불하도록 하여 자금운영상의 곤란을 겪지 않도록 해야 한다. 현금지출과정이 관료화하는 경우 제3섹터활성화기금과 지원받는 단체 사이에 불필요한 유착이나 부패가 발생할 가능성도 있다.

Ⅳ. 제3섹터의 기관능력 제고

1. 제3섹터 자체의 하부구조 강화

제3섹터 전반의 활성화를 위해서는 제3섹터를 에워싼 제반 여건이 개선되어야 하는 것은 물론이고 개별 단체의 지속가능성과 운영성과를 제고하는 데 필요한 기술, 능력, 시설을 개발, 지원, 조장하는 적극적인 노력이 필요하다. 제3섹터 소속 단체의 기관능력 제고를 위해 노력해야 한다는 뜻이다.

2. 제3섹터진흥원의 설치

1) 의의

제3섹터에 대한 기초자료의 수집과 조사를 통해 제3섹터에 대한 정부의 정책수립을 지원하고 나아가 정부와 제3섹터 간의 협력적 공조에 대한 정당성을 높이며, 제3섹터 소속 단체에 대한 연구, 조사, 분석, 지원 및 훈련, 교육의 제공을 통해 개별 단체의 기관능력을 높이고자 한다. 또한 제3섹터 소속 단체에게 필요한 사무공간을 제공함으로서 제3섹터의 활성화를 촉진하고자 하는 것이기도 하다.

2) 기능

(1) 제3섹터 일반에 대한 기초연구, 자료수집, 훈련 및 연수

제3섹터 소속 단체의 자체 업무 수행에 필요한 정보 및 자료를 수집하는 능력을 높이고, 이를 위한 제3섹터 소속 단체의 관리능력, 지도력, 고용능력을 제고하며, 직업으로서의 단체여건을 조성한다. 제3섹터 소속 단체에서 활동하는 개개인의 업무수행 능력을 높이고, 제3섹터 일반에 대한 사회적인 신뢰와 지지의 확산에 기여하고자 한다. 제3섹터 소속 단체 운영상의 효율성, 투명성, 민주성, 합법성을 제고하고 제3섹터 일반에 대한 시민의 접근성을 높이고자 한다. 제3섹터 소속 단체의 자체 재정자원 확보능력을 높이는 일과 제3섹터의 사회적인 기여와 영향력을 증명하는 다양한 기초자료를 수집 정리 제공한다.

(2) 정책과정 참여능력 제고 관련 기초연구, 자료수집, 훈련 및 연수

제3섹터 소속 단체의 사회적 쟁점에 대한 이해력, 분석력을 높이고, 대안 개발 능력 및 주의주창 능력을 강화한다. 또한 제3섹터 소속 단체의 서비스 전달 능력을 강화하고자 한다.

(3) 자원봉사 진흥 관련 기초연구, 자료수집, 훈련 및 연수

제3섹터 소속 단체의 자원봉사를 촉진하고 자원봉사자 개개인의 업무수행 능력을 제고한다. 자원봉사자 개개인의 기부문화를 육성하고 촉진한다. 자원봉사 자체의 진흥을 위한 정책을 개발하거나 제도의 개선에 나선다.

(4) 사회적기업의 진흥 관련 기초연구, 자료수집, 훈련 및 연수

제3섹터 소속 사회적기업에 대한 지원제도의 개선방안을 모색하고, 사회적 기업가를 양성하거나 사회적기업 모델을 발굴하고 사업화를 지원한다. 사회적기업에 대한 모니터링 및 평가를 통해 사업수행 능력을 제고한다. 업종 · 지역 및 전국 단위의 사회적기업 간 네트워크를 구축하고 운영하는 일을 지원함으로서 전체적인 연대와 결속력을 강화한다. 사회적기업 관련 홈페이지 및 통합정보시스템을 구축해서 운영한다.

(5) 사무공간의 지원

제3섹터 소속 단체들의 활동을 지원하고 지역사회 공동체의 거

점 마련을 위해 제3섹터 소속 단체들이 공동으로 사용할 수 있는 사무공간을 마련하여 저렴한 가격으로 제공함으로서 제3섹터 소속 단체 활동의 활성화를 촉진한다.

3) 구성

제3섹터진흥원은 기관의 성격상 이를 제3섹터활성화위원회 산하에 두고 제3섹터 관련 전문가, 활동가, 학자, 연구자 등을 중심으로 운영위원회를 구성하여 관리하도록 한다.

4) 운영

제3섹터진흥원 내에 영역별로 제3섹터연구센터, 시민정책참여센터, 자원봉사센터, 사회적기업센터, NGO 국제화센터 등을 두어 각각의 영역을 담당하도록 한다. 광역자치단체에는 NGO센터를 두어 지역사회 활성화를 지원하고 사무공간을 필요로 하는 단체에게는 시설을 임대 또는 지원하도록 한다.

3. 국제적 연대의 강화

1) 목적

지구시민사회의 등장과 함께 제3섹터 특히 NGO의 국제적 연대활동에 대한 수요가 매우 커지게 되었다. 그러나 이에 대응하는 국내 제3섹터의 역할은 매우 취약한 실정에 있다. 이런 현실인식을 토대로 NGO의 지구적 연대, 교류, 협력 사업을 효율적으로 지원,

조장하는 일이 필요하게 되었다. 이는 오늘날의 지구촌이 공적인 국가 간 관계나 외교활동 외에도 민간 차원의 교류와 협력 그리고 대외관계의 개발을 크게 요청하고 있다는 현실인식에 기초한다. 이는 시민외교를 통한 국내외 문제의 해결에 기여할 뿐만 아니라 제3섹터 자체의 발전과 역량강화에 기여하게 될 것이다. NGO 간의 국제적 연대와 협력은 그것 자체로서 지구시민사회의 건설에 기여하게 될 것이기 때문이다. 이와 관련하여 우선적으로는 아시아 지역에 대한 NGO 간의 협력을 강화할 필요가 있다. 점진주의적 확장 전략을 취하자는 뜻이다.

2) 사업

NGO의 국제적 협력 사업을 지원하고, 지구시민사회에서의 책임성과 대응력을 강화하고자 한다. NGO의 지구적 과제에 대한 정책주창과 캠페인 활동을 지원한다. NGO의 범지구적 활동에 대한 시민참여를 독려하고자 한다. NGO의 국제협력 강화를 위한 교육, 연수, 프로그램을 운영하고, 국제협력에 대한 조사 · 연구 및 정보자료를 수집 · 제공한다.

3) 운영

(1) NGO 국제화센터

제3섹터진흥원 내에 NGO의 국제활동을 연구, 조사, 지원, 조장하는 기구를 설치하여 운영함으로서 NGO의 국제협력을 조장, 지원한다. 정부의 다른 부문과의 협력을 위해서는 지구화전략위원회와 조정, 지원을 받는다.

(2) NGO 국제활동 지원기금

제3섹터활성화기금 내에 NGO 국제활동 지원기금을 두어 다양한 형태의 NGO 국제활동을 지원하도록 한다.

Ⅴ. 민주시민교육의 실시

1. 목적

우리사회는 오늘날 절차적 민주주의를 성취했다고 하나 여전히 다양한 양식의 사회적 갈등으로 인해 복합적 위험에 노출되어 있다. 사회적 갈등이 심화되고 그에 따라 사회구성원 간의 소통 요구가 비등해져 있다. 정치 불신과 정치적 참여 공간의 부족 현상은 '대의민주주의'의 위기를 불러왔다. 미래의 주역인 청소년의 민주주의에 대한 이해력이 부족하고, 사회적 투명성의 부족으로 인해 국제경쟁력이 위협받고 있다. 통일 이후의 사회통합이나 법치주의의 정착을 위해서도 특단의 조치가 필요하다는 평가다. 이런 우리사회의 공동체 생활에 대한 위기의식은 현행 정치제도가 갖는 불완전성이나 결함에 기인하는 바도 적지 않지만 보다 근본적으로는 시민 개개인의 민주시민의식 결여에 기인하는 것으로 판단된다. 거버넌스를 새로운 국정운영양식으로 고안하고 도입한다고 하더라도 성찰적 민주시민이 전제되어 있지 않고서는 기대효과를 구현하기 어렵다. 이에 따라 이를 치유하고 해결하며 사회적 통합과 한국적 시민정치문화의 구축을 지원, 조장하기 위한 적극적인 노력의 하나로 범정부적 차원에서 민주시민교육을 지원, 조장, 독려해야 하는 필요성이 제고된다.

2. 원리

민주시민교육은 그것 자체가 고도의 정치투쟁적인 요소를 동반할 가능성과 위험성이 있는 만큼 매우 조심스럽게 다루지 않으면 실시 자체가 어려울 수 있고, 교육의 목표가 민주시민의 양성에 있는 만큼 교육과정 자체가 민주주의의 철학적 원리에 충실한 양식으로 진행되어야 한다. 이에 따라 아래의 원칙에 충실한 가운데 민주시민교육이 전개될 것을 주문한다.

1) 시민 주도성의 원칙

교육에 참여하는 시민 스스로가 문제해결의 능동적인 주도자가 되도록 해야 한다. 특히 입법화 및 실행과정에서 시민 · 단체의 적극적인 참여와 역할이 중요하다. 정부는 스스로 주도하기보다는 이런 시민의 자발성을 존중하고, 교육 및 활동을 적극 권장, 지원하도록 해야 한다.

2) 참여자 중심성의 원칙

교육하는 과정에서 교육을 실시하는 자는 자신의 견해를 강요해서는 안 되며, 논쟁이 되는 사안은 대립되는 쟁점을 그대로 제시하고 참여자의 능력과 의사를 학습 과정의 중심에 두어야 한다.

3) 정치 균형성의 원칙

민주시민교육 기관은 특정한 이념 · 당파 · 견해를 일방적으로 제시하지 않고, 다양한 가치와 정보를 객관적으로, 형평성있게 제시해야 한다.

4) 내용 다양성의 원칙

교육내용의 구성과 전달 과정에서 편견과 고정 관념에서 벗어나 다양한 차이를 인정하고 존중하도록 해야 한다.

5) 과정 독립성의 원칙

민주시민교육 기관은 정부나 권력기관으로부터 인사권, 예산권에 대한 독립성을 유지하며, 운영과 교육 내용에 대해 자율성을 가져야 한다.

6) 재정 자율성의 원칙

교육과 관련하여 정부를 비롯한 외부기관으로부터 재정지원을 받더라도 그로 인해 교육과정과 내용에 대해 압력이나 영향을 받으면 안 되며, 그렇기 때문에 교육기관이 자율성을 가지고 자체

재원을 교육목적을 위해 사용할 수 있어야 한다.

7) 교육 전문성의 원칙

교육을 담당하는 자는 충분한 경험과 노하우를 지니고 있어 교육의 질적 수준이 확보되도록 노력해야 한다.

8) 추진 적극성의 원칙

교육과정은 적극적으로 민주시민의 양성을 의도하는 것이어야 한다.

3. 기관

1) 민주시민교육위원회의 설치

(1) 목적

민주시민교육의 지원과 활성화에 관한 중요 정책을 심의 · 의결하기 위하여 민주시민교육위원회를 두고 이는 정부로부터 독립하여 운영되도록 한다.

(2) 기능

민주시민교육지원에 관한 기본계획 및 정책의 수립, 민주시민교육 지원 사업의 제안 및 심의, 국가, 지방자치단체, 관련 기관의 민주시민교육 관련 활동에 대한 실태조사 · 평가 및 권고 · 조정 · 촉진, 관련 기관의 설치 및 지원, 민주시민교육에 대한 행정적 · 재정적 지원, 그 밖에 민주시민교육의 발전과 지원에 필요하다고 판단되는 업무를 수행하도록 한다.

(3) 구성

위원장 1인과 상임위원 1인을 포함한 11인으로 구성하되, 위원은 민주시민교육에 관하여 전문적인 지식과 경험이 있고 민주시민교육의 보장과 향상을 위한 업무를 공정하고 독립적으로 수행할 수 있다고 인정되는 자 중에서 국회가 선출하는 3인, 대통령이 지명하는 3인, 대법원장이 지명하는 3인, 위원회가 추천한 2인을 대통령이 임명하도록 한다. 단, 위원회가 추천하는 위원 2인과 관련하여, 위원회 설립 시 위원 추천은 설립위원회에서 한다. 위원장과 상임위원은 위원 가운데서 호선한다. 위원장과 상임위원은 정무직 공무원으로 한다. 위원 중 1/3 이상은 여성으로 한다. 위원장과 상임위원은 활동의 독립성을 보장하며 본인의 의사와 반하여 면직되지 아니한다.

(4) 임기

위원회 위원의 임기는 3년으로 하고, 1차에 한해 연임할 수 있다. 위원의 임기가 만료되거나 임기 중 결원이 발생할 경우 대통령은 30일 이내에 새로운 위원을 임명해야 한다. 결원 발생으로 임명된 위원의 임기는 새로이 개시된다.

2) 민주시민교육원의 설치

(1) 목적

독일의 연방정치교육원(bpb)을 벤치마킹하여 민주시민교육을 지원, 조장하는 업무를 담당할 독립행정기관을 설립 운영하고자 한다. 이를 위해서는 민주시민교육지원법을 제정할 것이 요구된다.

(2) 기능

민주시민교육원은 민주시민교육문제를 연구, 조사, 분석, 지원하고 관련 정책을 개발하는 업무를 수행한다. 필요하다고 판단하는 경우에는 국가, 지방자치단체, 관련 기관의 장에게 민주시민교육의 지원 촉진을 위한 제도 개선을 권고할 수도 있다. 이때 제도 개선 권고를 받은 국가, 지방자치단체, 관련 기관의 장은 이를 반영하여야 하며 그 조치 결과를 위원회에 통보하도록 한다.

(3) 구성

교육원은 원장과 기타 필요한 직원을 둔다. 원장은 상임위원이 겸직하고 직원 구성에 있어 대통령령이 정한 요건을 갖춘 민주시민교육 전문가 및 관계자를 특별 채용할 수 있다. 소속 직원 중 5급 이상은 위원장의 제청으로 대통령이 임명하며, 6급 이하 공무원은 위원장이 임명한다. 특별시, 광역시, 도, 특별자치도에는 지역의 민주시민교육을 지원하고 활성화하기 위하여 지역민주시민교육원을 둘 수 있게 한다. 민주시민교육의 종합계획 수립 및 교육 실시 등에 대한 자문을 위하여 위원회에 민주시민교육자문기구를 둘 수 있게 한다.

3) 민주시민교육기금의 조성

(1) 목적

민주시민교육을 보다 체계적으로 지원하기 위해 민주시민교육기금을 조성하고자 한다.

(2) 기능

민간 부분에 의한 민주시민교육을 지원하고 관련 연구, 조사, 분석을 활성화하는 데 필요한 재정자원을 지원한다.

(3) 소성

정부와 자치단체로부터 출연을 받는 외에 기업의 협찬과 제3섹터활성화 기금으로부터 지원을 받아 조성한다.

Ⅵ. 합의제 의사결정 제도의 활용

1. 의의

촛불시위가 호소력을 갖는 이유 가운데 하나는 국가와 시민사회 사이에서 일반시민의 정책과정에 대한 참여의 욕구를 적극적으로 표출시켰기 때문일 것이다. 그러나 그렇다고 해서 촛불시위 같은 비일상적 참여의 양식이 일상화될 경우, 우리사회가 아노미 상태에 빠질 위험성이 적지 않다. 그냥 방치될 경우 정부의 정당성 기반 자체가 위협받게 될 가능성도 있다. 지금처럼 시민참여의 욕구가 비등하는 시대에서는 이를 보다 적극적으로 수렴하고자 하는 제도적 장치를 고안할 필요가 있다. 아니 단순히 제도적 장치를 고안하는 수준을 넘어, 그 제도의 운영을 일상화해야 할 필요성이 커져 있다.

그러나 문제는 이런 정부와 시민사회 사이의 직접적인 대면과 대화에 대한 수요를 어떤 제도적 장치를 통해 수렴할 수 있느냐에 있다. 시민사회의 정책적 선호나 의지를 수렴하기 위한 장치로는 다양한 협의제 의사결정모형이 개발 · 제시되고 있으나, 최근 미국에서는 매우 유용성이 높고 혁신적인 담론장치가 고안되어 활발히 운영되고 있다.

미국의 시민사회단체 가운데 하나인 아메리카 스픽스(AmericaSpeaks)가 창안한 "21세기 마을회의(21st Century Town Meeting)"[10]는 국가와 시민사회를 이어주는 담론장치로서 매우 논리적이고, 실용적이며, 무엇보다도 민주주의의 철학적 원리에 충실하다는 평가를 받고 있다. 바로 이점에 주목한 국제공공참여협회(the International Assocation for Public Participation: CIVICUS), 유럽위원회(the European Commission), 주택 및 도시개발청(the Housing and Urban Development) 등은 이 제도의 혁신성을 표창한 바도 있다. 우리도 이 제도를 도입하여 시민사회의 의견을 수렴하고 결집하며 정부의 정책과정에 체계적으로 반영

---

10) 보다 자세한 논의에 대해서는 박재창(2010)의 제4장을 참조하기 바란다.

하는 방안을 모색해 볼 필요가 있다.

2. 기능

21세기 마을회의 같은 협의제 의사결정 제도를 활용하는 경우 우선 정부 정책의 질적 수준을 높이게 된다. 이런 협의제 의사결정 제도는 거기에 참가하는 자들의 합리성과 형평성, 상호 간의 토론과 논변을 통한 의사의 결집, 사회적 통합의 진행, 자기성찰, 토론과 논변에 기초한 설득, 동태적인 상호학습 과정 등을 함축한다. 그러므로 이런 제도를 통해 시민사회가 어떤 합의의 도출에 실패한다고 하더라도 최소한 상대방에 대한 이해력을 증진시키게 되며, 합의의 도출 과정에서 흔히 있게 마련인 교착상태를 극복하는 한 방법이 될 수도 있고, 보다 더 시민의 선호에 근접하는 정책대안을 고안하는 출발점이 될 수도 있으며, 보다 더 풍부한 정보자원 가운데 고안되는 정책 대안을 심의하게 되고, 최소한 정책과정 참가자 간의 극단적인 대립은 피할 수 있게 된다는 효과가 있다(Polletta, 2003: 2).

이는 또 사회갈등관리에 있어 매우 효율적이다. 정부의 정책에 의해 영향을 받게 되어 있는 사회구성원들이 합의형 의사결정 제도를 통해 서로 다양한 의견을 개진한다는 것은 그들 사이에서 어떤 정치적 합의를 도출하기가 용이해진다는 의미이며, 나아가서는 성공적인 정책집행 환경을 조성한다는 의미가 된다. 정책수용성이 증대하는 것이다. 공적 담론으로 인해 보다 유용하고 오랜 동안 유지되며 매우 적실성 높은 정책대안의 모색이 가능하게 된다. 정책현장에 근접한 생활인의 경험이나 지혜 같이 지식인이나 전문가가 결여하기 쉬운 살아 있는 정보가 정책과정에 투입됨으로서 정책의 질적 타당성 정도를 높이게 된다. 이는 또 어느 개인도 공적 문제의 해결에 필요한 최선의 대안을 지니고 있지 않다는 점을 가정하고, 다중의 지혜와 정보를 공유하고자 하는 구조화된 대화의 한 과정(process of structured conversation)이기도 하다. 이렇게 현장 밀착적이고 다원적인 정보가 공급되는 경우 정책관련 이해당사자간의 이견조정이나 대안개발이 보다 더 용이해질 것은 물론이다.

이렇듯 정책 자체의 질적 수준을 높이는 것 외에 사회 전체의 성격을 바꾸는 데에도 기여하게 된다. 사회정책 과제에 대한 참여시민의 인식능력을 제고하고, 다양한 시각에 대한 이해력을 증대시키며, 합리적 대화 능력을 배양하고, 문제해결 기량을 높이며, 나아가서는 서로 다른 생각을 지닌 상대방에 대해 보다 잘 경청할 수 있는 개방적 수용성을 높이는 등 시민성 증대에도 기여한다. 특히 사회열등세력에게 자신의 문제 해결에 필요한 발언권을 확대해주는 결과가 되고, 나아가서는 자기 주변상황에 대한 제어능력을 신장시켜줌으로써 보다 적극적인 삶을 영위할 수 있도록 정치사회적 환경을 바꿔주게 되는 효과도 있다.

3. 운영

합의제 의사결정 양식의 하나인 "21세기 마을회의" 제도는 아래와 같은 양식에 의해 운영이 가능하게 된다.

1) 회의 이전 단계

(1) 공익과 관련된 주요 정책과제의 채택

사회적 갈등이 크거나 정치적 비중이 큰 정책과제를 선정하고, 그에 관련된 정책자료집을 관련 전문가나 정부 기관에 의뢰해서 작성하고, 이를 마을회의 개최 전에 회의 참가자들에게 배포한다. 이는 회의 참가자들로 하여금 논의하는 주제에 대한 이해력을 증대시켜 회의 내용상의 질적 수준을 높이자는 것이다. 이때 자료집을 열람한 후 필요한 경우 관련 회의 참가자들이 관련 전문가에게 질문하거나 추가 정보를 요청할 수 있도록 연락처를 제공해 둔다.

(2) 마을회의 참가자의 선발

전국민(또는 권역)의 다양한 인구사회학적 특성을 순비례적으로 반영하여 마을회의 참가 예정자를 선발한다. 이는 여론조사시 표본 집단을 추출하는 것과 같은 이치로서 성별, 연령, 학력, 거주지, 경제수준 등 고려하여 참가자를 추출하고 참가자에게는 소정의 여비 또는 회의비를 지급하도록 한다. 이는 참가자의 회의 참가를 독려하여 회의의 국민 대표성을 확보하기 위한 것이다. 따라서 여론조사 전문기관에 회의 참가자 선발을 의뢰할 수도 있다.

참가자로 선출된 사람이 참가를 희망하지 않을 경우에는 표본추출기법에 의해 무작위로 다음의 선택지를 고르며, 일단 표본집단이 선정되면 이들이 모집단의 인구사회학적 특성을 순비례적으로 반영하는지를 확인하고, 격차가 있을 때에는 이를 수정 보완한다.

(3) 회의 지원 인력의 사전 교육 및 배치

마을회의 참가자 전체의 출석을 독려하고, 회의 당일 등록을 안내하며, 출석을 확인하고, 관련 자료를 배포하는 등의 업무를 담당할 행정보조원을 선발하고 회의의 목적과 진행과정에 대해 사전교육을 실시한다. 소집단별 토론의 원활한 진행을 위해서는 토론 운영자를 두며, 이들은 토론 진행의 시간계획에 따라 각자의 소집단별 테이블 참석자를 관리하고 토론 진행의 관리 업무를 수행한다.

토론의 진행 순서에 따라 논제를 제시하고, 토론을 진행하며, 투표를 관리하고, 본부와의 연락 업무 등을 담당한다. 이를 위해서는 이들에 대한 사전 훈련이 필요하다. 각각의 소집단별 테이블에서 진행되는 토론 내용을 실시간 기록하고 본부에 전달하는 업무를 담당하기 위해서는 테이블 별로 배정되어 있는 노트북 관리 담당자를 둔다. 토론 내용의 질적 정보를 수집하고 관리하기 위한 것이다.

토론 내용과 투표 결과를 전자적으로 종합하는 중앙정보 관리시스템을 관장하기 위해서는 기술지원팀을 두어야 한다. 이들은 토론회 전체 참가자의 인구사회학적 특성에 따라 토론 내용을 자동 분류하거나 분석하고 정리하는 소프트웨어를 개발하고 운영하는 책무를 진다.

마을회의 전체 사회자는 회의의 진행 프로그램 스케줄에 맞추어 회의를 운영하고 논제를 소개하거나 투표를 진행하며, 회의 결과를 보고하는 등의 업무를 수행한다.

2) 회의 진행 단계

(1) 소집단별 토론의 진행

토론의 참가자들을 10명 내지 12명 정도로 나누어 소집단을 구성하도록 하고 이들을 중심으로 토론의 주제에 대해 논의하도록 한다. 이때 소집단의 규모를 10명 내지 12명 정도로 제한하는 이유는 토론 참가자들의 상호학습 효과를 보장하는 최대 적정규모를 유지하기 위한 것이다. 이때 소집단 참가자들은 토론 운영자의 도움을 받아 대화를 진행한다. 통상 토론하려는 주제가 지향하는 목적가치가 무엇인지를 가장 먼저 토론하도록 하여 토론의 궁극적 기댓값을 우선 설정하도록 유도한다. 이후의 토론 단계별 전개과정에서는 중앙정보관리 시스템을 관장하는 진행본부에 배치되어 있는 관련 전문가 집단이 일종의 가상적 시나리오를 가지고 이를 기준으로 암묵적인 향도 역할을 수행하게 된다. 이는 토론을 효율적으로 진행하기 위한 것이다.

(2) 토론 단계별 투표의 실시

소집단별 참가자 개개인에게 배포되어 있는 휴대용 전자투표장치(voting pad)를 통해 토론의 매듭 단계마다 투표를 실시한다. 이는 소집단별 토론에 대한 양적 정보를 수집하고 중앙정보관리 본부에 이를 제공하기 위한 것이다. 투표는 또한 토론 단계 별로 대안에 대한 참석자의 선호도를 측정하고, 순차적으로 토론 주제를 선정하기 위한 수단이며, 참가자의 인구사회학적 통계 자료를 수집하고, 토론회 전체에 대한 평가 의견을 종합하는 수단이기도 하다.

기본적으로는 토론회 전개과정의 민주성을 확보하기 위한 장치로 작동한다.

(3) 토론 결과의 수집과 공개

중앙정보관리 시스템에 배치되어 있는 주제별 전문가 집단은 소집단별로 토론의 단계마다 노트북을 통해 실시간 전달되는 토론 내용을 최소한 30분 이내에 취합 정리하여 공개하고 종합된 의견을 5개 내지 10개 정도의 대안이나 의견으로 종합 정리하여 각 소집단에게 다시 전달하여 다음 단계의 토론이 진행되 나갈 수 있도록 지원한다. 이때 회의장에 설치되어있는 대형 비디오 스크린을 통해 수집된 정보를 공개하고 대안을 제시하며 언론에 공표하여 토론내용을 공유하도록 한다. 정부의 관련 기관 책임자도 회의의 진행과정을 지켜보면서 필요한 자문에 응한다.

(4) 마을회의 결과의 종합

주제별 전문가 집단은 마을회의의 개시 전 회의의 진행 결과를 가상하여 일종의 모범답안을 작성해 두었다가, 이를 기초로 당일 회의의 결과를 반영한 최종 결과보고서를 작성해서 회의 종료 후 30분 내지 60분 내에 취합, 조정, 발표하도록 한다. 정부의 관련 기관 담당자는 종합 결과보고서 발표 전 회의결과의 현실 적용성, 적실성, 정치적 타당성 등을 평가하고 자문하며 최종 결과보고서가 확정되는 과정에 참여한다. 그리고 이 보고서가 제시하는 내용을 실제 정책에 반영할 것을 확약한다. 회의의 결과에 대해 정통성을 부여하고, 공식성을 제공하자는 것이다.

3) 회의 이후 단계

(1) 사후 점검 회의

마을회의가 종료된 후에는 세부주제나 정책과제별로 온라인상에서 소집단을 구축하여 지속적으로 회의 참가자들은 물론 다양한 불특정 다수에게 의견 개진의 기회를 개방하여 추가적으로 의견을 취합하거나 수정하는 과정을 통해 회의의 결과를 평가하고, 환류하는 체제를 갖춘다.

Ⅶ. 공공갈등관리 제도의 도입

1. 의의

1987년 이래로 민주화와 함께 우리사회가 급속히 다원화되면서 많은 갈등과제를 낳고 있다. 그 가운데에서도 국가와 시민사회 사이에서 빚어지는 갈등이 점점 더 심각한 정치사회적 과제가 되고 있다. 우리나라에서의 공공갈등은 선진 외국과 비교할 때 절대 빈도수에서 결코 많다고 보기는 어렵지만 갈등이 조기에 종식되지 못하고 장기화하는 경향이 있을 뿐만 아니라 일단 발생한 갈등은 잘 해결되지 않아 신규발생 건수가 줄어도 누적 건수는 상승하는 경향을 나타낸다. 이로 인해 대규모 장기 국책사업이 지방자치단체장이나 지역주민의 조직적인 반발로 표류하거나 정책집행의 효율성이 떨어지는 등 정책지체현상이 일상화하고 있다. 이런 현상은 토목, 건설, 환경 등 고전적인 정책영역에서 시작해서 이제는 국방, 안보 같은 이념적 대치의 성격이 강한 분야로까지 확장되고 있다. 더 나아가 고전적인 형태의 민 · 관 간의 갈등을 넘어서 정부간의 분쟁으로까지 비화되는 경향마저 나타나고 있다.

반복되는 공공갈등으로 인해 국가에 대한 사회적인 신뢰도가 급격히 저하되고 있을 뿐만 아니라 시민사회 내부의 갈등을 촉발하는 새로운 기폭제가 되고 있다. 조속히 ADR(대안분쟁해결제도)에 기초한 갈등해결 방법을 도입해야 하는 이유다. 공공정책의 시행과정에서 발생하는 사회적 갈등의 예방과 해결이 국정의 현안과제로 대두되어 있는 것이다. 이렇게 기존의 행정절차법에 의존하는 정부의 대 시민사회, 대 지자체 소통구조가 한계를 노정하고 있다는 인식은 이들과의 소통과 의견수렴 방식을 크게 개선해야 한다는 판단을 재촉하게 되었다. 시민사회와 정부 모두에게 갈등관리 마인드를 심어주고 보다 유용한 갈등관리기법을 개발, 제공함으로서 국가와 시민사회 또는 정부와 시민사회단체 간에 대화와 타협을 통한 의사결정의 관행이 자리 잡도록 해야 하게 된 것이다.

2. 국가공론위원회의 설치

1) 의의

행정절차법에 규정된 공청회 등 대국민 소통기제는 형식화되어 실효성이 없을 뿐만 아니라 그것 자체로서 다양한 양식의 한계를 지니고 있다. 따라서 행정절차법의 개정을 통해 정부와 시민사회 간의 소통에 있어 실효성을 높이기 위한 적극적 대처방안의 개발이 시급한 실정임은 이미 밝힌 바와 같다. 이를 위해 갈등관리기본법을 제정하고자 하며, 이는 2010년 이미 그 초안이 사회통합위원회의 주관으로 작성되어 현재 국회에 계류 중이시반 국회 성무위원회의 미온적 태도로 아직 휴면상태에 있다. 이법의 제정을 통해 달성하고자 하는 핵심적인 과제 가운데 하나가 바로 국가공론위원회의 설치다. 국가공론위원회의 설치와 운영을 필수화하는 경우 갈등관리(예방) 비용이 증가하게 되는 것 아니냐는 반론도 있을 수 있으나 갈등관리비용이 갈등(으로 인해 발생하는) 비용 보다는 적기 때문에 총체적인 정책비용에 대해서는 감소효과를 보게 된다.

2) 기능

갈등관리기본법이 정부의 조직과 일하는 방식을 규제하는 역할을 수행하도록 하는 경우, 대규모 장기 국책사업을 대상으로 국민적인 합의를 도출하고 이해관계자의 요구를 반영하기 위해서는 이를 다루는 제도적 장치가 필요하다고 보고 이를 위해 국가공론위원회를 설립하고자 하는 것이다. 따라서 국가공론위원회는 주요 국책사업에 대한 국민적 합의를 도출하는 데 기여할 것은 물론이고, 그 결과 사업 추진의 효율성과 효과성을 높이는 것과 함께 시민사회 내부의 갈등을 순화시키는 데에도 기여하게 될 것이다.

이렇게 정책과정에 대한 일반시민의 참여를 통해 갈등을 예방하거나 해결하고자 하는 것은 입법부의 의사결정권한을 제약하거나 대의민주주의를 우회하는 것이 아니냐는 문제제기가 있을 수 있으나, 오늘날의 대의민주주의제도는 유권자인 국민의 필요(needs)와 욕구(wants)를 효과적으로 결집하고 충족시킬 수 없을 만큼 경직되어 있어 현장 중심의 의사결정(street-level bureaucracy) 체제를 구축하는 것이 불가피하다고 본 것이다.

3) 구성

국무총리실 및 각급 행정기관에 갈등관리심의위원회를 설치해서 운영한다. 행정 각 부처 및 지방자치단체는 자신이 담당하는 정책과제 가운데 갈등수요가 크다고 판단되는 과제에 대해서는 책임지고 시민사회에 대한 설득과 소통 작업을 펼쳐야 하며 그를 통해 정부의 주민 의견의 수렴 능력을 확장해야 한다.

정부 간 분쟁조정을 위해 이미 행정협의조정위원회(중앙정부 부처 간 이견 조정), 중앙행정분쟁조정위원회(중앙정부와 광역자치단체 간 갈등조정), 지방분쟁조정위원회(기초자치단체 간 이견 조율) 등이 마련되어 있는 것이 사실이지만 사실상 형해화되어 있어 제 기능을 수행하지 못하고 있는 만큼 이를 개선해서 정부 간 갈등조정의 내실화, 실질화, 활성화를 도모하자는 것이다.

3. 갈등관리 교육훈련기관 지정 및 전문강사 육성

1) 의의

아무리 행정관리 양식이나 제도를 개선한다고 하더라도 이를 운영하는 공무원의 가치관이나 마인드가 변하지 않고서는 소기의 성과를 달성하기가 쉽지 않다. 이점을 감안하여 고전적인 행정관리양식에 의존하는 행정관료의 사고방식을 바꾸고 대화와 타협을 통한 행정운영 마인드를 확산, 고취시켜야 하는 필요성이 제기된다. 이를 위해 구체적인 갈등관리(협상 및 조정) 기법이나 능력을 개발하고 확산시켜야 할 수요가 커지게 된다. 현재도 국무총리실 주관으로 중앙 및 지방자치단체 공무원에 대한 갈등관리 교육이 이루어지고는 있으나 형식적으로 운영되거나 내용상의 충실도를 승인하기 어렵다. 이를 고도화하기 위해 갈등관리교육을 강화하자는 것이다.

2) 기능

갈등관리교육 대상에는 공무원과 함께 주요 시민단체를 포함하며 대규모 국책사업의 대화 파트너들로 하여금 합의형성을 지향하도록 유도하고 조장한다. 중앙공무원교육원, 한국행정연구원(총리실 지정 갈등관리 교육기관) 및 전국 지자체 인력개발원 등을 네트워킹하여 보다 체계적인 갈등관리 교육 커리큘럼을 개발, 제정하고 관련 전문 강사를 육성하도록 한다. (가칭) 갈등조정사를 육성하기 위한 교육훈련기관을 인증하고 그들로 하여금 자격증을 발급하도록 한다. 이는 지속적으로 갈등관리교육 담당자를 길러내고자 함이다. 갈등관리를 체계적으로 연구하고 교육하는 능력을 제고하기 위해 관련 전문기관을 지정해서 운영한다. 정부의 일하는 방식을 개선해서 대 국민 신뢰와 지지 확보에 나서자는 것이다.

3) 구성

2013년 상반기 중에 공공부문의 교육훈련기관 네트워킹을 완료하고, 갈등관리 교육훈련 커리큘럼의 표준화 및 전문강사 육성을 완료하고자 한다.

4. 참고자료

〈도표-3〉 우리나라의 공공갈등 발생 및 추이

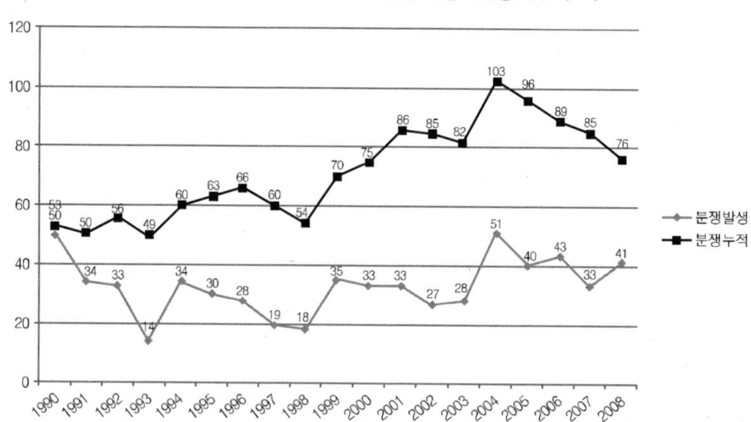

제7장

정치공동체와 시민참여공간의 확대

Ⅰ. 한국정치의 실패원인과 대안

우리의 정치가 오늘날 무기력해지고 국민으로부터 극도의 불신을 받게 된 데에는 실로 다양한 요인이 작용한 것이겠지만 크게 보아 우리 정치가 정초하고 있는 자유민주주의의 작동원리 자체가 무력화된 데에 가장 근원적인 요인을 두고 있다. "정부실패"는 후기근대의 범지구적인 현상인 셈이다. 인류문화사적 전환기의 패러다임 충돌 내지는 실종이 빚는 과제라고도 말할 수 있다. 산업사회에서 고안된 정치제도가 정보사회, 지구화 시대의 도래 이후 작동력을 상실하는 데에서 비롯되는 일종의 체제운영양식상의 퇴행 현상이라고 해야 옳다. 구시대에 고안된 장치가 신시대의 사회구조적 특성과 상합하지 않는 데에서 오는 결과다. 이런 현상이 정보화를 선행하는 우리사회에서 보다 더 심화되어 나타날 것은 자명한 이치이다.

1. 정보사회와 정당정치의 위기

우선 자유민주주의의 핵심적 운용기제라고 해야 할 정당정치가 예전처럼 작동하기 어렵게 되었다. 유권자의 가치관과 정책과정에서의 위상이 급격히 바뀌고 있기 때문이다. 정당이 그 동안 담당하거나 담당하는 것으로 여겨져 왔던 정치적 이해관계의 매개기능, 현상 이해의 기본 틀 제공 기능, 시대 진단을 위한 프레임 설정기능 등이 급격히 쇠퇴하고 있다. 제2차 세계대전 이후 조용한 혁명이 진행되면서 탈물질주의 시대가 문을 연 데에 영향 받은바 적지 않다. 유권자의 정치적 자존감과 성취욕구가 커지게 되었기 때문이다. 여기에 더해 정보화 사회가 심화되면서 높은 교육 수준, 많은 정보의 공유, 자기 판단력의 상승, 개인의 인지적 동원력 증가 등이 확산되었다. 그만큼 유권자 개개인의 정당에 대한 의존 수요가 급격히 떨어지게 된 것이다. 더군다나 우리와 같이 구시대의 동원 정당식 운영체계가 여전한 곳에서는 유권자의 정당에 대한 공명이나 동조 동기가 근본적으로 차단될 수밖에 없다. 유권자가 더 이상 타인의존형, 수동적 존재가 아니기 때문이다.

여기에 더해 정보사회가 도래하면서 여론의 형성과 확산 과정에서 정당이 누려왔던 독점적 지위를 잃게 되었다. 정당 이외에도 인터넷이나 SNS 같이 매우 큰 영향력을 지닌 여론주도 장치들이 사회 여러 곳에서 활동하게 되었기 때문이다. 무엇보다도 정당정치의 전제적 조건 또는 핵심적 구성요소라고 할 수 있는 시간적, 공간적 여백이 증발하게 되었다는 점은 매우 뼈아픈 변화다. 정당은 원래 단계적으로 가장 작은 지역 단위로부터 시작해서 보다 넓은 지역사회로 진행하면서 다양한 여론을 조정하고 타협하여 점진적으로 이해관계를 결집하고 정책을 향도하는 장치로 여겨졌다. 그러나 정보사회의 도래 이후에는 바로 이런 점진주의적인 이견 조정 공간을 허용하지 않게 되었다. 어떤 갈등적 요소가 한 지역사회에 발생하면 미처 정당이 개입해서 조정하거나 통합하기 전에 곧 바로 전국적으로 관련 정보가 소통되면서 즉시 전국적 쟁점으로 부상하고 그에 따라 전국민이 찬반의 입장을 스스로 선택해 버리고 마는 현상이 등장하게 된 것이다. 시간적으로나 공간적으로나 정당의 개입 기회를 허용하지 않게 되었다. 정보사회의 도래 이후 정당에 대한 의존도가 급격히 쇠퇴하게 될 것은 당연한 이치다.

2. 국가 정책결정구조의 한계

정보사회는 또 과거 보다 훨씬 더 공익에 대한 합의도출을 곤란하게 만드는 속성을 지녔다. 정보의 유통양식이 신속성, 경제성, 광역성, 협속성을 더하면서 사회구조의 복잡성, 역동성, 다양성을 보다 더 심화시키게 되었다. 사회적 관계의 복잡성이 강화되면서 어떤 사회정책과제의 인과관계 추적이 과거 보다 훨씬 더 곤란하게 되었을 뿐만 아니라 그로 인해 문제해결의 대안을 개발하기도 어렵게 되었다.

어찌어찌하여 국가가 사회정책과제가 발생하는 현장의 외곽에서 제3자의 눈으로 정책대안을 개발한다고 하더라도, 이를 들고 문제해결에 나서는 경우 "간섭효과"를 낳게 된다. 사회적 관계의 빈도, 강도, 밀도가 높아지면서 국가에 의한 문제해결 대안이 그런 관계 속으로 개입하여 문제해결에 나서는 경우 문제의 성격 자체를 바꾸는 결과가 발생하게 되는 것이다.

정보의 유통범위가 광역화하면서 보다 다양한 의견과 이해관계를 지닌 사람들을 하나의 정책네트워크에 포괄하는 결과가 되고 그만큼 그들 사이에서 공통의 이해관계를 파악하기는 쉽지 않게 된다. 공익의 파악이 상대적으로 어렵게 되는 것이다. 정보의 유통양식이 협송성을 띠게 되면서는 사회관계의 파편화와 분절화를 가져오게 되었다. 사회구성원들 사이의 이해관계를 구성하는 공통의 분모를 찾기가 과거보다 훨씬 더 어려워진 것이다. 국가가 공익을 지향하는 것이라고 한다면 그만큼 공익을 구현하기가 어려워지면서 국가의 정책능력이 취약해지는 것이라고 하겠다.

정보유통양식의 역동성은 또 공익과 사익 내지는 공적 영역과 사적 영역 사이의 경계를 넘나드는 사회적 관계를 촉진시키면서 공익과 사익의 경계 설정을 곤란하게 만드는 속성도 지녔다. 국가가 공익의 경계설정에 곤란을 느낀다면 정책대안의 개발이 훨씬 더 어렵게 될 것은 당연한 이치다. 국가는 공익을 지향할 때나 존재적 정당성을 갖기 때문이다.

정보사회와 그에 따른 지구화 시대의 도래는 정책수요와 국가권력의 경계를 불일치시키는 결과를 불러왔다. 민족국가의 핵심이라고 할 수 있는 국가고권(高權)은 일국주의의 영토경계 범위 내에서만 작동하도록 되어 있다. 그러나 정보화 사회, 지구화 시대가 도래하면서 사회적 관계망이 범지구적으로 확산되고 그에 따라 정책네트워크는 사실상 민족국가의 경계를 넘어서 초국적으로 활동하게 되었다. 그런 상황 하에서 국가의 정책능력이 제한적일 수밖에 없을 것은 당연한 이치다.

3. 한국사회의 토착적 과제

이렇게 시대환경의 변화에서 비롯되는 우리 정치의 구조적 한계 외에도 우리에게는 한국이라고 하는 토착적, 지정학적 환경이 동반하는 문제점도 부가되어 있다. 원래 간접민주주의, 보다 구체적으로 대의민주주의는 그것 자체가 우리에게 있어 외생적 제도다. 그 결과 서구식 민주주의의 규범적 모형을 당위적으로 이식하는 과정에서 발생하는 부적응의 문제가 배태되어 있다. "전망적 현실"로서의 의회민주주의를 당위론적으로 접근하는 데에서 오는 오류의 결과가 심각한 수준에 이르러 있다. 의회민주주의가 제대로 작동하기 위해서는 그 사회의 구성원들 사이에서 공적 신뢰, 사회적 규범, 네트워크 구축 같은 역사문화적 경험의 공유를 통한 사회자본의 축적이 전제되어 있어야 한다. 자유권의 행사에 합당한 성찰적 책임의식을 지닌 시민이 필요하다는 의미다.

서구의 경우에는 오랜 역사적 경험을 통해 축적되어 온 시민성 내지는 시민적 가치가 축적되어 있지만 우리의 경우는 이들이 미처 숙성되기도 전에 그에 기초한 의회민주주의 제도를 도입하여 운영하는 데에서 오는 일종의 준비 부족 사태가 우리 정치의 무력화를 불러오는 한 원인이 되고 있다. 의회민주주의가 사회구성의 기본 단위를 개인주의에 두는 것이라고 한다면 우리는 또 이를 개인보다는 가족에 둔다는 점에서도 적지 않은 차이점을 지녔다. 산업화의 진행과정에서 가족중심주의 문화가 많이 개인주의와 희석되었다고는 하지만 여전히 가족중심의 가치관과 행동양식이 지배하고 있는 것 또한 부인하기 어렵다. 그에 따라 가족주의, 연고주의 등이 여전히 중심 가치로 작동하고 사익과 공익의 구분이 불명해지는 경향성을 낳고 있다. 공적 기여 또는 공공성 개념이 부족해지는 현상을 초래하는 것이다.

여기에 더해 남북분단으로 인한 결손국가 현상이 부가되면서 정상국가로서의 운영을 어렵게 하는 요인이 추가되었다. 분단이 우리의 사회관계 형성에 있어 가편 또는 부하와 같은 과장적 요소로 작동해 왔음은 주지하는 바와 같다. 그 결과 의회주의와 같은 점진주의 내지는 현상유지주의식 문제해결방식으로는 극복하기 어려울 만큼 갈등구조의 심화를 촉진시키는 결과가 되었다. 의회는 원래 해결할 수 있는 것만 다룬다는 한계를 지닌 갈등관리기구임에도 불구하고 우리사회가 의회에 기대하는 것은 의회주의식으로는 풀기 어려울 만큼 갈등관계의 심연이 깊은 과제들을 만들어내게 된 것이다. 이런 일상성을 넘는 갈등의 심연 형성에 남북분단이 기여했을 것은 자명한 이치다. 같은 이치로 우리사회에 자리잡은 천민자본주의가 사회관계를 왜곡시키고 나아가 갈등을 심화시키는 또 다른 요인으로 작동했음도 부인하기 어렵다.

보다 더 불행한 것은 좋은 정치 지도자를 많이 만나지 못했다는 점이다. 세상을 오로지 사익추구의 눈으로만 보는 이들이 공적과제를 다루는 정치과정의 주도세력을 형성한다면 그런 정치과정에서 공적 기여(Public Commitment)를 기대하기는 어려운 일이다. 부패, 탈법, 일탈이 정치과정을 지배해 온 이유 가운데 하나다. 준법의식이 부족하거나 성찰적 자기 통제력이 결여되어 있는 이들이 정치권을 과점하면서 자유만능주의, 자본에 부여하는 정치권력, 비윤리적인 정치권의 관행을 양산해내었을 것은 당연한 이치다.

4. 대안 모색의 전략과 방향

이렇게 대리인 체제에 의해 운영되는 대의정치의 위기를 목격하면서 대리인에게 위임되어 있던 국민의 참정권을 부분적으로 나마 환원하자는 생각이 들게 될 것은 매우 자연스러운 일이다. 정치적 대리인과 시민이 함께 하는 정치과정을 모색해 보자는 것이다. 간접민주주의에 직접민주주의적인 요소를 혼합해 간접민주주의 한계를 보완해 보자는 것이다. 이는 정치과정에서의 거버넌스 체제를 모색해 보자는 것인데 단순히 대리인 중심의 국정운영체제에 국민의 참여기회를 확장하자는 것이 아니라 국정운영의 주도권 자체를 대리인과 국민이 공유하자는 주문이다. 정치적 대표과정에 심의성, 심의과정에 대표성을 제고하자는 요구이기도 하다. 이런 시민참여 공간의 확대는 정치적 대리인으로 하여금 자기 통제력을 확장하라는 주문이기도 하다. 국회의원의 윤리적 정당성을 제고하고, 입법과정의 불필요한 기득권을 제거하며, 반부패, 청렴성을 제고하고 보다 포괄적인 윤리기준을 마련하자는 것이다. 권력구조적인 측면에서는 대통령 편향적인 체제를 개선해서 국회의 입법권과 예산권을 회복하고 국회의 입법과정에 대한 행정권의 관료적 개입이나 영향력 행사를 원초적으로 차단하는 문제도 검토되어야 마땅한 일이다. 3권간의 견제와 균형의 원리를 보장하자는 것이다. 이런 입법과정 외부의 통제장치와 관련하여 시민사회의 민주적 역량을 제고하는 일도 시급한 과제 가운데 하나다. 제도 개선을 통해 국민 참여 기회 자체를 확장하는 일도 중요하지만 이에 조응하는 시민사회의 에너지 내지는 정책능력을 강화함으로서 정치과정의 디자인과 에너지를 병진적으로 개선해 나가도록 해야 한다.

Ⅱ. 대표과정의 심의성 제고: 투입단계

1. 대의과정의 연계성 강화

구조적인 측면에서 볼 때 현재의 국회 입법과정은 사실상 그의 출발점이라고 할 수 있는 사회공동체와의 연결 장치가 단절되어 있다고 하여도 과언이 아니다. 다양한 이유가 있었기는 하지만 현재의 정당법에 의하면 국회의원은 자신의 출신 지역구에 지구당을 둘 수가 없다. 그러나 현실적으로 지역주민의 정치적 요구를 결집하고 의견을 청취하는 등 지역사회와의 의사소통 중추 역할을 수행하는 기관이 필요하기 때문에 비공식적으로는 당원협의회를 구성해서 운영하고 있다. 그러나 이런 비공식적인 기구는 사실상 국회의원 개인의 사적인 의사소통 통로로 활용되는 데는 유리할지 모르지만 공적 기구로서의 책임성이나 균형성을 유지하기는 어렵다.

무엇보다도 다루는 사회정책과제에 대한 공적 간여가 어려워진다는 점은 매우 본질적인 문제다. 따라서 당원협의회 대신 정당의 지구당을 둘 수 있도록 정당법을 개정하는 일은 필수적 과제다. 지구당을 복원하는 경우 운영비용이 과다하게 든다거나 지역주민의 지나친 청탁으로 인해 지역정책과정이 포획된다거나 하는 문제는 지구당을 설치하는 데 따르는 본질 문제가 아니다. 이렇게 지역주민과의 공식적인 연계장치 내지는 의사소통 통로를 확대, 강화해야 한다는 측면에서는 국회의원 지역구 사무실을 국가기구화하여 국회의 지역 파견소 개념으로 운영하는 과제도 검토해 볼 필요가 있다. 다양한 사회정책과제가 여과 없이 국회의 정책심의과정으로 전달되기 전에 지역사무소를 통해 결집되고 숙의될 수 있는 기회를 제공하자는 의도다. 이는 미국의 사례를 타산지석으로 삼아 볼 일이다.

이와 관련하여 정당의 중앙당을 폐지하는 문제도 심각히 검토해 보아야 할 과제다. 지금과 같이 동원정당의 성격을 추구하면서 중앙당이 비대해지는 경우에는 대의과정이 관료화하면서 하의상달이 아니라 상의하달의 의사소통체제를 구조화하고 그 결과 오히려 일반시민의 대의과정에 대한 접근을 차단하거나 왜곡하는 도구로 전락하는 사례가 빈발하고 있기 때문이다. 파워 엘리트 간의 권력투쟁장으로 전락한 정당의 대의기능을 회복하기 위해서는 그 대의과정의 소통장애 요인으로 자리매김하게 된 중앙당을 폐지하고 그 결과 지역주민의 의견이 지구당을 통해서 의회로 직접 전달되는 체계를 구축하자는 것이다. 이는 정보화 사회의 도래 이후 정당의 이해결집 및 조정 기능이 급속히 쇠퇴하게 되었다는 현실 인식을 반영한 제안이기도 하다.

다른 한편 대의민주주의 하에서 국회의원만으로는 국가에 대한 국민의 의견 전달이 충실히 이루어지기 어렵다는 점에 대한 인식은 이미 고전적인 대의정치론에서도 제기된 바 있다. 다원주의 이론에 기초한 로비스트제도 도입 논의가 그것이다. 대리인으로서의 국회의원이 지니는 입법과정에 대한 수문장 역할을 감안하고, 그에 따르는 폐해를 극복하는 것은 물론이고 시민의 입법과정에 대한 접근성을 높이자는 취지에서다. 우리의 경우도 로비스트 제도를 양성화하는 경우 대 국민 연계기능의 강화에 기여할 수 있을 것으로 기대된다. 이점은 특히 우리의 경우 국회의원 스스로가 로비스트 기능을 수행하는 사례가 적지 않다는 점을 감안할 때 매우 시급한 과제로 평가된다. 국회의원 스스로가 로비스트로 활동하는 경우 입법과정이 사적 이익이나 개별이해관계에 의해 포획되면서 균형적인 심의자체를 어렵게 할 것이기 때문이다. 따라서 음성적인 로비활동을 양성화하여 상이한 이해당사자들 사이에서 견제와 균형이 가능하게 하는 것은 물론이고 입법과정의 투명성과 개방성을 제고하여 공적유익이나 공공선과의 합치성을 높이기 위해서도 필요한 일이다.

지금과 같은 개인후원회 제도는 자칫 입법과정을 사적 연고관계의 총화로 전환시키거나 촉구할 위험성이 적지 않다. 우리가 지원하거나 결속하고자 하는 것은 사적 연고관계의 네트워크가 아니라 정책적 이해관계의 조정과 조율을 위한 망이며 이 과정에서 다양한 양식의 소통과 숙의가 이루어져 조정과 타협이 가능해야 하고 보다 타당성 높은 정책대안개발에 기여할 수 있어야 한다. 그런 점에서 현재의 국회의원 개인을 후원하기 위한 제도보다는 특정 정책을 지지하거나 반대하기 위한 정책후원회의 양식으로 제도 전환을 서둘러야 한다. 이는 미국의 정치활동위원회(political action committee)를 타산지석으로 삼을만한 일이다. 국민 누구나가 어떤 정책의 지지나 반대를 위해 지지표를 동원하거나 정치자금을 거출하거나 지원할 수 있도록 하자는 것이다. 이는 현재의 개인후원회 제도가 결과적으로는 지연, 학연, 혈연과 같은 1차 집단 중심의 네트워크 형성과 사적 이해관계 중심의 연결망 구축을 지향하는 것과는 대조되는 결과를 유도하게 될 것이다.

2. 시민참여의 직접성 확대

그러나 이렇게 단순히 국회의원과 지역 사회공동체를 연결하는 것만으로는 입법과정에서 심의성을 동반하는 대표성을 진작하기가 쉽지 않다. 무엇보다도 대리인으로서의 국회의원에 대한 사회적 불신과 정치적 비난의 정도가 높기 때문이다. 바로 이런 정치적 대리인에 대한 신뢰철회와 전환과정에 대한 비용지출 요인을 감소하기 위한 대안으로는 흔히 국민창안제, 국민발안제 등이 제안된다. 우리의 경우도 검토해 볼만한 일이다. 그러나 이런 제도를 도입할 경우 국회 심의과정의 안정성을 해치게 될 위험성이 있다. 이런 점을 감안하여 이들 제도를 도입하여 입법과정에 대한 시민참여의 공간과 기회를 넓히기는 하되 그럴 경우 발생할 개연성이 높은 국회의 심의성 저하 문제에 대해서도 대처해야 한다.

국민투표제, 국민창안제, 국민발안제 등의 도입을 통해 국민의 의사를 국회에 직접 전달하는 것 자체만으로는 능사가 아니며, 그 과정에서 보다 다양한 회합과 포럼이 열려 국민들 사이에서 여하히 숙의 활동이 활성화되고 그 결과 학습과 공유에 따른 변화가 확산될 수 있느냐가 제도 도입 성공의 관건이다. 그리고 그 과정이 여하히 국민 대표성을 균형 있게 담보하도록 할 것인가도 제도 도입과정에서 유의해야 할 과제다. 토론의 활성화나 전문가와 일반시민 간의 의견교환이 체계적으로 보장되지 않는 가운데 국민투표가 이루어진다면 제도도입에 따른 기대성과가 발현된다고 보기 어렵다. 따라서 국민투표과정을 여하히 숙의형 시민참여 양식으로 전환할 것인가가 숙제다. 국민창안이나 국민발안의 경우도 같다. 특히 온라인상의 서명발의를 통해 진행되는 경우 체계적으로 배제되는 "정보소외" 계층에 대한 배려를 여하히 구체화하여 대표성 왜곡에 따르는 문제점을 보완할 것인가도 문제다.

이렇게 대표과정에서의 시민참여를 활성화하기 위한 방안 가운데 하나로는 전자적 장치를 활용한 정책포럼을 웹사이트 상에서 활성화하거나 다양한 양식의 시민사회단체를 연결하여 체계적으로 시민사회의 의견과 대안을 경청하는 문제도 고려해 볼만하다. 영국의 스코틀랜드 의회가 입법정보 및 자문 사이트(Parliamentary Information and Advisory Service)를 개설해서 운영하고 있다는 사실을 벤치마킹해 볼만한 일이다. 스코틀랜드 의회의 경우 1,000여개의 스코틀랜드 내외의 시민사회단체를 망라하는 네트워크를 구축했으며, 웹상의 정책정보 포럼을 운영함으로서 제2의 시민참여 공간을 확장 제공하고 있다. 여기에서 생산되는 정보는 이를 관련 위원회에 송부하여 입법정보로 활용하도록 연계하고 있다(박재창, 2003: 100-101).

3. 숙의형 시민참여 제도의 도입

그러나 이런 양식의 시민참여 통로가 활성화된다고 하더라도 다양하게 여러 시민의 의견을 수렴한다거나 집합적 선호와 전문가의 판단을 균형있게 반영하지 못한다는 한계를 지닌다. 시민참여형 숙의제도가 되기에는 스스로 한계를 지닌다는 의미다. 바로 이런 과제로 인해 대의과정에서 민주적 심의과정 부족이나 한계에 빠지는 문제를 극복하고자 한 것이 바로 정부를 상대로 하는 다양한 양식의 시민자결형 의사결정 모형이다. 이를 국회와 시민사회 내지는 사회공동체 사이를 연결하기 위한 통로로 구축하는 경우 대표성과 숙의성을 동시에 제고하는 효과를 기대해 볼 수 있을 것이다.

흔히 행정적 거버넌스의 한 양식으로 운영되는 시민참여형 숙의모델 가운데 대표적인 것으로는 아메리카 스픽스(AmericaSpeaks)의 21세기 마을회의(21st Century Town Hall Meeting) 제도, 숙의민주주의 여론연구소(Center for Deliberative Polling)의 숙의형 여론조사(Deliberative

Polling), 제퍼슨연구소(Jefferson Center)가 진행하는 시민배심원(Citizen Jury)제도, 전국샤레트연구소(National Charrette Institute)의 역동적 기획 샤레트(Dynamic Planning Charrette), 전국정책과제포럼연구소(National Issues Forums Institute)의 전국정책과제 포럼(National Issues Forum) 등을 들 수 있다(박재창, 2008: 110-111).

이들은 모두 1) 사회공동체 구성원의 집합적 선호가 무엇인지를 체계적으로 파악하기 위해 회합의 참여자를 인구사회학적 특성에 따라 순비례적으로 표집함으로서 제시되는 견해의 편향성을 극복하고 대표성을 확보하고자 하며, 2) 단순히 사회공동체 구성원의 집합적 의사가 무엇인지만을 취합하자는 것이 아니라 전문가의 식견과 판단을 교차적으로 반영하여 정치적 합리성과 경제적 합리성을 균형있게 배합함으로서 균형민주주의의 원리를 구현하고, 3) 어느 한쪽의 일방적인 정보전달이나 설득이 아니라 쌍방향적인 대화를 통해 정보의 균형 있는 교류가 이루어져 상호 학습의 효과가 발생하도록 하고 있으며, 4) 논의의 결과를 관련 정부 기관이 수용하여 공적 권위를 갖도록 한다는 점에서 공통적인 특성을 지닌다.

이런 점들을 감안하여 국회의 각 상임위원회가 주요쟁점 사안에 대해서는 숙의형 시민참여 회합을 조직하고 이를 위원회 심의과정에 반영하도록 하는 제도를 고안해 볼 수 있을 것이다. 그럴 경우 다양한 한계를 이미 노정하고 있는 공청회제도의 유지를 고집해야 할 이유는 없게 된다. 다만 이와 유사한 것으로 최근 국회가 "미디어발전국민위원회"를 구성하여 운영한 바 있으나, 이는 일반시민의 참여를 배제한 채 해당 분야의 전문가와 국회의원만으로 구성하여 국민 대표성 제고에 대한 고려가 없었을 뿐만 아니라 구성원 선정에서의 객관성이나 비례성의 원칙이 지켜지지 않았고 심의결과에 대한 공적 권위를 부여하지도 않아 구속력이 취약하다는 한계를 지녔다. 보다 엄중히 말한다면 시민참여형 숙의장치라기보다는 전문가 포럼 정도에 해당되는 것이었다. 그러나 적어도 국회가 국회의원 이외의 인사를 동등한 구성원으로 승인하는 위원회를 구축하고 국회와 국회 외부환경과의 연대와 소통을 시도했다는 점에서 그 의의는 적지 않았다.

Ⅲ. 대표과정의 심의성 제고: 환류단계

정책산출이 의회에 의해서 이루어진 후 이를 어떻게 관리하느냐의 문제에 대해서는 지금까지 크게 주목하지 않았던 것이 사실이다. 그러나 산출된 정책은 환류단계를 거쳐 입법과정에 대한 재투입자원으로 작용하는 만큼 투입단계 이상의 의의를 지닌다. 그런 점에서 정책산출의 결과가 여하히 집행되고 그 결과가 입법의도를 충족시키느냐의 여부를 감시, 평가하는 시민참여형 거버넌스 체제가 구축된다면 입법과정의 대표성과 심의성 진작에 기여하는 바가 적지 않을 것이다.

1. 대의과정의 연계성 강화

국회의 경우 정책 산출물에 대한 환류단계에서 사회공동체와 국회를 연결하는 장치로는 이미 진정청원제도가 마련되어 있다. 그러나 그 운영 실적이 매우 미미한 수준에 머물러 있어 사실상 존재하지 않는 것과 같다. 이는 무엇보다도 진정이나 청원의 제출이 국회의원의 소개 없이는 진행될 수 없도록 되어 있기 때문이다. 그러나 진정이나 청원이 그의 본질면에서 볼 때 국회의원에 의한 입법활동 결과를 불신하거나 그의 집행과정에 문제가 있어 새로운 입법이나 법률개정이 필요하다는 점을 상정하는 것이라는 점을 감안해 보면 국회의원의 소개가 있어야만 진정이나 청원이 개시된다는 것은 모순적인 장치임에 틀림없다. 실제로 바로 이런 소개제도로 인해 타당성이 없거나 청원의 성립요건이 되지 않는 것을 소개하거나, 소개 지연으로 청원의 의미가 희석되고 있으며, 현장 확인이나 사실조사 없이 국회의원이 간여하거나 진정청원의 소개 후에도 이를 관철하려는 국회의원의 의지가 부족한 데에서 오는 문제가 적지 않다.

따라서 진정과 청원이 환류단계에서의 실질적인 사회공동체와의 연계장치로 작동하도록 하기 위해서는 운영의 주도권을 국회의원으로부터 청원인 개개인에게 돌려주는 일이 급선무이다. 이런 점에서는 영국이나 독일에서 청원위원회를 운영하여 국회의원의 소개 없이 국민 각자가 의회를 상대로 직접 청원할 수 있게 한 점에 유의할 필요가 있다. 같은 맥락에서 전자 국민창안제도를 도입할 필요가 있다. 일정 규모 이상의 유권자가 전자서명인증을 통해 웹상에서 정책제안을 하는 경우 이를 해당 상임위원회에 넘겨 자동적으로 위원회의 심의 안건으로 삼게 하자는 제도다. 국회의원이 입법권을 독점하면서 입법과정에서 일종의 수문장 효과를 발휘하는 현상에 대한 대응 방안이며 보다 적극적으로 진정 청원제도의 정신을 구현하자는 것이기도 하다. 법률제안권을 시민에게 부분적으로나마 돌려주자는 것이다. 이렇게 전자 국민창안제도가 도입되는 경우 국회 내에 청원특별위원회를 두어 국회의원의 소개 없이도 국민 개개인이 직접 청원, 진정, 법률제안을 할 수 있도록 청원제도를 개선해야 한다. 이럴 경우 보다 적극적인 환류단계에서의 시민참여가 이루어지면서 국회 입법과정의 대표성 제고에 기여할 수 있게 될 것이다.

2. 시민참여의 직접성 증대

환류단계에서의 시민참여를 보다 직접화하고자 하는 것으로는 국민소환제를 들 수 있다. 원래 국회의원을 뽑아 국회로 보내는 일은 일종의 계약 체결과 같다. 임기 동안 시민의 대표로서 성실히 자기 역할을 수행한다는 약속을 전제로 시민으로 하여금 자신의 참정권을 국회의원에게 위임하도록 한 것이 대의민주주의의 기본 정신이다. 그렇기 때문에 오늘날 우리가 목격하고 있는 바와 같이 국회의원이 자신의 대리인 역할을 성실히 수행하지 않는다면 비록 임기 만료 이전이라도 그와의 계약을 파기하고 새로운 계약 대상자를 찾는다는 것은 너무나도 당연한 일이다. 그러나 잦은 계약 파기에 따른 정치적 불안정과 대리인 교체에 따른 의회의 심의성 단절에 대한 우려가 없는 것은 아니다.

이점을 고려하여 국민소환제에는 몇 가지 제한 장치를 두는 것이 보통이다. 우선 자신이 선출한 국회의원만을 소환할 수 있도록 한다. 아무리 어떤 국회의원의 정치적 행태가 분노를 자아낼 정도라고 하더라도 그 국회의원이 자신의 지역구를 대표하지 않고 그렇기 때문에 그 국회의원의 당선에 간여할 수 있는 직접적인 권한을 갖고 있지 않다면 그 국회의원의 소환에 나설 수 없도록 한다. 또 국회의원 개개인만을 소환의 대상으로 삼지 그들에 의해서 구성되는 정당이나 정부를 소환하고자 하지는 않는다. 일시에 여러 국회의원을 상대로 여러 지역의 주민이 연대해서 퇴출 운동에 나서는 일도 허용되지 않는다. 불량 국회의원에 의해서 야기되는 대표성 왜곡과 무능을 막기 위해 불가피하게 이 제도를 채택하기는 하지만 이 제도의 운영 자체가 심의성의 단절이나 왜곡을 가져와서는 안 된다고 보기 때문이다. 그러니까 정권 퇴진이나 다수당 교체와 같이 대대적으로 정치권을 개편하고자 하는 국민소환은 처음부터 있을 수 없는 일이다.

그러나 그럼에도 불구하고 선거에서 패배한 정당이나 후보자가 이 제도를 악용할 소지가 전혀 없는 것은 아니다. 그렇지만 국민소환 과정에서 지난 총선 때 패배했던 정당이나 후보자가 단순히 자기 정당이나 자신에 대한 지지만으로 국민소환을 발의하는 데 필요한 청원인 수를 확보하기란 쉽지 않은 일이다. 일단 국민소환을 위한 청원이 가능하게 되었다면 거기에는 현역 국회의원에 대한 일반 유권자들의 배척 의사가 실려 있다고 보아야 옳다. 보다 중요한 것은 이 제도가 소환 자체에 목적을 두고 있다기보다는 현역 의원에 대해 보다 강력히 경고하고 주의를 주자는 예방적 의의가 크다는 점에도 유의해야 한다.

Ⅳ. 심의과정의 대표성 제고: 본회의 운영단계[11)]

심의과정은 주로 국회의 원내 안건숙의과정을 통해 구체화되는 것이 보통이다. 그런데 원내 안건숙의과정은 본회의 단계와 상임위원회 단계로 대별된다. 여기에서는 이들 두 단계를 중심으로 살펴보고자 한다.

1. 심의 대상영역의 확대

보다 다양한 의견을 입법과정에 투사함으로서 심의과정에서의 대표성을 제고하기 위해서는 우선 국회가 다루는 심의대상과제의 영역 자체를 확대하는 근본적인 변화가 있어야 한다. 국회는 입법권을 정부와 공유하고 예산편성권을 정부에 넘겨 주고 단지 심의

11) 박재창(2004)을 주로 참조했다.

권만을 행사하는 형편이다. 이런 상황 하에서는 국회가 사회 모든 영역에 대해 주도적인 심의를 진행할 수 없고, 그렇기 때문에 제한된 영역에서의 의견이나 이해관계의 조율만을 다루게 된다. 이럴 경우 국회 심의과정에서의 대표성 확대에는 처음부터 기본적인 제한이 있을 수밖에 없으며, 국회가 다루는 사회정책과제가 그의 본래적인 성격상 서로 수평적으로 연계되어 있다는 점을 감안해 볼 때 국회의 대의기능을 단절시키거나 근본부터 왜곡시키는 주요 원인이 되어 있다. 따라서 국회가 입법권을 독점하고 예산편성권을 행사할 수 있도록 하는 근본적 변화가 있어야 보다 확장된 대표권 행사가 가능할 것이다.

2. 심의 시간공간의 확보

다양한 의견이 심의과정에 반영되어 대표성이 발현되기 위해서는 확장된 심의대상영역이 제공된다고 하더라도 이를 심의할 수 있는 시간공간이 충분히 제공되어야 한다. 그런 관점에서 우선 고려해야 할 과제는 상시국회제도의 도입이다. 의회가 소인의회(amateurish legislature)로부터 상설전문의회(standing professional legislature)로 전환되어야 의회의 심의성이 강화된다는 것은 두말할 필요도 없다. 그러나 국회는 아직도 정기회와 임시회로 구분하는 회기제를 도입하고 있어 사실상 홀수 달에는 국회가 휴지상태에 들어가는 실정이다. 이는 보다 다양한 의견이 입법과정에 반영되도록 하기 위한 방안으로서도 극복되어야 할 과제다.

상시국회제도가 도입된다고 하더라도 실제 안건의 처리과정에서 충분한 심의시간이 보장되지 않는다면 다양한 의견의 제시가 불가능한 일이다. 이점을 감안하여 독회제도를 부활할 필요가 있다. 국회는 원래 제5대 국회까지 독회제를 운영해 왔으나 제6대 국회에 들어서면서 상임위원회 중심주의로 전환하는 과정에서 폐지한 바 있다. 그러나 오늘날에 있어서는 상임위원회 중심주의가 사실상 소위원회 중심주의로 전환하면서 지나치게 능률성 중심주의가 강조되고 있으며, 본회의 운영상에서 야기되는 지나친 지체나 비능률 문제를 극복하기 위한 수단으로 전원위원회 제도가 이미 재도입되어 있다. 그런 만큼 독회제를 도입한다고 하더라도 지나치게 비능률적이라고 할 수는 없다.

날치기 통과라는 파행적 심사 행태가 조속한 법안 처리를 기도하기 때문이라는 점에서 보면, 독회제도의 부활을 통해 의안을 조속히 상정하고자 하는 욕구 자체를 사실상 원천 봉쇄하는 효과를 낳을 수도 있다. 이점에서 볼 때 제1독회는 본회의에 대한 보고로 대신하더라도 제2독회는 상임위원회 심사단계의 필수과정으로 법제화하여 축조심사 등을 생략할 수 없게 하고 본회의에서의 제3독회를 통해 심사가 완료되도록 하는 방안을 모색해 볼 수 있다. 이는 3독회 제도가 지나치게 의안의 심사과정을 지연시키게 된다는 견해를 수용하면서도 본회의 보고체계상의 미비점을 보완하고 위원회 심사과정에 대한 다양한 주체의 의견 투입이 가능하도록 해 보자는 것이다.

3. 심의과정의 공정성 보장

심의과정에서의 대표성이 보장되기 위해서는 다양한 의견의 제시가 가능해야 하고, 이는 당연히 이를 보장하는 의사규칙이 있을 때 가능하다. 국회 운영의 근간이 되는 국회법을 존중하지 않거나 그 운영 정신에 합의하지 않는 여 · 야당이 운영하는 국회는 엄밀한 의미에서 이미 국회라고 할 수 없다. 그렇기 때문에 선진국에서는 국회의원 당선 이후 최초로 원이 구성되면 제일 먼저 하는 일이 의사규칙에 대한 원내 정파 간의 합의를 도출하는 작업이다. 아무리 지난 회차의 의회에서 활용되던 의사규칙이라고 하더라도 새로운 원이 구성되면 그 원을 구성하는 사람들의 동의와 승인에 의해 새로운 의사규칙을 정하지 않고서는 의사규칙의 권위와 정당성을 담보할 수 없고, 의사규칙이 그 의회 구성원의 마음으로부터 존중되지 않는다면 그들에 의한 정치적 합의의 도출은 공염불과 같다고 보기 때문이다.

그러나 국회에는 정교하고 체계적인 양식에 의해 정리된 별도의 의사규칙 자체가 마련되어 있지 않다. 일부가 국회법에 포함되어 있거나 부분적으로 일부 규칙이 제정되어 있을 뿐이다. 따라서 국회법에서는 국회 구성의 기본 원리에 관한 것만을 다루도록 하고, 여타의 국회 운영에 관한 일체의 규칙은 이를 따로 별도의 치밀하고 정교한 전범으로 제정하여 이를 매 회차의 국회 구성 때마다 수정하고 새로 승인, 채택하는 전통을 세워나가야 한다. 국회법과 의사규칙을 따로 구분하는 이유는 의사규칙은 국회법과

달리 그 개정이 보다 더 유연하게 이루어져야 하겠기 때문이다.

나아가서는 아직 규칙으로 제정하지 않고 규범이나 선례에 따라 모호하게 처리하고 있는 것 중 국회 운영에 매우 중요한 의미를 동반하도록 되어 있는 것들은 이를 의사규칙에 담아 체계적으로 정리할 필요가 있다. 안건심의과정에서 갈등과 대립이 격화하는 주요 원인 중의 하나가 바로 그런 대립과 갈등을 조타해 줄 정교한 규칙이 마련되어 있지 않다는 데에서 비롯되는 사례가 적지 않다.

이런 의사규칙이 마련된다고 하더라도 이를 엄중하게 집행하거나 미진한 부분에 대해서는 이를 권위적으로 평결하거나 중재할 수 있는 선의의 사회자 내지는 중립적 지도자가 있어야 할 것은 물론이다. 이런 의미에서 국회의장의 중립성 보장과 권위 신장은 필수적 과제다. 이를 위해서는 국회의장이 회의를 주재하는 본회의장이 여당과 야당 사이의 이견을 중재하는 장소가 아니라 국회의장이 결정한 것에 대한 여당과 야당의 이견을 소화해 나가는 과정이라고 이해할 필요가 있다. 국회의장을 대립적 이해관계의 중재자라기보다는 제3의 심판관이며 의회 그 자체라고 보자는 것이다. 그렇기 때문에 본회의장에서 발언할 때 의원들이 서로를 상대로 의견을 개진하지 않고 국회의장을 상대로 각자의 의견을 피력하는 것이 오히려 자연스러운 현상이기도 하다.

이렇게 국회의장의 중립성을 강화하는 것은 물론 국회의장에게 의사상의 분쟁에 대한 법규 해석권, 선례 선정권은 물론이고 미쳐 법적으로 정해지지 않은 부분에 대한 최종 결정권을 부여하고 이를 명문화해서 국회의장에 대한 국회의원의 복종과 순응을 유인하는 외에, 의사 조정권 자체의 강화를 통한 의사 분쟁 해결 의지를 강화할 필요가 있다. 이런 점에서 볼 때 현재 의장의 임기를 2년으로 제한하는 것은 적절치 한다. 임기를 국회의원과 같이 4년으로 연장하는 한편, 국회의장의 정치적 중립성에 대한 소수당의 확신을 담보할 필요가 있다. 그렇지 않을 경우 오히려 새로운 갈등과 대립을 조장할 소지가 크다. 그런 만큼 우선 국회의장 선출에 대한 정파 간 조정을 배재하고 철저히 의원 자유투표를 통해 국회의장을 선출하여 소수당의 승인을 확보할 필요가 있다. 실제 국회의장이 강화된 의사 조정권을 특정 정파 편향적으로 행사하는 경우 국회는 오히려 더 큰 갈등에 빠질 우려가 있다.

같은 관점에서 제기되는 과제 가운데 하나는 입법지원조직의 정치적 중립성 확보에 대한 제도적 장치의 마련에 둔감하다는 점이다. 입법지원조직이 제공하는 정보나 서비스가 정파 간 이해관계에 따라 조작되거나 특정 정파에 우선순위를 두어 지원업무를 수행하는 경우 그로 인한 심의과정의 왜곡과 함께 지원업무 자체의 정당성 여부를 의심하게 될 것은 자명한 이치다. 입법지원조직에 대한 충원권을 정파적 이해다툼이나 전리품 분배처럼 다루는 현재의 관행은 적극 시정되어야 한다.

4. 심의환경의 자율성 조성

국회는 현재 소속정당에 의한 통제와 교섭단체에 의한 관리라는 이중적인 구속 속에 놓여진 국회의원들로 구성되어 있다. 이 가운데 소속 정당에 의한 통제는 정당 내부의 민주화를 통해 해결할 문제이지만, 교섭단체를 통한 관리는 사실상 소속정당에 의한 통제와 다를 것이 없다는 측면에서 중복적 장치로 이해된다. 특히 교섭단체의 구성기준을 어디에 두느냐에 따라 원내 운영과정에 대한 참여의 여부가 결정되고 있어 안건 심의과정의 다양성 제고라는 측면에서 보면 전혀 계속 존치해 두어야 할 이유가 없는 제도다. 사실상 교섭단체 제도는 운영위원회의 역할과도 중복된다. 보다 원활한 국회운영과 의원 개개인의 자유로운 원내 활동을 보장하기 위해서도 원내 교섭단체 제도는 폐지되어야 옳다.

보다 자유로운 원내 활동을 국회의원에게 보장하기 위해서는 국회의원 면책특권위원회의 구성과 운영도 검토해 보아야 할 과제다. 안건의 심의과정에서 보다 다양한 의견이 제시되도록 하기 위해서는 국회의원이 어떠한 의회 외적 요인에 의해서도 구속되는 일이 없도록 그의 발언 자유를 철저히 보장해 주어야 할 것이다. 이를 위해 국회의원에게는 면책특권이 부여되어 있다. 그러나 이의 오용과 남용에 대한 우려가 제기되면서 국회의원의 면책특권을 제한하자는 주장도 제기되어 있다. 그러나 국회의원의 면책특권이 제한되는 경우 원내 토론의 자유가 훼손될 것은 너무나도 뻔한 일이다. 영국에서는 원외에서 행해진 명예훼손을 원내 발언을 증거 삼아 기소할 수 없게 하고 있으며, 심지어 허위나 사술의 의도를 가지고 행해진 원내 발언에 대해서도 정직하고 사려 깊은 발언과 아무런 차이를 두지 않고 이를 보호한다.

이 모두가 의회 외부 특히 다른 국가기관의 압력으로부터 의회의 독립성과 권위를 지키기 위한 것임은 물론이다. 그러나 그렇다고 해서 국회의원의 면책특권이 언제나 존중되어야 한다는 것은 아니다. 국회의원의 면책특권 행사가 재판의 공정한 진행에 영향을 주게 되거나 국익의 보호에 결정적인 위해를 끼치게 되는 경우에는 당연히 제한되어야 마땅할 것이다. 개인의 프라이버시나 명예 또는 재산을 침해하는 일이 있어도 안 될 것은 물론이다. 면책특권이 보호하고자 하는 의회민주주의의 목표가 바로 개인의 자유와 인권을 보장하려는 데에 있기 때문이다. 이점을 감안하여 국회 내에 면책특권 관리기구를 설치 운영할 필요가 있다. 면책특권위원회를 구성 운영하자는 것이다.

Ⅴ. 심의과정의 대표성 제고: 상임위원회 운영단계

1. 심의 대상영역의 확대

상임위원회제도는 분업의 원리에 따라 국정과제를 구분해서 다루자는 것임으로 제도 자체가 대표성의 원리를 침해하는 본원적인 한계를 지니고 있다. 이를 보완하기 위한 방안으로 복수 상임위원회 제도와 관련 위원회 회부제도를 도입해서 운영할 필요가 있다. 현재도 운영위원회, 정보위원회, 여성위원회 등에 부분적으로 복수 상임위원회 제도가 도입되어 있기는 하지만 이를 전면적으로 도입하여 보다 다양한 의견이 위원회 운영과정에 반영되도록 하자는 것이다. 관련 위원회 회부제도도 현재와 같이 상임위원회 소속 행정부 관련 안건을 중심으로 기계적인 안건 배정이 이루어지는 경우에는 다양한 관점에서의 심의를 필요로 하는 과제에 대해 충분한 다양성 보장이 어렵게 되는 한계가 있음으로 이를 보완하기 위한 방법으로 안건을 복수 위원회에 배정하거나 분할 배정하거나 또는 순차 배정할 수 있도록 하여 보다 다양한 관점과 정보가 심의 과정에 반영되도록 하자는 것이다.

안건의 배정권에 대해서도 현재는 해당 행정부 소속 관할 사무별로 기계적인 배정을 하고 다만 소속 위원회가 불명할 경우 국회의장이 관장하도록 하여 일원주의적인 관리를 하고 있으나, 이를 운영위원회에 맡겨 보다 다양한 시각과 관점에서 배정 자체를 논의할 수 있도록 할 필요가 있다.

유사한 이치로 소위원회 제도의 전반적인 검토와 개혁이 필요하다. 현재의 소위원회는 사실상 상임위원회 중심주의의 핵심적인 기제로 자리 잡으면서 소위원회에서 심의된 결과가 상임위원회에 보고되고 그 결과가 다시 본회를 통해 채택되는 과정을 밟고 있어 실제로는 소위원회에서의 안건 심의가 국회 통과여부를 결정짓는 핵심적 요소가 되어 있다. 그러나 소위원회의 위원정수가 지나치게 작은 데다가 그나마 소수의 인원만 출석하여도 운영되고 있으며, 심지어는 간담회 형식의 비공식적인 회의를 통해 안건의 실질 심사가 이루어지는 것도 다반사이다. 이럴 경우 소위원회가 다루는 과제의 대상 영역이 지나치게 협소하고 실제 참여하는 의원의 수가 너무 적어 다양한 의견의 투입이 어려울 것은 물론이다. 이런 점을 고려하여 소위원회의 위원정수를 확대하거나 복수 소위원회 제도를 도입하고 아니면 상임위원회 제도의 개편을 통해 상임위원회 위원 정수를 현재 보다 확대하는 문제도 함께 검토해야 한다.

2. 심의 시간공간의 확보

현재의 상임위원회 제도 하에서도 보다 다양한 의견이 제시되고 그 결과 대표성이 확대 반영되기 위해서는 토론과 대화의 기회가 지금보다는 훨씬 더 확장되어야 한다. 그 만큼 국회가 상임위원회 중심주의를 표방하고 있으면서도 그 운영 실제에 있어서는 위원회 단계의 안건심의를 형해화하고 있다는 의미이기도 하다. 원래 위원회 단계의 심의 과정에서는 안건 심의의 신중성과 다양한 의견의 수렴을 위해 축조심사와 찬반토론이 규정되어 있다. 그렇지만 이들은 사실상 잘 지켜지지 않고 있다. 제정법률이나 전면개정법률의 경우를 제외하고는 축조심사를 위원회의 의결로 생략할 수 있기 때문이다. 그런데 국회의 입법 과정은 단순히 법안을 가결 통과시켜 법률을 만들어 내는 데에만 목적을 두는 것이 아니다. 그 과정을 통해서 다양한 이해 당사자들이나 대립적 관계에 있는 이들의 이견이 조정되고 통합되어서 하나의 정치적 질서를 창출해 내는 데에 궁극적인 목표가 있다. 따라서 법안심사의 중핵이라고 할 수 있는 위원회 심의 단계에서 법안의 내용을 조목조목 따져

밝히고 합의를 구하는 절차나 과정이 전제되어야 한다는 것은 당위다. 그런 점에서 모든 안건에 대해 축조심사와 찬반토론이 이루어지도록 강제 규정할 필요가 있다.

심의 시간공간을 확보하기 위해서는 회의 시간 자체를 불필요한 일로 유용하는 현상도 시정해야 한다. 위원회가 소집되고도 행정부 현황 보고 따위로 회의 시간을 낭비하는 경우 사실상 안건심의를 위한 시간 공간이 줄어들게 된다. 업무진행의 순서를 합리화한다는 점에서도 행정부 현황에 대한 자료는 회의 개회 이전에 의원의 필요에 따라 배포되고 보좌관의 검토를 거쳐 회의 과정에서 활용되도록 개선해야 한다. 지금처럼 회의시간을 할애해서 행정부 현황을 청취하는 것은 시간의 낭비일 뿐만 아니라 효과적인 정보 공유의 수단이 아니다. 오히려 불필요한 정보의 제공을 통해서 필요 정보의 수집과 분석 기회를 차단하는 일이라고까지 평가할 수 있다. 따라서 위원회 회의석상에서 이루어지는 기관별 현황보고는 이를 폐지하고 회의 전 자료 제출을 통해 보완하도록 해야 한다.

3. 심의과정의 공정성 보장

의사규칙이 어떤 기관의 대외적 독자성과 대내적 자율성을 상징하는 징표이자 도구라는 점에서는 상임위원회 운영을 위한 의사규칙도 따로 규정하여 상임위원회 중심주의의 의의를 명백히 할 필요가 있다. 특히 상임위원회 각자의 독자성을 인정한다는 점에서는 각각의 상임위원회가 독자적인 의사규칙을 수립하고 관리하도록 해야 한다. 모든 회의체는 그 회의체의 구성원이 자신들의 필요에 따라 고안하고 승인하는 의사규칙에 따라 운영될 때 회의체 운영의 정통성과 효율성이 담보된다는 점에서도 이런 관행의 수립은 시급한 과제다. 같은 맥락에서 처음 위원회가 구성되면 그 회차의 위원회를 관리하게 될 의사규칙을 그 회차 위원회 구성원들이 심의하고 개정하여 위원회 의사규칙의 정통성을 높이도록 하는 절차와 배려도 요구된다.

이런 의사규칙의 관리와 집행을 위해 상임위원회 위원장의 지도력과 중립성, 공정성이 확보되어야 할 것은 물론이다. 그러나 현재는 임기가 2년으로 너무 짧고 지나치게 정치적 흥정에 따라 위원회 위원장을 배정하고 있어 위원회 자체에 대한 충성심을 담보하기가 어려운 실정이다. 임기를 국회의원 임기와 같이 4년으로 연장하고 위원장 선임을 철저히 해당 위원회의 자율적 결정에 맡기도록 해야 한다.

4. 심의과정의 자율성 조성

상임위원회의 운영 자체가 지금보다는 훨씬 더 분권적 양식에 의해 이루어지도록 개선할 필요가 있다. 이를 위해서는 위원장의 권한과 지위를 보다 더 강화해 주어야 하며, 다양한 임시위원회 내지는 특별위원회를 구성해서 운영하도록 하는 정책적 판단이 있어야 한다. 특히 법제사법위원회를 사법위원회로 개편하는 한편 "법률의 자구와 체제"에 대한 심사는 법제실의 조력을 통해 해결하는 방안을 강구할 필요가 있다. 이는 사실상 법제사법위원회가 다른 위원회의 활동에 대한 간여와 통제를 허용하는 빌미가 되고 있기 때문이며, 업무처리과정에서도 병목현상을 가져와 사실상 입법과정의 지체를 낳는 주요 원인 가운데 하나이기 때문이다. 이런 노력들을 통해 원내 권력관계의 다핵화 내지는 분권화를 지향하고자 하는 것임은 물론이다. 이런 점에서 보면 현재 각 위원회의 위원 임기가 2년인 점도 문제다. 임기를 4년으로 하여 각 위원회의 기관계속성과 위원회에 대한 분권적 귀속성을 높여야 할 것이다. 위원장이 관리할 수 있는 위원회 운영경비의 확대, 지원 인력의 강화, 위원회 운영에 대한 외부 세력의 간여 축소 등도 같은 이치로 검토되어야 할 과제다.

Ⅵ. 대의과정의 윤리성 제고

1. 국회의원의 특권남용 방지

국회의원의 특권이 기본적으로 입법활동이 원활하게 진행되도록 하자는 데에 그 취지를 두는 것이라는 점에서 볼 때, 국회 외부기관이나 세력에 의한 국회의원의 특권 제한에 대해서는 이를 매우 신중하게 접근해야 한다. 그러나 그렇다고 해서 국회 내부에서의 통제에 대해서까지도 이를 소극적으로 접근해야 할 이유는 없다. 무엇보다도 이럴 경우 입법과정의 원활한 운영 자체가 위협받게 되기 때문이다. 면책특권은 국회의원에게 발언의 자유를 최대한 보장해주자는 취지에서 출발한 것이기는 하지만 그렇다고 해서 국회의원의 무분별한 언사나 부도덕한 발언까지를 보장해야 할 이유는 없다.

이런 점에서 미국이나 영국 의회 등이 의사규칙을 통해 국회의원의 면책특권을 매우 정교하고 광범위하게 제한해 두고 있다는 사실은 우리에게 시사하는 바가 적지 않다. 미국 의회는 1821년에 제정된 제퍼슨 매뉴얼에서 국회의원의 원내 발언 가운데 비속어를 쓰거나 상대방을 모욕하는 언사를 쓰지 못하도록 규제했으며, 다른 국회의원을 비방해서는 안 된다는 점을 명시적으로 밝히고 있다(U. S. Government Printing Office, 2004: 397). 이 매뉴얼은 또 원내 발언상의 무분별한 언동을 제한하고 관리하는 의무를 국회의장에게 책임 지우고 있으며, 이에 따라 국회의장은 발언하는 국회의원이 사용하는 용어뿐만 아니라 어조, 의도, 주제까지를 모두 살펴 혹시 동료 국회의원을 모욕하는 것은 아닌지를 예의 주시하고 이런 사태가 발생할 시에는 이를 즉각 제재하고 필요하다고 판단되는 경우에는 징계에 처하도록 규정하고 있다. 나아가서는 국회의원이 원내에서 발언할 때에는 오로지 국회의장을 상대로만 발언할 수 있으며 다른 동료 의원이나 방청석 내지는 언론 또는 일반 국민을 상대로 발언해서도 안 된다는 제한 규정을 두고 있다. 이는 모두 사실상 국회의원의 면책특권을 제한하는 것이지만 의회의 원활하고 공정한 운영을 위해 이런 제한을 가하는 것이 오히려 불가피하고 또 필수적이라고 보기 때문이다.

따라서 국회의원의 면책특권은 국회운영의 원활화를 위해 원내의사규칙의 정비를 통해 먼저 정비되고 또 관리되어야 한다. 이 점은 의회모독죄가 국회의원의 특권 보장을 위해 부가적으로 인정되는 것이기는 하지만 바로 이런 비윤리적인 원내 발언이나 행동이야말로 의회의 권위를 실추시키고 나아가 모독하는 행위라는 인식 위에 기초한다. 같은 이치로 입법활동의 본래적인 취지를 벗어나 특정 사익의 증내를 위해 원내에서 발언하는 경우도 국회의원의 지위를 남용하는 것이라고 보아 의회모독죄로 관리하는 것은 물론이다. 같은 논리의 연장선상에서 국회의원의 발언이나 행위로 인해 명예훼손이 발생하는 경우 이를 의회가 배상하는 제도를 도입해서 운영하게 되는 것이기도 하다.

그러니까 국회의원의 면책특권을 제한하는 문제는 국회 밖에서의 민사소송이나 형사소송법상의 책임 유무를 따지기 이전에 원내에서 먼저 그 책임을 물어야 마당한 일이다. 그러나 국회의 경우에는 아직 이를 거의 외면하고 있는 실정이다. 국회의 운영이 파행을 일삼게 되는 이유가 바로 이런 데에도 있다.

이런 상황은 불체포 특권과 관련해서도 같다. 국회의원이 선거법을 위반했거나 부패에 연루되는 경우에는 사법부를 비롯한 국회 외부 기관이 간여하기 이전 단계에서 국회 스스로가 제재에 나서야 마땅한 일이다. 선거법 위반의 경우는 국회의원의 자격심사와 직결되는 문제이며 부패에 연루될 때에는 당연히 의원 윤리문제로 인식되기 때문이다. 따라서 국회 윤리특별위원회가 활성화되는 경우에는 이들 모두를 이 위원회에서 먼저 다루어 국회의 기관독자성이나 자율성 훼손 문제를 원초적으로 해소해 주었어야 마땅한 일이다. 바로 이런 점에서도 국회 윤리특별위원회의 권한 강화와 활성화는 매우 시급한 과제로 제기된다. 그러나 국회는 전혀 이런 문제에 대한 인식이 정립되어 있지 않으며 이런 문제를 다룰 수 있는 제도적 장치도 마련되어 있지 않다. 국회 윤리특별위원회가 있기는 하지만 현재의 운영양식으로는 이 문제를 결코 국회의원 불체포 특권의 자체 제한 차원에서 접근하기는 어려운 실정이다.

국회의원의 특권 제한 문제는 이를 국회 외부기관과의 관계 차원에서 논의하기 이전에 먼저 국회 내부 과정의 차원에서 다루는 것이 원칙이며, 이럴 경우 필요한 범위 내에서 국회의원의 특권을 제한하는 문제는 훨씬 용이하고 효율적인 양식으로 진행될 수 있다는 점에 유의해야 한다.

2. 국회의원의 이해충돌 관리

이해충돌의 문제는 기본적으로 객관적 책임과 주관적 책임의 경계 지대에서 발견되는 국회의원의 윤리 일탈로 인해 비롯된다. 그런 만큼 이를 해소하기 위한 전략적 대안의 확립 과정이 갈등적 요소를 내포할 것은 당연한 이치다. 국회의원의 공적 책임을 확보하기 위해 국회의원 자신은 물론이고 그의 직계존비속이나 사용인까지를 관리 대상으로 삼아야 한다는 것은 윤리관리 상의 능률성이나 효율성을 진작하자는 것이다. 그러나 이는 그들의 사적 생활권이나 기본적인 인격권을 침해할 위험성을 동반한다. 이해충돌의 해소를 위해 국회의원을 관련 상임위원회나 소위원회 회의에서 제척하거나 회피시켜야 한다는 주장도 윤리관리 상의 효율성이나 경제성에 주목하는 것임은 두말할 나위가 없다. 그러나 이는 입법 과정의 전문성 제고나 국회의원 개개인의 참정권 보장 내지는 그가 대리하는 유권자의 국민 주권 행사라는 차원에서 보면 적지 않은 문제점을 내포하는 것이 사실이다. 모든 겸직이나 보유 재산 관련 정보를 낱낱이 보고하도록 하는 것이 윤리관리 상의 편의성과 효율성을 보장하고자 하는 것이라고 한다면, 그 가운데 일정 금액 이하에 대해서는 보고 의무를 면제하자고 주장하는 경우 이는 국회의원 개인의 기본권 내지는 사적 재산권은 보장되어야 한다는 논리 위에 서 있다.

따라서 국회의원의 이해충돌을 관리하는 문제는 궁극적으로 바로 이런 대립적 요구 사이에서 어떤 절충점을 모색해 나가는 일이라고 요약해 볼 수 있다. 그 뿐만이 아니다. 이런 절충과 타협은 바로 그 절충과 타협의 과제를 중앙집권적으로 관리할 것이냐 아니면 보다 분권적으로 처리할 것이냐의 문제에서도 발견된다. 공직자 재산등록 및 공개 문제를 다루는 공직자윤리위원회에 맡길 것이냐 아니면 국회 윤리특별위원회에 맡겨 윤리관련 과제 전부를 종합적으로 관리하도록 할 것이냐의 문제로 대별되기 때문이다. 이런 절충과 타협에 대한 요구는 윤리관리 과정에서 요구되는 시간을 여유있게 주어 보다 충실한 조사가 이루어지도록 할 것이냐 아니면 보다 신속하게 조사가 완료되도록 하여 필요한 조치를 즉각 취할 수 있도록 할 것이냐의 문제에서도 발견된다. 보유재산 관련 정보의 등록 후 이의 사실 여부를 확인하는 사후 검증과정이 바로 이런 갈등적 요구 하에 놓아져 있다. 사후 검증에 소요되는 시간이 너무 긴 경우에는 등록 정보의 진위 여부를 확인하기까지의 기간이 너무 길어 위법하거나 반윤리적인 현상이 상당기간 사실상 방치되는 결과를 낳게 되고, 그렇다고 해서 단기간 내에 조사를 마치는 경우에는 진위 여부를 확인하는 일이 졸속에 빠져 사실상 사후 검증의 효과를 반감하게 될 위험성이 있다.

이런 대립적 요구들 사이에서 어떤 절충점을 찾아야 하는데, 이는 결국 이 시대의 사회적 요구와 수용 태세가 무엇이냐에 대한 진단에 기초할 수밖에 없다. 그런 점에서 볼 때 우선 이해충돌을 보다 적극적으로 관리해야 한다는 세론이 강화되는 추세에 있다는 사실을 반영하여 보다 관리와 통제의 강도를 확장하는 쪽에 무게를 두어 접근할 필요가 있다. 그 결과 겸직으로 인한 이해충돌의 경우, 이를 관리하기 위한 단계별 양식을 겸직관계의 신고 및 공개와 겸직관계의 회피 및 제척으로 나누어 보고자 한다. 그리고 겸직관계의 신고 및 공개에 대해서는 신고 대상자의 범위를 국회의원 본인은 물론이고 그의 직계존비속 및 사용인 그리고 및 국회 소속 4급 이상 공무원으로까지 확대할 것을 제안하고자 한다. 신고 대상 겸직관계의 범위도 모든 겸직관계로 확대해야 한다. 겸직관계의 필수 신고 내용에 대해서도, 겸직 기관명, 직위, 실제 하는 일 등

보다 구체적이고 실체적인 정보를 모두 등록하도록 한다. 등록된 정보는 선별하여 개인의 프라이버시와 충돌하지 않는 한 그 모두를 인터넷에 공개하도록 한다. 등록 신고의 의무를 다하지 않을 경우에는 보다 강력한 징계 조치를 취하도록 해야 한다. 일단 모든 겸직관계는 파악되고 또 이에 관련된 정보는 보다 적극적으로 공유되어야 한다고 보기 때문이다. 그러나 모든 겸직관계를 해소하는 것이 능사는 아니라고 보아 겸직관계의 회피 및 제척에 있어서는 보다 제한적인 조치를 취할 필요도 있다. 일단 국회의원은 물론이고 그의 배우자 및 직계존비속이나 사용인까지도 겸직관계 회피 대상으로 확대하도록 한다. 그러나 이는 겸직으로 인해 보수를 받는 관계만으로 제한한다. 그렇지만 정부의 다른 직위를 겸직함으로서 상임적인 차원의 겸직이 발생하는 경우에 대해서는 이를 금하도록 해야 옳다. 상임위원회나 소위원회에서는 겸직으로 인해 이해충돌이 발생하는 경우 발언권은 인정하되 투표권은 제척하도록 한다.

보유재산으로 인한 이해충돌 문제와 관련하여서는, 보유재산의 취득 경위를 보다 상세히 신고하도록 하여 보유재산의 과다에 초점을 맞추는 것이 아니라 재산 형성과정의 정당성 여부에 유의하도록 한다. 이 경우 자신의 연간 수입 10% 범위에 해당되는 수입에 대해서는 신고를 면제토록 한다. 신고한 내용상에 변동이 있을 때에는 변동 이후 30일 이내에 그 내용을 신고토록 하여 등록한 보유재산 관련 정보의 최신성을 유지하도록 한다. 일단 등록한 내용에 대해서는 그 진위여부를 6개월 이내에 검증 완료하도록 하며, 불성실하게 등록한 경우에는 이를 징계할 수 있도록 불성실 등록죄를 신설토록 한다. 보유재산으로 인한 이해충돌 관리의 효율성을 위해 지금까지 허용해 온 국회의원 직계존비속 관련 재산 내역의 고지거부권을 폐지하도록 하고, 보유재산으로 인해 이해충돌이 발생하는 경우에는 재산을 처분하거나 신탁함으로서 충돌상황을 해소하도록 주문하며, 상임위원회나 소위원회 운영과정에서 이해충돌이 발생하는 경우에는 투표권을 제척하도록 한다.

로비활동으로 인한 이해충돌에 있어서는, 국회의원 직위를 이용한 로비활동에 대해서는 이를 전면 금지하도록 하며 퇴직 후에도 2년 동안은 국회의원 직위를 수행하는 과정에서 관련성이 있었던 분야에서는 취업하지 못하도록 한다.

선물로 인한 이해충돌의 경우에는, 외국인은 물론이고 내국인에 의한 선물에 대해서도 이를 신고하도록 하며, 국회의원 본인은 물론이고 그의 직계존비속과 사용인에 대해서도 선물을 수수한 경우에는 신고하도록 하여 신고의 대상 범위를 확대한다. 신고 대상 선물의 내용에 대해서도 향응, 접대, 여행, 숙박, 회원권 제공, 사례금 등에 이르기까지 물질적인 것은 물론이고 비물질적인 것까지를 포함하도록 한다. 사례금의 경우에는 총액제도를 도입하여 연간 사례금 수수 총액이 일정 수준을 넘지 않도록 제한해야 한다. 다만 사례금 수수액 가운데 연간 수입의 10% 미만에 대해서는 이를 문제 삼지 않도록 한다.

이 모든 이해충돌 관리업무는 기본적으로 국회 공직자윤리위원회가 담당하도록 하되, 겸직관련 업무에 대해서는 국회 윤리특별위원회가 담당하도록 한다. 공직자 재산 등록 및 공개 제도와 관련하여 이미 국회 공직자윤리위원회가 전정부적인 통일성과 일관성 차원에서 이들 과제를 다루고 있기 때문이다. 다만 겸직관리에 대해서는 종합적인 국회 윤리관리 차원에서 국회 윤리특별위원회가 다루도록 하는 것이 옳을 것 같다. 그러나 이들이 모두 이해충돌 해소의 과제라는 점에서는 장래 국회 윤리특별위원회로 통합 관리되어야 할 것으로 생각된다. 이는 3권 분립의 정신을 살려 국회의원의 윤리관리 문제는 이를 국회가 독자적으로 관리하는 것이 타당하다는 생각을 반영한 결론이기도 하다. 다만 현재의 제도 아래에서는 국회 공직자윤리위원회가 다루도록 하되 이의 보다 효율적인 운영을 위해서는 몇 가지 개선되어야 할 점이 있다. 먼저, 국회 공직자 윤리위원회의 위원 구성방식이 민간인 전문가 중심으로 바뀌어야 하며, 전정부 차원의 공직자윤리위원회를 국민권익위원회를 개편하여 국가청렴위원회를 부활하도록 하고 국가청렴위원회가 총괄 관리하도록 한다. 공직자윤리위원회의 징계권을 강화하고, 공직자윤리위원회의 운영 적실성 정도를 정기적으로 검사하여 그 결과를 토대로 개혁 대안을 지속적으로 마련해 나가는 상시 개혁제도를 도입하도록 한다.

그러나 이런 개혁 대안의 제시는 국회의원을 통제하거나 관리하자는 데에 일차적인 목적을 두는 것이 아니라 궁극적으로는 그의 윤리적 판단력을 제고하고 그 결과 자기 책임 완수에 진력하도록 유도하자는 데에 최우선적인 목표를 두는 것이다. 이해충돌의 관리 과정이 목적과 수단의 도치 현상을 불러와서 국회의원의 입법활동을 위축시키거나 소극적인 태도로 임하도록 하는 결과를 낳아서는 곤란하다. 바로 그 점에서 개별적 사례에 대한 보다 정교하고 세심한 판단력과 탄력적인 제도 운영이 요구된다. 이를 위해서는 국회 윤리특별위원회나 공직자윤리위원회의 보다 적극적이고도 전문적인 운영전략을 담보하는 일이 중요한 과제로 제기된다.

3. 국회 윤리특별위원회의 개혁

국회 윤리특별위위원회는 국회 내부에 설치되어 있는 윤리 통제기구라는 점에서 언론이나 시민사회 등과 같이 국회 외부에 놓아져 있는 통제기구와는 구분된다. 그러나 이는 국회의원 개인과의 관계에서 볼 때 국회의원 개개인에게 외부적인 압력을 행사함으로서 그들의 객관적 책임을 확보하기 위한 장치라는 점에서는 외재적 장치로서의 성질을 지녔다. 그러니까 국회 내재적인 외재적 통제수단인 셈이다. 그러나 이를 다시 국회 윤리특별위원회를 구성하고 운영하는 것은 다름 아닌 국회의원 자신들이라는 관점에서 볼 때 일종의 내재적 통제 수단이기도 하다. 국회 윤리특별위원회는 바로 이런 이중 구조 내지는 구성상의 위상으로 인해 그 동안 소극적으로 운영될 수밖에 없었다. 객관적 책임의 확보를 위해 보다 적극적으로 개입해야 할 것인가의 여부를 확신하기가 어려웠다는 의미다.

그러나 국회의원 개개인의 주관적 책임에 해당되는 영역까지도 이를 객관적 책임의 차원에서 다루자는 것이 최근의 추세다. 반부패운동의 관점에서 보더라도 기본적으로는 이와 궤를 같이하는 것임은 물론이다. 따라서 국회 윤리특별위원회의 기능적 위상도 이에 맞추어 재정립되어야 마땅한 일이다. 그런 관점에서 볼 때 국회 윤리특별위원회는 지금까지의 소극적 자세에서 벗어나 보다 적극적인 자세로, 사후적이고 사문적인 접근전략에 안주하는 데에서 벗어나 사전적이고 계몽적인 전략까지를 포함하는 관점에서, 징벌 중심에서 보다 종합적이고 총체적인 행정관리 차원에서 접근해 나갈 것이 요구된다. 국회 윤리특별위원회의 기능적 좌표에 대한 기본 인식 자체를 바꿔야 한다는 의미다.

이를 위해서는 윤리감사관 제도를 도입하는 일이 필수적 과제다. 단순히 반윤리적인 사례를 사분하는 차원에서 벗어나 종합적이고 총체적인 관점에서 입법과정 전체를 윤리관리 차원에서 조망하고 조율해 나가기 위해서는 윤리문제 전문가의 식견과 판단이 필수적으로 요청되며, 이런 과제의 총괄 책임자로 윤리감사관을 충원하는 것은 국회 윤리특별위원회의 성격 변화를 위해 필수불가결적인 과제로 여겨지기 때문이다. 새로운 위상의 국회 윤리특별위원회는 국회의원의 윤리일탈이 발생한 이후에 단순히 불을 끄러 출동하는 소방수가 더 이상은 아니며, 입법과정 전체를 윤리관리 차원에서 조망하는 일을 기획하고 선도하는 관리자가 되어야 한다.

또한 국회 윤리특별위원회가 입법과정 전체에 대한 총괄적 조정자가 되기 위해서는 국회 윤리특별위원회 자체의 도덕적 권위를 확립하는 일도 필수적 과제다. 이를 위해 여기에서는 국회 윤리특별위원회 위원에게 자신과 관련 있는 사안이 심의될 때에는 제척할 것을 의무화하도록 하며, 위원회 운영과정과 내용을 공개하도록 하고, 정기회 제도를 도입해서 기관 계속성이나 연속성을 확보하는 것은 물론이고 보다 적극적으로 현안문제에 대처해 나가도록 하며, 안건 처리에는 시한을 두어 업무처리상의 신속성을 도모할 필요가 있다.

그러나 이들보다 더 중요한 것은 일반시민에게 제소권을 주어 윤리특별위원회 운영상의 주도권을 개방하도록 하자는 점이다. 이는 국회 윤리특별위원회가 국회 내부의 내재적 통제장치로 머물러 있는 데에서 비롯되는 문제점을 극복하고 외재적 통제장치로서의 역할을 수행해 나갈 수 있도록 하는 전기가 된다는 점에 그 의의가 있다. 무엇보다도 국민참여형 윤리관리체계를 구축하게 된다는 데에 보다 큰 의미가 실려 있는 일이기도 하다. 보다 근본적으로는 국회 윤리특별위원회의 도덕적 권위를 높이는 데 있어 가장 효과적인 방안 중 하나라는 사실에 주목해야 한다.

그러나 그렇다고 해서 국민의 여망만으로 국회의원에 대한 징계나 사문이 이루어진다면 이는 흔히 파퓰리즘으로 흐르게 될 위험성도 적지 않다. 바로 이점에서 보더라도 윤리문제 전문가인 윤리감사관 제도를 도입하는 일은 그의 정당성을 배가한다. 국회의 입법과정 전반에 대한 윤리관리 작업이 한편으로는 전문가적인 식견과 판단 그리고 다른 한편으로는 일반시민의 선호와 여망에 의해 서로 균형점을 이루는 가운데 전개될 수 있을 것이기 때문이다. 여하튼 국회 윤리특별위원회를 개혁하는 데 있어 가장 강조되어야 할 점은 그의 전문성과 참여성을 함께 높여야 한다는 점일 것이다.

제8장

행정공동체와 동반자 정부의 구현

Ⅰ. 전자정부의 구현

1. 전자정부의 강화

1) 의의

정보사회의 도래 이후 정부의 모든 분야에 걸쳐 정보통신기술을 활용하는 운영양식으로 정부혁신을 추진해야 한다는 데에 이의를 제기할 사람은 없게 되었다. 정보기술의 활용을 외면할 경우, 정부 실패가 예정된 수순이니 같고 구대나 수구세력으로 비판될 위험마저 있다. 정부과정에 대한 IT의 활용은 이미 세계사적인 조류에 해당된다.

무엇보다도 동반자 정부의 운영을 위한 선결적 조건 가운데 하나라는 점에 유의해야 한다. 그 동안 이 분야에서 우리가 선도적인 지위를 유지해 왔던 것은 매우 다행스러운 일이다. 그러나 정보통신부 해체 이후 전자정부 사업의 정체, IT산업의 위축, 정보화 관련 업무에 대한 관할권을 둘러싼 부처 간 갈등의 심화 등 퇴행적 현상이 드러나 있다.

이와 관련하여 과거의 정보통신부가 담당하던 기능을 4개 기구로 분할한 이후 IT 정책의 총괄타워가 없어진 데에서 생긴 문제라는 진단과 함께 IT 정책 홀대에 대한 비판이 제기되고 있다. 이를 시정하고 국가의 성장동력으로 IT산업 기반을 재확충하고 전자정부를 한 단계 더 고급화해야 한다는 주문은 너무나도 당연한 일이다.

2) 전자정부를 대통령 의제(Presidential Agenda)로 채택

정부 혁신의 모든 분야에서 정보기술을 결합 운영할 것임을 대통령으로 하여금 공식 천명하도록 하여 전자정부화 작업을 정부혁신의 주요 의제 가운데 하나로 삼도록 한다. 정부조직 개편 시 정보통신기술을 활용(Shard System 활용)하고 전자정부 추진과 관련하여 국가 CIO를 지정하는 등 대통령의 정보통신분야에 대한 관심 및 의지를 적극적으로 표명하도록 하자는 것이다. 이는 국정운영의 전개 방향을 제시하면서 미래에 대한 희망을 전달하고 국민의 인식을 전환시키는 기회를 얻을 수 있게 될 것이다.

전정부적인 차원에서의 전자정부 구현은 정부조직 개편을 통해 관료사회의 기득권을 타파하고 조직 장악력을 높이는 데에도 기여할 수 있다. 이와 관련하여 국가정보화전략위원회 위원장을 국가 CIO로 지정토록 하고, 그에게 국가정보화 분야의 예산심의권과 평가권을 부여하여 전자정부 정책에 대한 조정, 감독 기능을 수행하도록 한다. 이는 현재의 국가정보화전략위원회가 조정력의 부족으로 제 기능을 다하지 못하는 현상을 시정하는 데에 기여하게 될 것이다.

3) 정보통신부의 부활

전자정부를 촉진하고 운영하는 일을 주도적으로 선도하고 관리할 중심기관이 사실상 증발상태에 있는 것과 같고 IT산업 지원을 위한 종합지원 조장기구에 대한 여망이 크다. 현재의 지식경제부에서는 IT산업이 차지하는 비중이 낮아 이를 핵심 산업으로 다루기가 어려운 형편이고 행정안전부의 국가정보화 기능은 미흡한 상태에 머물러 있으며, 방송통신위원회는 합의제 기구의 문제점을 노정하는 가운데 3D 및 IT기술 융합 등에 대응하는 범정부적인 정책마련에 무력한 상태를 보이고 있다. 이런 점을 감안하여 국가정보화 업무와 IT산업관련 업무를 통합하여 이를 종합적으로 관리하는 독임부서를 두도록 한다. 지식경제부의 IT산업(하드웨어를 제외한 2차 및 3차 소프트웨어 산업), 방송통신위원회, 문화체육관광부의 디지털 콘텐츠 개발 및 관리기능과 소프트웨어 산업 지원기능, 행정안전부의 정보보호, 정보문화 등 국가정보화 기능 등을 모두 합쳐 하나의 독립적인 통합 부처를 발족시키자는 것이다. 이는 그 근본 취지에 있어 이명박 정부가 해체한 정보통신부를 부활하자는 것이나 같다.

4) IT를 통한 국제협력의 강화

지구화 시대에 중심국가로 부상하기 위해서는 국제협력을 강화해야 하고 국제협력의 유효수단 가운데 하나를 전자정부 관련 기술의 공유에 두자는 것이다. ODA를 통한 전자정부 해외 지원 사업을 활성화 하는 경우 IT산업의 확장 기반을 마련하는 것이 되며 나아가 IT를 통한 국가경쟁력 향상에도 기여하는 결과가 된다. 수원국과의 동반자 관계 형성에 기여하는바 적지 않을 것이다.

2. SNS의 전정부적 활용

1) 의의

전자정부의 역할강화와 관련하여 주목하게 되는 현상 가운데 하나는 소셜미디어의 확산에 따라 정부 업무환경이 급속히 변화하고 있다는 점이다. 개방성 · 즉시성 · 실시간성 · 자기증식성에 기반한 소셜미디어의 확산은 정보의 유통양식을 변화시키는 것은 물론이고 여론형성 속도를 급속히 증가시키고 있다. 즉, 막강한 사회적 영향력을 행사하는 미디어 및 정보채널로 급부상하고 있는 것이다. 여기에 더해 소셜미디어는 실시간으로 이미지와 동영상을 신속히 전달할 수 있어 공공 서비스의 공급과정에 국민이 직접 참여하고자 하는 욕구를 촉발하고 있는 것도 사실이다.

그런데 공공서비스의 공급과정에서 국민과의 상호작용이 가능하게 되는 경우 국민을 위한 공공서비스의 질과 속도 그리고 신뢰성을 개선하고, 아울러 행정 및 정치적 의사결정 과정에 대한 시민참여를 촉진하는 수단이 될 것은 물론이다. 동반자 정부의 운영효율성을 극적으로 신장하는 효과를 낳을 것으로 기대된다. 따라서 사용자인 국민의 생활패턴 변화와 정보기술에 대한 이용방식의 변화가 반영되는 방향으로 전자정부 서비스를 조속히 개편할 필요성이 제기된다.

앞으로 소셜미디어의 활용영역이 지속적으로 확대될 것이라는 점에서 보면 소셜미디어로 인한 역기능 즉 정부정책의 왜곡 심화 가능성같은 불확실성과 혼돈성을 최소화하고 정부와 국민 간의 안정적 · 지속적인 상호작용 대안으로 개발 활용해야 할 필요성이 제고되고 있다.

2) 소셜미디어 활용의 일상화

트위터, 페이스북, 블로그는 전문적인 정보에 대한 접근성과 대화 가능성을 높인다는 점에서 이를 공공기관 내부에서 전반적으로 확대 활용할 경우 매우 높은 수준의 업무 효율성을 기대해 볼 수 있게 된다. 공무원 간 의사소통과 공무원과 일반시민 간의 의사소통이 활성화되어 효율적이고 탄력적인 업무역량이 제고될 것이다. 무엇보다도 공무원에 의한 실시간 업무처리가 활성화된다는 점은 가히 획기적인 변화다. 정부혁신의 기초를 마련할 것으로 기대되는 이유다.

이렇게 소셜미디어를 정부의 업무처리과정에 도입하여 행정업무처리 양식을 혁신적으로 바꾸기 위해서는 공무원을 상대로 새로운 매체에 대한 교육프로그램을 신설, 운영하고 이를 활용할 경우 인센티브를 제공하는 등 동기부여를 확대해야 한다. 실시간 대응에 대한 우수 공무원을 선출해서 격려하고 이를 승급에 반영하는 방법도 검토해 볼 일이다. 이렇게 소셜미디어를 전정부적으로 활용하고자 하는 경우에는 먼저 각 기관별 전자정부서비스 담당자들과의 의견수렴을 통해 도입 추진방안을 마련하는 것이 급선무 가운데 하나다.

3) 예산정보 공유 플랫폼의 활용

소셜미디어를 통한 예산정보의 공유 및 효율적 활용을 모도해 보고자 한다. 뉴욕의 SeeThroughNY라는 웹사이트는 국세 및 지방세가 어떻게 사용되는지를 실시간으로 보여주어 보다 정확하게 관련 정보를 공유한다. 이로 인해 납세자들은 다른 관할지역 및 지역 당국의 데이터를 공유, 분석, 비교할 수 있다. 이는 납세자들이 직접 자기에게 부과된 세금이 적정한 것인지의 여부를 확인할 수 있고 잘못된 부분에 대해서는 시정조치를 요구할 수 있다는 점에서 예산의 투명성 제고에 기여한다. 이렇게 예산정보 공유 플랫폼을 설치, 운영하기 위해서는 관련 공무원과 활용 시민들에게 충실한 인센티브를 제공할 필요가 있다.

예산정보에 대한 참여와 소통은 향후 정부의 신뢰 및 투명성을 고취함으로서 세금지출에 대한 적극성을 불러오고 장기적으로는 국가재원확보에 긍정적으로 기여할 수 있을 것으로 기대된다. 기재부 및 각 지자체 예산담당자들의 의견 및 관련전문가들의 의견을 수렴하여 실행방안을 마련할 필요가 있다. 운영방식과 재정확보 등 실행 조건을 마련한 후 단계적으로 확대 실시하는 방안을 모색해 볼 수 있을 것이다.

4) 공공정보 공유 전담부서의 신설

공공정보는 국가의 자원으로서, 그 이용을 최대한 허용하여 가능한 한 많은 사람들이 보다 많은 정보를 언제 어디서나 활용할 수 있도록 해야 할 것이다. 그럴 경우 공공정보의 경제, 사회적 가치를 극대화하고 건전한 민주주의를 확장하는 데에 기여하게 된다. 이런 공공정보의 공유는 먼저 정부 내부에서도 부처 간의 장벽을 허물고 부처 이기주의를 타파하는 데에 기여하며 그 결과 시스템을 통한 투명하고 합리적인 정책결정을 가능하게 해 준다. 이렇게 각 기관의 공공정보를 통합 활용할 수 있도록 하기 위해서는 기관별 정보담당자들의 의견을 수렴하여 실행방안을 마련하는 일이 긴요하게 된다. 공공정보의 공유는 또 국가와 시민사회 및 기업 간에도 가능하고 또 활성화되어야 한다.

영국의 공공정보실(Office of Public Sector Information; OPSI)은 공공정보 공개 서비스 (Unlocking Service)를 시범운영하고 있는데, 이를 이용해 개인은 공공정보에 직접적인 접근권을 확보할 수 있게 되어 있다. 특히, 이 서비스에서는 개인이 재사용을 원하는 공공정보에 대한 요청을 할 수 있게 되어 있다. 또한 정보를 재사용함에 있어 라이선스가 지나치게 제한적인 경우 이를 지적하거나, 데이터에 대해 어떤 방식이 유용할 지에 대해 제안을 할 수도 있다.

이러한 사례는 공공정보에 대한 접근과 허용이 단일부서나 단일 기구를 중심으로만 이루어지는 것이 아니라 전체 공공정보서비스에 대한 일관적인 접근이 가능하다는 사실을 보여주는 것이다. 이에 각 기관별로 상이하게 제공되는 공공정보서비스를 통합하여 운영하고, 법적 제재와 허용범위를 판단할 수 있는 통합 기구의 설립을 제안하게 된다. 이는 공공정보의 활용을 극대화하고 동반자 정부의 정신에 맞게 양방향을 고려한 공공정보 제공 서비스가 가능해진다는 의미이기도 하다.

3. 전자적 시민참여의 확대

1) 의의

동반자 정부는 국정운영과정에 대한 시민참여를 전제로 하는 것이며 그런 시민참여가 전자적 장치에 의해 지원받는 경우 매우 활성화될 것은 당연한 이치다. 현재는 오프라인과 특정 직능 중심으로 시민참여가 이루어지면서 로비의 폐해나 이익집단화 경향에 대한 우려가 적지 않다. 정보사회에 걸맞는 국민참여 방안을 모색해야 하는 이유 가운데 하나다.

영국의 경우는 전자적 청원(e-Petition) 제도를 활용 중이다. 이렇듯 최근의 세계적인 조류는 전자정부 서비스가 정부가 제공하고 이를 시민이 수용하는 차원을 넘어서 시민이 참여하여 세부적이고 실체적인 요구를 피력함으로서 정책의 미진한 측면을 개선하려는 데까지 이르고 있다.

물론, 우리나라의 전자정부는 기술적인 측면과 위상이 높다고 세계 여러 기관들로부터 평가를 받고 있는 것이 사실이기는 하지만, 실제 시민이 참여하는 정도는 낮다. 진정한 의미의 시민 중심이란 모든 공공서비스의 활동에서 시민을 중심에 놓는 것을 의미한다. 이를 위해서는 상위 프로그램과 정책 형성에서부터 서비스의 제공 및 이용자 피드백 수렴에 이르기까지 서비스 제공의 전 과정에 시민을 적극 참여시키고 능력을 부여하겠다는 확고한 의지가 요청된다. 또한, 새로운 기술은 서비스 제공과 정책 및 프로그램 설계 부문 간의 피드백을 촉진하기 위한 새로운 가능성을 불러오고 있다.

현재 호주 국민의 절반 이상이 이러한 다양한 기술을 이용해 정부와 상호 소통하고 있다는 사실은 타산지석으로 삼을 일이다. 물론 이러한 가능성을 충분히 활용하기 위해서는 정책 및 서비스 제공 기관의 문화적 변화가 필요한 일이다. 이러한 필요성과 문제의식에서 세 가지 정도를 고려해야 한다.

우선, 공공영역의 문화와 관행에 필요한 변화를 이루기 위한 리더십, 정책, 거버넌스를 정책결정자들이 주도해야 한다. 둘째로, 정부 업무에 소셜미디어와 같은 협업도구와 관행을 적용해야 한다. 이러한 적용은 공무원 내부업무 및 대민업무 모두에서 효율성과 효과성을 가져올 수 있다. 마지막으로, 공공정보에 대한 오픈 액세스를 강화해야 한다. 즉, 시민참여의 확대는 정보에 대한 접근을 전제로 하기에 정부 정보에 대한 접근권과 정부 정보를 자유롭게 재사용, 재공개하고 용도 변경하거나 그 밖에 정부의 정보에 가치를 더할 수 있는 권리를 추가할 수 있다면, 개방 정부로의 진화에 있어 한 단계 진전을 이룩할 수 있을 것이다.

2) 기초자치단체의 전자적 시민참여 시스템 구축

과거 참여정부의 국민참여 포털과 같은 거시적인 관점의 것이 아니라, 기초자치단체에서부터라도 전자적 시민참여를 활성화시킬 필요가 있다. 시군구의 예산 결정 과정에 주민의 전자적 참여 방안을 모색해 볼 수도 있을 것이다. 지역의 민원 및 현안에 대한 전자적 주민참여 시스템을 구축하여 설치를 지원하고 이를 활성화하는 경우 행정구역 개편의 촉매제로 활용할 수도 있을 것이다.

3) 전자적 주민소환 및 주민투표 제도의 활성화

경기도 구리, 제주특별자치도, 서울시에 이르기까지의 주민소환 및 주민투표 과정에서 지금과 같은 양식으로 계속되는 경우 막대한 비용이 들면서도 실효성을 담보할 수 없다는 사실이 확인되었다. 전자적 주민소환 및 전자적 주민투표 제도를 적극적으로 활용할 수 있어야 하는 이유다. 전자적 주민소환 및 주민투표제도를 도입하는 경우에는 막대한 행정낭비를 줄일 수 있으며 정책결정의 책임성을 담보할 수 있게도 된다.

4) 참고자료

〈표-11〉 행정정보 공동이용 총괄표

(단위: 건, 천 건)

	2005	2006	2007	2008	2009	2010
일평균 구비서류 감축건수 (건)	31,681	82,040	105,882	115,035	167,806	183,105
연간 구비서류 감축건수 (천 건)	11,563	29,945	38,640	41,988	61,249	66,833

* 작성기준일: 매년 12월 말, 출처: 행정안전부(내부행정자료)

Ⅱ. 지방분권정부의 구현

1. 초광역 지방정부로의 개편

1) 의의

분권은 시대정신 가운데 하나이기도 하지만 정치적 민주주의의 신장이나 전국적인 삶의 균형이라는 측면에서 보면 필요불가결적인 과제 가운데 하나다. 무엇보다도 동반자 정부가 필요로 하는 시민참여의 접근성이나 참여기회공간의 확장이라는 차원에서 크게 요청되는 과제다. 문제는 어떤 유형의 지방분권이 분권정부의 지속가능성을 보다 효과적으로 담보할 것이냐에 있다. 그런 점에서는 분권의 경제적 동기를 중시하게 된다. 지역 간 입지경쟁의 심화 때문이다. 국가에 갇혀 있던 지역이 국제무대에서 직접적인 행위자로 작용해야 한다는 요구가 비등하고 있다. 지역의 생존문제를 더 이상 중앙정부에 의존할 수 없다는 뜻이다. 그런데 지역판 촉형 지방정부는 행정기능, 입법기능, 사법기능을 모두 수행하는 독립형 정치활동 단위화를 요구한다. 이는 당연히 시민참여를 중시하는 동반자형 지방정부의 민주성 진작을 위해서도 요청되는 일이다. 특히 광역자치단체의 정체성 변화에 대한 요구는 매우 크다. 기초자치단체가 일상의 생활단위라면 광역자치단체는 세계의 지역정부와 경쟁하는 지역경제발전의 주체가 될 것을 요구받고 있기 때문이다. 국가와 기초지방정부의 중간자 역할을 수행할 것이 요구되는 셈이다. 이에 조응하여 광역지방정부의 초광역화 경향이 나타나고 있다. 독일, 영국, EU, 캐나다, 일본 등 세계의 여러 나라가 광역지방정부의 초광역화를 추진하는 추세에 있다. 지구화 시대에 조응하는 지역정부로 개편하려는 까닭이다. 그러나 우리나라는 오히려 도 폐지가 논의될 정도로 광역자치단체의 법적, 기능적 정체성이 모호하게 변질되는 과정에 있다.

2) 지역정부 개념의 도입

각 지방정부 계층 간의 권한과 책임에 대한 규정을 보충성의 원칙에 따라 정리함으로서 당해 지역에서의 지역정부가 국가를 대신하여 정치, 행정, 경제발전의 주체로서 권한과 책임을 수행할 수 있도록 하자는 것이다. 중앙정부의 권한을 제한하는 방향으로 재규정하고 지역정부의 권한은 확대하는 방향으로 재정립하자는 뜻이다. 지방정부 상호 간의 갈등이 발생할 경우 중앙정부가 주체가 되어 갈등 조정업무를 수행해야 할 것은 물론이다.

3) 광역자치단체의 자치입법권 보장

헌법상 광역자치단체에게 자치입법권, 자치행정 및 조직권을 보장하도록 한다. 헌법 개정 이전이라도, 지방지치법 개정을 통해 지역정부 수준의 자치입법권을 보장하는 일은 필수적 과제다. 국가의 배타적 입법권인 행정명령, 법규 명령권은 국가에 전속하도록 하되 중앙정부의 입법소관사항이 아닌 경우에는 지역정부의 법규제정권을 인정하자는 것이다. 기관구성권에 대해서는 광역자치의회가 조례입법을 통해 자율적으로 결정하도록 한다. 중앙정부가 정한 행정기구와 정원에 관한 규정에 구애되지 않고 광역자치의회의 결정으로 지역정부의 기관구성이 가능케 한다. 지역정부의 정책 및 입법권에 관련해서는 제주특별자치도의 특별법상 법률안 제출권과 유사한 법률안제출권(Private Bill)을 부여하도록 한다. 이를 위해 지역정부의 입법권을 헌법에 명기하도록 하고 중앙정부와 지역정부 간의 합리적 역할배분과 재원 배분, 지역정부에 대한 국가 감사의 범위 명확화, 지역정부의 국가 입법 및 정책결정 과정에 대한 참여 제도화 등을 보장하도록 한다.

4) 참고자료

〈표-12〉 광역지방 정부의 초광역화 추세 비교

국가	통합 전 광역자치단체 수	통합 후 광역자치단체 수
독 일	16	9
체 코	77	14
프랑스	22	6
폴란드	49	16
일 본	47	9-13

2. 실질적 지방자치권 보장 위한 법률개정

1) 의의

현재의 지방자치법에는 불필요하거나 과도하게 지방자치권을 제약하는 규정이 많아서 실질적으로 지방자치를 실시하는 데 있어 어려움이 크다. 그 가운데에서도 자치단체의 자주입법권과 자주조세권 확대를 위한 조례제정권 확대와 법정외세 도입에 대한 수요가 크다. 행정권 중심의 분권과 함께 입법권 분권에 대한 요구가 상존해 있다. 보충성 원칙을 헌법에 명시조항으로 두어야 한다는 요구도 적지 않다. 지방사무는 지방자치법에서 인정하는 지자체 고유사무이므로 중앙정부의 간섭이 최소화되어야 한다. 그러나, 중앙정부의 관행적인 간섭이 여전해서 지방자치를 위협하는 중요 요인이 되고 있다.

2) 지방자치법상의 자치권 제약 규정 조사

지방사무를 자율적, 자치적으로 결정 · 집행할 수 있는 권한을 실질적으로 보장하기 위해서는 지방자치법 상의 제약 규정을 발굴하여 불필요하거나 중앙정부 편의를 위한 통제규정은 개정해야 한다. 이를 전담하는 기구를 구성하여 체계적으로 개정수요를 조사하고 대안을 제시할 수 있도록 해야 한다. 예를 들어 지방정부가 중앙정부와 입법권을 공유하도록 하려면 보충성의 원칙을 지금보다는 상위법에 반영하도록 하여야 하고 이는 헌법개정을 통해 가능한 일이다.

3) 중앙정부의 간섭 최소화 종합대책 수립

지방사무에 대한 예방적, 합목적적 감독을 지양하고 사후적, 합법적 감독만 실시하도록 하여 지방사무에 대한 중앙정부의 전방위적인 통제 관행을 제거하도록 해야 한다. 지방사무에 대한 중앙정부의 직접적이고 광범위한 감독은 지방정부에 대한 불신, 지방정부의 능력 부족, 권위주의적 행정문화 등 다양한 원인에 기인하는 것임으로 이에 대한 종합대책이 마련되어야 한다. 문화적으로는 국가경쟁력이 지방경쟁력을 결정하는 것이 아니라 지방경쟁력이 국가경쟁력의 주요 요인일 정도로 지방이 중요하다는 인식상의 변화를 유도할 필요가 있다. 능력의 차이는 상생적 협조체제 구축에 부정적인 영향을 미치므로 지방공무원들의 능력 신장을 위해 적극적인 노력을 경주해야 한다. 법제적으로는 지방사무에 대한 중앙정부의 감독을 최소화하는 규정을 만들어 엄격히 실시하도록 한다. 다만 지방의 부패와 비리를 방지하기 위한 중앙정부의 사후적, 합법적 감독은 강화되어야 한다.

4) 지방정부 공무원의 정책능력 제고

지방정부의 경쟁력 확보는 중앙정부의 간섭을 최소화하는 선결조건일 뿐만 아니라 지구화 시대로 인해 증대하고 있는 지방정부의 지역판촉 능력에 대한 사회경제적인 수요에 대응하기 위해서도 필요한 일이다. 생존을 위한 경쟁이 심화되고 있는 작금의 시대에는 지역 스스로가 지역발전을 향도할 수 있어야 한다. 그런데 지역발전은 지역의 특성과 장점을 충분히 고려해서 만들어지는 지역발전정책을 필요로 한다. 지자체 공무원의 풍부한 현장 경험을 체계적으로 이용할 필요가 있음을 뜻한다.

그런데 지자체 공무원은 일반적으로 현장 경험은 풍부하지만 분석능력과 기획능력이 상대적으로 부족한 것으로 평가되고 있다.

이들의 정책능력 향상을 위해서는 사무의 성과 결과를 인사에 적극적으로 반영하도록 하고(성과중심의 인력관리 강화), 관내 대학과의 연계를 통한 교육훈련 프로그램의 개발, 다양한 능력관리 프로그램의 운영, 중앙정부, 타 자치단체, 민간부문 등과의 인사교류 확대 등을 통해 능력 향상을 위한 학습을 유도해야 한다.

3. 지방재정의 자율성 확대

1) 의의

현재의 국세와 지방세 배분비율은 8:2 수준에 머물러 있어, 지방의 재정상태가 열악하게 되는 가장 대표적인 이유이다. 이런 상황하에서 균형발전특별회계를 기획재정부가 중앙집권적으로 운영하고 있어 자율적 지방재정에 역주행하는 결과가 되고 있다. 여전한 특별행정기관의 할거주의로 6,539개의 특별행정기관이 존치되어 있다는 점도 문제다. 지방정부의 입법권 · 사무처리권 관련 규정이 모호하여 중앙정부의 통제권이 강화되고 있는 것이다. 이렇듯 세입부문의 재정분권이 매우 취약한 상태에 있음에도 불구하고 복지분야 지출수요는 증대일로에 있다. 저출산 고령화 사회의 도래로 인한 복지지출 수요가 확대되고 있다. 군 단위 중심으로 다문화 가정과 2세 자녀에 대한 보육지원, 언어교육, 보건위생지원 등 전방위 복지 서비스 수요가 증가하고 있다. 지역 청년실업의 증가와 그에 따른 일자리 창출 부담이 증가하고 있는 것도 사실이다. 그런데 이전재원의 상승으로 인해 지방재정자립도는 지속적으로 하락하는 추세에 있다. 자치단체 세원에서 차지하는 지방세 비중이 지속적으로 하락하고 있는 것이다.

2) 지방재정 건전화 및 자립경제 기반조성

현행 19% 수준의 지방교부세율을 향후 2~3% 증액해야 한다. 부가가치세, 양도소득세 등을 지방세로 전환 국세의 지방세 전환을 서둘러야 한다(이때, 자치단체 간의 재정력 불균형 심화 가능성에도 유의해야 한다). 지역 경제성장을 선도할 기업자유도시 조성을 위한 규제완화 및 재정지원을 강화해야 한다(현행 균특의 지역혁신계정 활용). 광역경제권별로 협의체를 구성하여 공동사업 수행시 정부지원를 확대하도록 한다. 특별교부세를 활용하고, 사업소요예산은 공동프로젝트 수준에 따라 다양하게 지원한다. 책임있는 투자성과를 모니터링하기 위해 지방재정진단제도를 운용하되 지방이 주체가 되도록 추진체제를 전환해야 한다.

3) 중앙 지방 간 재정협의회 신설

대표 없이 재정부담 없다는 민주주의의 철학적 원리를 되새겨 보아야 한다. 대부분의 선진국이 재정분권화를 통해 국가경쟁력을 강화하는 추세에 있음도 타산지석으로 삼아야 한다. 국가경쟁력 지수와 지방정부 조세자율성 간의 상관관계지수 분석 결과 양의 관계가 증명되고 있다. 이는 지방정부를 중앙정부의 대리인이 아니라 동반자로 보는 시각이 필요하다는 의미다. 지나친 효율성 지상주의에서 벗어나 지역공동체의 정치적 가치를 중시하는 관점을 도입해야 한다. 이렇게 볼 때 국고보조금의 비중을 줄이고 지방의 자율성을 보전할 수 있는 지방교부세의 비중을 높이는 일은 시급한 과제다. 이를 위해서는 중앙공무원과 지방공무원 그리고 전문가를 중심으로 협의회를 구성하여 해당 업무를 담당하게 할 필요가 있다. 중앙은 국세를 놓치지 않으려 하고 지방은 지방세목을 많이 가지려고 하기 때문에 자율적으로 국세와 지방세를 재배분하는 것은 불가능하기 때문이다. 우선 시급한 과제 가운데 하나는 법정 복지보조금 규모의 증대가 자치단체의 재정 부담으로 전이되고 있음으로 복지국고보조금 증가로 인한 지방재정부담증가 문제를 조정 해결하는 일이다. 지방자치단체에 부담이 되는 국고보조사업을 신설 또는 확대할 경우에는 시도지사협의회와 시군구청장협의회와의 협의를 의무화하도록 한다. 현재의 국세와 지방세 세목의 적절성 여부를 전면적으로 재검토할 필요도 있다.

4) 참고자료

〈표-13〉 국가예산 대비 지방예산 비율

(단위: 조원)

		2001	2002	2003	2004	2005	2006	2007	2008	2009	2010	2011
예산액	계	199.3	217.4	233.8	246.7	259.7	276.8	288.8	320.1	355	365.8	376.6
	국가	134.8	146	155.7	159.4	167.3	175.4	176.8	195.1	217.5	225.9	235.6
	지방	64.5	71.4	78.1	87.3	92.4	101.4	112	125	137.5	139.9	141
구성비 (%)	국가	67.6	67.2	66.6	64.6	64.4	63.4	61.2	60.9	61.3	61.8	62.6
	지방	32.4	32.8	33.4	35.4	35.6	36.6	38.8	39.1	38.7	38.2	37.4

* 작성기준일: 매년 1월 1일, 출처: 행정안전부(2011)

Ⅲ. 공직부패의 척결

1. 공직수사처의 신설

1) 의의

권력형 비리가 끊이지 않고 있어 정부에 대한 국민의 불신이 크다. 많은 국민들이 고위공직자, 재벌총수일가, 검찰 구성원의 비리에 대해서는 충분하고 적절한 검찰 수사가 잘 이루어지지 않는다는 인식을 갖고 있다. 모든 범죄의 수사가 언제나 누구에게나 공정하고 엄정하게 이루어져야 하고 '마녀재판'식의 수사나 판결이 있어서도 안 되지만 상식적인 판단을 벗어나는 경우가 있어서도 안 될 일이다. 그렇지 않을 경우 국민의 정부 전체에 대한 신뢰가 훼손될 것은 당연한 일이다. 신뢰하지 않는 정부를 상대로 국정과정에 참여하려는 국민은 있을 수 없다. 대 정부 신뢰성의 회복은 동반자 정부의 운영에 있어 필수 요건인 셈이다. 그러나 현실은 이와 다른 방향으로 진행되고 있다. 스폰서 검사같은 검찰 자체의 비리가 불거졌으나, 그 수사결과가 납득하기 어렵다고 판단되면서 검찰의 '기소독점권'이 문제라는 인식이 일반 국민들 사이에 팽대하다. 검찰의 독립성과 중립성 유지 문제는 우리사회의 오랜 숙제이지만, 이와 더불어 검찰의 권력성과 독점성도 또 다른 문제의 핵으로 부상하고 있다. 현재는 피의자를 기소할 수 있는 권한이 검찰에 독점적으로 주어져 있어 검찰의 판단에 따라 과도 또는 과소한 기소권 행사가 얼마든지 가능하게 되어 있다. 검사는 각자가 개인적 판단에 따라 업무를 수행하도록 되어 있지만, 조직운영의 특성상 검찰동일체의 원칙에 따라 '상명하복'의 관행을 유지한다. 이러한 상황이 배경이 되어, 검찰의 수사나 기소가 국민 또는 특정 집단의 법감정에 배치될 경우 그 결정에 대한 의구심이 증폭되기 일쑤이고, 정부가 국민의 신뢰를 잃게 될 가능성이 상존한다. 사회를 재단하고 운영하는 핵심권력의 경우 그 보유자를 분립함으로써 견제와 균형을 달성하고자 하는 것은 민주주의의 오랜 기본원리에 부합되는 일이다. 과거와 달리 오늘날의 견제와 균형은 사회 제세력 간의 역동성을 통해 달성하고자 하는 것이 보통이지만 이를 보다 확고히 하기 위해서는 아무래도 제도적으로 보장하는 것이 보다 더 확실할 것은 물론이다.

2) 중수부 유지, 공수처 신설

검찰이 본래의 기능을 유지하도록 하기 위해서는 수사대상에 제한을 두어서는 안 된다. 그러므로 그 동안 사회지도층의 비리 수사를 담당해온 검찰의 중앙수사본부 폐지는 이를 신중하게 다루어야 한다. 검찰의 수사가 미진하거나 신뢰가 떨어질 경우 '특별검사제'를 실시하고 있으나, 설치 및 권한에 대해 정치권에서 합의를 보지 못하는 경우가 많아 그 실효성이 의심받고 있는 실정이다. 검찰의 수사 및 기소에 대해 선의의 자극을 줄 수 있고, 기소권과 수사권이 과도하게 행사되는 경우 이를 견제하고, 검찰권의 권력성에 대해 균형을 취할 수 있는 장치의 개발이 필요한 실정이다.

그런데 검찰의 기소내용에 대한 견제는 법원의 판단에 의존할 수 있다고 하더라도, 선의의 자극과 권력성에 대한 균형을 위해서는 별도의 기관 설립이 필요하게 된다. 검찰의 수사권과 기소권을 나누어 행사할 수 있는 '공직비리수사처(가칭)'의 설치가 필요한 이유다.

3) 공수처의 위치와 권한

공수처를 신설할 경우 대통령 산하에 두는 안, 국민권익위원회에 두는 안, 국회에 두는 안, 사법부에 두는 안 등을 생각할 수 있다. 그런데 대통령 산하에 둘 경우에는 효율성은 높아지지만 독립성의 유지가 곤란하다는 문제점이 제기된다. 국민권익위원회에 두는 경우에는 대통령 산하에 두는 경우의 문제와 함께 그 위상 및 권한의 약화 문제가 발생하게 된다. 국회에 둘 경우에는 사안에 따라 정쟁의 대상이 됨으로써 오히려 국민의 신뢰를 떨어뜨릴 수 있다. 사법부에 둘 경우에는 사법부가 기소에 관여함으로써 사건을 예단하는 문제가 발생하게 된다. 그 위치를 어디로 하든지, 핵심은 활동의 독립성 보장에 있다. 그러므로 일정한 요건이 갖추어질 경우 반드시 수사를 시작하고(예: 국회의원 1/3 이상의 요구), 공수처 활동의 독립성을 보장하는 인사상의 조치가 필요하게 된다. 예를 들어 공수처의 수장을 임명할 때에는 국회의 동의를 받도록 하고, 임기를 두며, 사직의 경우 일정기간 주요 공직을 맡지 못하도록 금지하는 것과 같은 조치이다. 현재의 상황 하에서는 기관 독립성을 감안하여 국가권익위원회를 분리하여 그 가운데 반부패업무를 중심으로 국가청렴위원회를 구성하고 그곳에 두는 것이 효율적일 것으로 판단된다. 대통령 직속으로 하는 경우 그렇지 않아도 집중되어 있는 대통령의 권한을 과도하게 강화하게 될 우려가 있음을 감안한 것이다.

4) 참고자료

〈표-14〉 공공기관 청렴도(2008~2010년)

(단위: 점, %)

	2008	2009	2010
종합청렴도	8.2	8.51	8.44
외부청렴도	8.17	8.61	8.62
내부청렴도	8.27	8.14	7.96
금품제공률	0.5	0.3	0.4
향응제공률	0.6	0.3	0.5

* 청렴도 측정모형의 대폭적인 개선으로 2008년도 측정결과와 2007년도 측정결과의 직접적 비교 불가능

출처: 국민권익위원회(2011).

2. 공직운영의 투명성 제고

1) 의의

공무원들이 업무상 저지르는 횡령, 뇌물수수, 무사안일 등 공직부패가 빈발하고 있어 정부에 대한 불신이 적지 않다. 이는 다른 공무원의 사기를 저하시키는 한 원인이 되기도 한다. 이렇게 공직에 대한 불신이 팽대한 경우 공무원에 의해 운영되는 정부 규제의

정당성 기반이 훼손되면서 사회적 수용성 정도가 낮아지고 그로 인해 규제를 완화하는 경우에는 또 과도한 규제완화로 인해 공공의 질서유지가 위협받을 수도 있게 된다. 따라서 공직부패에 대한 최선의 대안은 사후적 조치보다는 당연히 사전적 대응을 모색하는 데에 있다. 그럼에도 불구하고 우리사회의 공직 청렴도는 OECD 국가들 가운데 최하위를 기록하고 있다. 지연, 혈연, 학연같은 일차 집단에 의존하는 우리의 문화적 환경을 개선해 나가는 일도 중요하지만 우선 시스템을 통한 부패방지 대안을 모색해야 할 때다. 이는 반부패 라운드의 확대에 대한 선제적 대응으로서의 의의도 갖게 될 것이다. 지구화 시대가 심화되면서 반부패 라운드에 대한 국제사회의 압력은 보다 더 거세어질 전망이다. 공공부문부터 선제적으로 부패통제 시스템을 구축하는 일은 민간으로의 확산을 위한 전제적 조건이 되기도 할 것이다.

2) 행정정보공개와 업무담당실명제

공무원의 비리가 가능하게 되는 원인 가운데 하나는 일반 국민들이 행정업무의 진행과 결과에 대해 잘 알 수 없게 되어 있기 때문이다. 각종 대민업무(예: 규제업무, 조달업무, 인허가업무 등)의 담당자, 진행절차, 조치결과 등을 사안 종료 후 즉시 공개하여 누구나 열람할 수 있게 한다면 공직비리의 가능성은 크게 줄어들 수 있을 것이다. 따라서 국민들로부터 요청이 있을 경우 행정정보를 공개하는 것(정보공개제도)은 단순히 국민들의 '알 권리'를 충족시켜 주는 것 이상의 사회경제적 의의를 동반하게 된다. 행정정보는 원래 납세자의 재정에 의해 생산되고 운영되는 것임으로 납세자에게 돌려주어야 할 공공의 재산이라는 의미도 내포되어 있다. 더욱이 동반자 정부를 운영하고자 한다면 행정정보의 공개는 가장 기초적이고 필수적인 과제다. 민관이 협력하려면 관련 정보에 대한 공유가 필수적 요건이기 때문이다. 현재도 행정정보공개제도가 도입되어 있기는 하지만 실질적으로는 정보공개 범위가 지나치게 제한적이다. 행정정보공개 범위를 혁신적으로 확대해야 한다.

이 가운데에서도 행정업무의 책임소재를 명확히 하는 일은 반부패 정책에 있어 매우 중요한 과제다. 정부가 수행하는 모든 업무에 대해 사무분장에 따른 담당자를 명확히 하고 이를 공개하며, 국민들로부터 담당자에 대한 문의가 있을 경우 즉시 담당자를 연계시켜주도록 하는 경우 무책임한 선례답습, 근거가 불분명한 민원처리 등으로 인한 행정권의 오용이나 남용이 줄어들고 행정의 효율성 제고에도 기여하게 될 것이다. 따라서 사무분장의 미비 또는 업무담당자의 불명으로 인하여 국민들로부터 문제제기가 있거나, 행정업무가 제대로 수행되지 않았을 경우에는 그 업무를 담당한 부서의 책임자를 징계할 수 있도록 하는 장치도 고안해 볼 가치가 있는 일이다. 행정업무 담당실명제를 법령으로 제도화해야 실효가 있을 것은 물론이다.

3) 전자 정보공개 시스템 개발

전정부적으로 행정정보에 대한 시민의 접근가능성을 높이기 위해서는 전자적 장치를 이용한 정보공개만큼 효율적인 방안이 따로 있을 수 없다. 그럼에도 불구하고 정부의 전자적 정보공개는 후퇴를 거듭하고 있다. 최근에는 시민단체들이 통계 자료를 제시하면서까지 정부의 정보공개 태만을 비판하고 나섰다. 그러나 행정정보 공개를 전자적 양식으로 바꾸는 경우에는 정부의 투명성이 체계적으로 확보되고 정부가 사회적 변화의 최일선에서 활동한다는 이미지를 심어줄 수도 있게 된다. 현재의 운영정보뿐만 아니라 정부 수립 이후의 모든 정보를 전자적으로 공개하는 경우 국가행정작용에 대한 시민사회의 이해정도가 획기적으로 높아질 것은 물론이다(개인정보 및 국가안보 정보 제외).

이렇게 행정정보를 전자적으로 공개하기 위해서는 정부의 일하는 방식 자체를 전자적으로 전환할 필요가 있다. 정부의 일하는 방식을 전자적으로 바꾸는 경우에는 상급자의 하급자에 대한 감시와 감독이 강화되고, 정부 내의 반부패 업무 자체의 효율성을 획기적으로 높일 수 있게 된다. 공직자의 재산을 지금과 같이 관보에 게재하는 것이 아니라 실시간으로 전자적 공개 시스템을 통해 공개한다거나, 대면업무처리를 축소하고 정보시스템을 통한 업무처리양식을 확대하여 공직자에 대한 민원인의 접촉기회 자체를 초기 단계에서부터 차단하고, 사회복지 전달체계에 대한 전자적 감사 시스템을 강화하여 복지전달 과정에서의 누수를 예방하는 등 다양한 형태의 제도적 전환을 모색해 볼 수 있다. 국회의 국정감사나 국정조사 등 대 행정부 통제업무의 수행과정에서 요청되는 행정정보에 대한 접근성을 획기적으로 높이기 위해 국회의 정보 시스템과 행정부의 정보 시스템을 연계 운영하도록 하는 방안도 검토되어야 할 과제다. 국회가 직접 행정부의 행정정부 시스템에 접근하여 관련 정보를 열람하게 하는 경우 감사 및 대 행정부 통제업무의 효율성을 크게 높일 것이라는 주문이다.

4) 참고자료

〈표-15〉 공무원에 대한 징계 건수 (행정안전부, 2010a)

2004	2005	2006	2007	2008	2009
2,133	1,469	1,584	1,643	1,741	3,155

〈표-16〉 행정정보 공개율

	2005	2006	2007	2008	2009	2010
정보공개율(%)	90.5	90.5	90.8	91.1	91.1	89.7
처리건수	120,879	132,964	197,617	229,650	301,332	322,018
전부공개	96,899	106,423	157,958	183,722	244,604	259,739
부분공개	12,568	13,970	21,479	25,516	30,682	29,271
비공개	11,412	12,571	18,180	20,412	26,046	33,008

* 작성기준일 : 매년 12월 말

** 2011년 통계자료는 2012.8월에 확정하여 9월에 공표 후 입력됨

출처: 행정안전부(2011a).

Ⅳ. 위기관리체제의 구축

1. 재난안전관리체계의 혁신

1) 의의

흔히 후기근대를 위험사회라고 하지만 요즈음처럼 여러 위험에 쉽게 노출되는 때도 별로 없었던 것 같다. 지구화 시대의 도래와 함께 심화된 문화 충돌은 종교적 근본주의자들의 출현을 낳고 이는 미처 예견지 못했던 갈등과 재난을 확산하고 있다. 국제사회의 정치적 · 사회적 환경의 변화에 따라 테러 등 국가의 안전기반 자체를 위협하는 사례가 빈발하고 있지만 현대 국가의 이에 대한 예방적 대응역량은 매우 취약한 실정이다. 전통적인 안보위협은 외부의 적이 분명하게 노출되기 때문에 위협에 대한 대응방안도 비교적 단순하고 용이했다. 그러나 오늘날의 지구촌 현실은 그렇지가 않다. 범지구적인 대응역량을 키우지 않으면 안 되고 국제정세의 변화에 따라 높아진 인위적 재난의 발생 가능성에 대해 예방적 관리체계를 확립할 필요성도 매우 커져 있다. 우리라고 해서 여기로부터 예외일 까닭이 없다.

자연재해의 경우도 사정은 비슷하다. 여름철 집중호우, 겨울철 폭설 등 자연재해 및 재난이 점차 대형화 · 복잡화되어감에 따라 막대한 인적 · 물적 피해가 해마다 반복되고 있다. 지구온난화로 인한 대규모 자연재해 및 재난에 효과적으로 대응할 수 있는 통합적 재난안전관리체계를 재정립해야 하는 이유다. 그러나 우리의 재난안전관리체계는 중앙재난안전대책본부, 행정안전부, 소방방재청 및 지자체를 중심으로 사후적 · 임시적 복구 중심으로 짜여 있다. 재난뿐만 아니라 안전관리분야에서도 예방적 · 선제적인 재난안전관리 및 대응능력을 강화해야 할 필요성이 커져 있다.

위험사회에서의 국가 재난관리능력 신장은 국민의 국가에 대한 신뢰를 확장하는 가장 근본적인 출발점 가운데 하나다. 특히 국가 혼자서는 효과적으로 대응하기 어려운 과제라는 점에서 일반시민과의 협력적 공조체제 구축에 대한 수요가 크고 거버넌스의 관점에서 접근할 때 시너지 효과가 큰 분야라는 점에 대해서도 유의해야 하겠다.

2) 통합적 재난안전관리체제의 구축

현재도 통합적 대응을 지향하고는 있지만 이를 보다 더 기능적으로 확장할 필요가 있다. 현재는 기획 및 예방기능(행정안전부, 지자체)과 사후대응기능(중앙재난안전대책본부, 소방방재청, 지자체)이 분리되어 있어 진정한 의미의 통합적 재난안전관리체계라고 볼 수 없다. 최근 3개의 상황실이 공간적으로 통합 운영되고 있는데, 상황실의 통합 운영만으로는 통합적 관리대응체계가 구축되어 있다고 볼 수 없다. 증가하고 있는 자연재해 및 사회적 재난에 사전적 · 예방적으로 대응하기 위해서는 미국식 연방위기관리청과 유사한 별도의 조직을 통해 기획기능과 사후대응기능의 진정한 통합을 구현해야 한다. 이를 위해서는 재난 및 안전관리기본법을 재개정해야 한다. 행정안전부의 1실 6과와 소방방재청의 3국 14과를 재해재난관리 및 안전관리분야로 구분해서 각 분야별 정책기획-예방관리 및 개선-사후대책-자원관리의 중기능 중심으로 재편하자는 것이다. 재해예방사업의 중점적인 추진을 위해 한시적으로(5년간) 재해예방사업 추진단 운영하고, 종합상황실 및 전문교육훈련센터를 설치, 운영하도록 하는 일도 필요하다. 기후변화로 인한 대형자연재해에 관한 연구기능을 예방관리 기능에 추가할 필요도 있다.

통합적 재난안전관리가 효과적으로 운영되려면 먼저 선제적, 예방적 재난안전관리 부문의 대응능력을 강화할 필요가 있다. 이를 위해서는 재해취약지역을 재해위험지구로 확대 지정하여 사전에 재해를 예방하기 위한 조치를 지속적으로 취하고 재해 발생시에는 피해를 최소화하기 위해 노력하는 일이 필요하게 된다. 이를 위해서는 현재 지연되고 있는 자연재해위험지구 중장기(5년) 정비계획을 조속히 수립하여 실시할 것이 요청된다. 그러나 이를 뒷받침할 중앙, 지방 및 민간부문 인력의 관련 전문성은 매우 미흡한 수준에 있다. 겨울철 예기치 않은 폭설 및 여름철 집중호우로 인한 피해 등 최근 일련의 사례에서도 볼 수 있듯이 점차 대형화·복잡화 되어가고 있는 재해재난에 대해서는 현재의 재난안전관리체계로서는 효과적인 대응을 하기가 어렵다. 특히 행정안전백서(2010)에서도 제기되었듯이, 재난관리분야에 비해 안전관리분야는 다소 취약한 구조를 지니고 있다. 따라서 진정한 의미의 선제적, 통합적 재난안전관리체계를 구축 운영하려면 인력의 전문성을 제고하기 위한 교육훈련기능과 안전관리분야에 대한 균형적인 인력

육성이 필요하게 된다. 그런데 이렇게 재난안전관리 관련 사회자본을 확충하고 인력의 전문성을 제고하기 위해서는 전문교육훈련센터를 설립해서, 지속적으로 교육훈련프로그램을 제공하는 일이 필요하게 된다. 이를 통해 각 광역자치단체 연수원의 교육훈련프로그램과 연계교육을 확대하는 일도 필요하다. 담당 인력의 교육훈련프로그램 성과를 성과평가에 반영하여 전문성 제고를 위한 교육훈련프로그램의 실효성을 확보하는 일도 필요할 것은 물론이다.

3) 동반자형 재난안전체제로의 전환

빈발하는 대형 재해 · 재난에 선제적, 통합적, 효율적으로 대응하기 위해 중앙정부 혼자 나서는 것만으로는 역부족이다. 오히려 재난 현장에 가까운 지방자치단체, 기업, 제3섹터 등이 정교한 정보와 동원 인력 및 자원에 있어 중앙정부를 앞서는 경우가 적지 않다. 지방자치단체 및 민간부문과의 협력체제를 강화해야 하는 이유다. 이를 위해서는 인력의 전문화를 통해 지자체의 자체적인 재난예방 및 대응기능을 강화하고 재난 및 재해에 관한 정보를 중앙과 지방간에 신속하게 공유할 수 있는 체제를 구축해야 한다. 자원봉사자 및 기업들의 활동 가능영역을 지자체와 민간단체 간 협의를 통해 사전에 확정하여, 활동의 중복 및 사각지대 생성을 방지하는 등 지자체와의 효율적인 자원관리가 필요하다. 이는 민관관계에서도 같다. 위기 발생시 정부와 민간의 상황실이 정보를 원활히 공유할 수 있는 민 · 관 재난정보 공유 시스템을 구축, 운영해야 하며 민간봉사단체, 기업 등 재난안전관리 관련 민간부문과의 네트워크를 사전예방 – 사후복구 – 재해평가 등 기능적으로 재편성하여 관리(재해예방사업 네트워크, 재해복구 시설 · 장비 및 물품지원 네트워크, 재해평가협의체 네트워크 등)해야 한다. 민간 재난구호 자원봉사총괄센터를 구축하여 운영할 필요도 있다. 효율적인 민관 네트워크의 운용을 위해서는 민간단체들의 연합인 자원봉사총괄센터의 위상과 기능을 제도적으로 보장하고 강화할 필요가 있다. 향후 2년 내에 각 참여단체들이 자신의 특성에 따라 적절한 서비스를 제공할 수 있도록 사전에 '자원봉사총괄센터–지자체' 간에 협력 네트워크 조정체계를 구축해 둘 필요가 있다.

이런 동반사형 재난대응체제의 강화는 국제협력 분야에서도 요청된다. 기후 변화로 인한 지구자연환경의 변화와 지구화 시대의 도래는 대형 재해 · 재난에 대한 국가 간 협력의 중요성을 더하고 있다. 이를 위해서는 정부(외교부, 재난안전관리청 등), KOICA, 한국해외원조협의회(NGO) 간의 협력적 공조체제를 구축하여, 기능적인 분담을 보다 더 체계화 할 필요가 있다. 의료, 위생, 복구, 수색/구조, 수송 등 재난분야 중 우리의 실정에 맞는 특화분야를 선정해서, 긴급재난구호대 및 적정 파견인력 풀(pool)을 상시 구성해 두는 일도 필요하다. '동아시아 기후 파트너십 사업' 등 개도국 재난지원 사업을 지속적으로 확대할 필요도 있다. 재난구호분야 국제협력 증진을 위해서는 2009년 아세안 지역안보포럼(ARF) 자발적 국제재난대응훈련(VDR: Voluntary Demonstration of Response on Disaster Relief)과 유사한 국제협력기구나 회의에 적극적으로 참여하여 국제간 협력과 공조에 대한 사전적인 연구와 조정을 일상화할 필요도 있다.

4) 참고자료

〈재난재해의 대형화 및 빈발 추세〉

2010년 추석 연휴 중 수도권 집중호우(5시간동안 240㎜)로 인한 침수 피해, 2011년 7월말 수도권 집중호우로 인한 산사태 피해(서울 서초구, 과천시) 등 여름철 전국 평균 강수량(970㎜)이 평년 강수량(849㎜)를 초과할 정도로 여름철에 국지성 집중호우, 태풍 등으로 인한 인명 및 재산피해가 크게 발생하고 있다. 2010년의 경우, 여름철 집중호우와 1개월 내 연속 3회의 태풍(뎬무, 곤파스, 말로) 등 기후변화로 인한 자연재해에 의해 14명의 인명피해 및 3,618억 원의 재산피해가 발생(행정안전부, 2010: 174-175)했다. 2010년 1월 중부지방 폭설 피해, 2011년 2월 영동지방 폭설 피해 등 이상기후로 인한 겨울철 폭설 피해도 점차 증가하는 추세에 있다.

2. 선제적 예방(Before Service: BS) 체계의 구축

1) 의의

정보화 사회와 지구화 시대의 도래는 사회적 관계의 급변성, 가변성, 역동성을 더하면서 예기치 않았던 상황을 불러오는 일이 잦아지게 되었다. 이런 급변하는 상황변동에 적극적으로 대처하여 피해를 최소화하고 국민의 안전을 지키기 위해서는 선제적 대응을 통해 예방행정을 펼치는 일이 불가피하게 되었다. 예컨대 재난안전관리분야 외에도 식품 · 의약분야, 자연환경분야, 에너지 · 자원분야, 물가 등 서민경제분야, 금융재정분야, 위생안전분야, 정보관리분야, 청소년보호분야 등 실로 다양하고 광범위한 분야에서 국민의 안전한 삶을 보장하기 위한 선제적 · 예방적 위기관리행정의 필요성이 크게 대두되고 있다. 미리 행정의 경로나 절차 등이 예시되는 경우에는 행정의 예정성 정도를 높이면서 일반 시민이 이에 조응하는 정도와 참여의 적극성을 높일 수도 있게 된다. 동반자 행정의 전초가 마련되는 셈이다.

2) 선제적 예방 프로그램의 구축

범정부차원에서 주요 국정운영분야별 또는 행정부처별로 선제적 예방 및 대응 프로그램을 구축해서 운영하는 경우 국민의 대정부 신뢰도를 높이게 될 뿐만 아니라 많은 사회경제적 손실을 미연에 예방하게 된다. 무엇보다도 위험에 일단 노출이 되면 회복하기 힘든 사회적 약자에 대한 적극적 보호 수단 가운데 하나가 된다. 이렇게 사전예방의 원칙에 따라 선제적 대응을 하기 위해서는 위험예측 및 모니터링, 위험회피, 수익자부담, 시민참여, 알권리 등의 단계별 정책대안을 검토하고 개발해야 한다. 우리나라의 경우 이미 제도화된 사전예방정책이 아주 없는 것은 아니지만 새롭게 필요로 한다고 판단되는 분야를 추가하여 대응 프로그램을 보다 광범위하게 확대해야 한다. 이 과정에서 제기되는 문제는 위험의 과학적 증거를 지나치게 강조하는 기술관료주의에 입각한 나머지 사전예방원칙을 훼손하는 일이 없도록 해야 하겠다는 점이다. 정부와 비판집단간의 사회적 논쟁은 단일한 과학과 사전예방원칙간의 대립이 아니라, 여러 과학과 사전예방원칙들 간의 "이질적 결합" 또는 복잡한 갈등조정 과정임을 알아야 한다.

3) 핵심정책 책임계통의 명확화

행정과정의 위기대응력을 높이기 위해서는 주요 국정운영분야별 핵심정책에 대한 책임계통을 명확히 해 둘 필요가 있다. 정부의 핵심정책(행정부처별 10개 내외, 범정부차원에서 100대 정책)을 담당하는 책임계통(정책결정자에서 실무자에 이르는 책임계통)을 명시함으로써 담당자의 책임의식을 제고하고 사후 책임소재를 명확화하여 상시적으로 선제적 대응체제의 구축이 가능하도록 하자는 것이다. 주요 정책에 대한 위기관리 '정책실명제'를 정착시키는 것이다. 이 경우 국민의 대정부 신뢰도를 높이게 될 것은 물론이다. 정책을 결정 · 집행하는 과정에서 담당자 및 참여자의 실명과 의견을 기록 · 관리함으로써 정책의 이력을 보존하고 투명성을 확보하여 담당 공무원의 책임성을 높이려는 것이다.

3. 사후 서비스(After Service: AS) 정부의 구현

1) 의의

후기 근대의 등장은 정부의 실패를 당연한 현상으로 여기게 되었다. 무결점의 초이성적 의사결정주체로서의 국가는 더 이상 불가능하다는 인식이 필요한 때다. 실제로 정부의 개입실패와 개입자체의 불능 현상이 만연하고 있다. 정부의 운영결과는 필연적으로 부조리, 비합리, 부패, 권력남용 등 국민고충과 민원유발을 동반하게 되어있다. 하물며 위기관리체제 하에서야 두말할 필요도 없다. 위기관리체제는 비일상적 현상에 대한 총합적 대응을 필요로 하는 만큼 많은 부작용을 동반하기 마련이다. 정부의 운영과정이 필연적으로 국민고충을 유발하는 속성을 지닌다면 이를 관리할 환류시스템 개발이 필수적 과제일 것은 췌언을 요하지 않는다. 일종의 사후 서비스 체제를 갖추어야 한다는 의미다. 그런데 국민고충의 처리를 기존의 관료적 행정관리체제에 의존하는 경우 똑같은 "정부의 실패"를 반복하게 될 것이다. 따라서 대항관료제적인 접근전략이 필요하고 이를 위해 고안된 것이 옴부즈만이다. 그런네 현새 우리나라가 운영하고 있는 대표적인 국민고충처리장치는 국가권익위원회이다. 그러나 이는 전통적인 종합민원처리제도의 관점에서 운영되고 있을 뿐 옴부즈만의 관점에서 운영되고 있다고는 할 수 없다. 옴부즈만은 국민의 고충이나 불만을 국민으로부터 직접 청취하여 이를 국정운영과정에 반영하고자 하는 것이라는 점에서 국정환류과정의 국민참여양식 가운데 하나이기도 하다. 환류단계의 동반자 정부 운영양식 가운데 하나인 셈이다.

2) 국가 옴부즈만 제도의 도입

기존의 국가권익위원회 업무 가운데 행정심판과 민원처리 업무 영역을 따로 떼어내어 기관의 정체성을 바꾸도록 할 필요가 있다. 국가권익위원회를 개편하여 반부패분야는 국가청렴위원회(공수처 포함)로 분할하고, 권익구제를 겨냥해서 과거 행정심판위원회가 담당하던 분야와 국민고충 및 민원해결을 겨냥하여 과거 국민고충처리위원회가 담당하던 분야는 국가 옴부즈만으로 통합 개편하도록 하자는 뜻이다. 옴부즈만은 권고성, 종국성, 신속성, 불판부당성, 독립성 등을 중심으로 관료적, 법제적 틀을 벗어나 조정과 중재를 통해 민원을 해결하거나 국민 권익을 보호하자는 점에서 기존의 민원처리 방식과 다르고, 사법적 구제의 수단 가운데 하나로 행정심판기능을 포괄한다는 점에서는 기존의 종합민원처리기구와 다르다. 국가 옴부즈만은 다시 광역자치단체별로 지역 옴부즈만을 두도록 하여 민원인의 접근성을 높이고 보다 지역 환경에 맞는 고충처리가 가능하도록 한다. 군사 옴부즈만을 따로 두어 군인 및 병영 내부에서 이루어지는 인권침해나 부조리 등을 관장하도록 할 필요도 있다. 지구화 시대의 행정대응 환경을 개선한다는 의미에서는 재외국민 및 다문화 가정의 접근성을 높이도록 해야 하며, 이를 위해서는 해외담당 옴부즈만을 두도록 하고, 사이버상의 접근성을 강화하는 사이버 옴부즈만을 두도록 한다.

3) 참고자료

〈도표-4〉 권익구제 요구의 연도별 추이 (고충민원+행정심판)

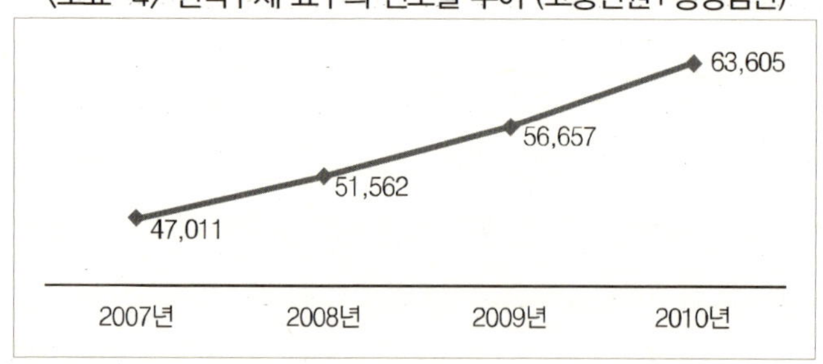

* 매우 급진적으로 국민의 고충처리요구가 증가하고 있음을 알 수 있다. 출처: 국가권익위원회(2011a)

V. 전문행정체계의 구축

1. 부처전문주의의 확대

1) 의의

동반자 정부는 국민의 정치적 선호와 전문가의 과학적 판단을 균형민주주의의 원리에 따라 융합하자는 것에 다름 아니다. 따라서 국민의 정치적 의사를 보다 적극적으로 취합하는 일과 함께 정부의 전문성을 확보하는 과제가 동반자 정부의 성패를 좌우하는 핵심적 과제 가운데 하나다. 그런 점에서 보면 정부의 부처 간 분업의 양식도 부처전문주의를 보장하는 양식에 따라 추진되어야 옳다. 그런데 현재의 정부조직 편제는 조직개편과정에서 실용주의를 지나치게 강조한 나머지 개별 부처의 전문성을 무시하고 기능 간 연계성을 강조하면서 관리운영상의 대부처주의를 취한 결과 부처전문주의를 크게 훼손한 사례가 적지 않다. 그 결과 대부처주의에 따라 장관의 통설범위가 지나치게 넓은 것은 물론이고 이질적 기능들 사이의 유기적인 통합이 이루어지지 않아 연계기능 간의 시너지 효과가 발생하지 않고 있다. 이런 기계적인 통합은 통합된 부처 출신 공무원 사이에서 유기적인 결합이 일어나지 않아 행정업무 수행과정에서 전문성을 훼손하고 있을 뿐만 아니라 인위적으로 이전의 부처 출신 공무원들을 분산교차 배치하는 과정에서 조직원의 전문성을 외면하는 사례마저 진발하고 있어 행정의 전문성을 크게 약화시키고 있다(이승종 외, 2012). 따라서 부처전문주의의 정신에 따라 대기능 단위로 지나치게 비대한 부처는 이를 조정할 필요가 있다.

2) 과학기술부와 교육부 신설

교육과학기술부는 과거의 교육부와 과학기술부를 통합한 것이지만 과거의 교육부가 담당했던 인적자원개발정책, 학교교육, 평생교육, 학술관련 사무가 보다 현안과제 중심으로 단기적인 시관을 필요로 하는 것인 데 반해, 과거 과학기술부가 담당했던 기초과학정책, 연구개발, 원자력, 과학시술인력양성 및 과학기술진흥 관련 업무는 중장기적인 시관을 필요로 하는 것이어서 두 부문 사이에서 기능적인 결합이 일어나지 않는 것은 물론이고 교육현안 과제가 과학진흥관련 업무를 압도하면서 예산면에서 훨씬 규모가 큰 과학진흥관련 업무가 소외되는 등의 문제가 발생하고 있는 것으로 평가되고 있다. 이런 점을 감안하고 부처전문주의의 정신을 살려 과학기술부와 교육부로 업무를 분할하여 각기 별도의 부처를 구성토록 한다. 이명박 정부 이전의 상태로 회귀하자는 것이다.

3) 국토교통부, 해양수산부, 농림부 신설

국토해양부는 전통적으로 건설교통부가 다루어 온 건설 및 육상 항공 등의 교통관리 기능, 해양부의 해양 정책, 해운 물류, 항만 정책, 행자부의 부동산 정보관리(지적관리) 등을 결합하여 대부처를 형성하고 있다. 이에 따라 단일 부처의 업무총량이 지나치게 비대할 뿐만 아니라 국토건설과 해양관리 부문 사이의 이질성으로 인해 부처 내부의 기능적 결합과 그에 따른 시너지 효과를 낳지 못하고 있는 실정이다. 따라서 이들 국토건설 부문과 해양관리 부문을 분리하여 국토교통부로 하여금 국토건설 및 관리, 육상 및 항공 교통, 지적관리 기능을 담당하도록 하고 해양수산부로 하여금 해양 정책, 해양 물류 및 항만기능을 담당하게 하여 각기 독임부처를 구성케 하는 경우에는 기능상의 이질성을 극복할 뿐만 아니라 그에 따른 행정상의 전문성을 기대해 볼 수 있게 된다. 그런데 농림수산식품부의 경우도 과거의 농림부에 해양부의 수산, 이업정책과 보건복시부의 식품산업진흥정책 등을 묶어 단일부처로 개편했으나 농림부문과 해양수산 부문 사이의 기능적 결합이 이루어지지 않고 이질성을 극복하지 못하고 있는 것으로 보고되어 있다. 따라서 농림수산식품부의 해양수산 부문을 해양을 기본 축으로 묶어 신설되는 해양수산부로 통합하는 경우 부처전문주의를 살리면서도 부처 간 업무총량 상의 균형성 확보와 함께 업무성질 상의 일관성이나 연계성을 유지하는 데에도 유리할 것으로 판단된다. 국토해양부와 농림수산식품부를 국토교통부, 해양수산부, 농림부로 재편하자는 것이다.

2. 정부 내의 업무충돌 방지

1) 의의

동반자 정부가 공직자의 전문성, 도덕성, 국민 대표성 등에 대한 사회적인 불신이 커지면서 기존의 국정운영과정에 시민참여공간을 확대해야 한다는 주문에 조응한 결과라는 사실은 주지하고 있는 바와 같다. 따라서 동반자 정부를 구성하는 경우에는 당연히 국가와 시민사회가 함께 정보를 공유하고 소통하면서 국가경영전략을 수립해야 하지만, 그에 선행되어야 할 과제는 정부 내의 행정기관들 사이에서 정보공유와 협력적 공조체제가 먼저 구축되어 있어야 한다는 점이다. 국가가 시민사회에 자신의 의견을 제시하기 위해서는 국가 내부의 여러 행정기관들 사이에서 국가경영전략에 대한 공유와 일치가 선행해야 국가와 시민사회 간의 협력과정에서 보다 큰 시너지 효과를 낼 수 있을 것이기 때문이다. 다각적으로 개발되는 국가경영전략 간에 상호유기적인 연계와 협력이 미흡한 경우 그것 자체만으로도 국정운영과정상의 효율성을 담보하기 어렵지만, 특히 국가가 제3섹터와 공조하려는 경우 정부 내의 통일성과 일관성이 유지되어야 할 것이기 때문이다. 이를 위해서는 국가경영전략의 개발 및 지속적인 관리업무를 일원화하는 일이 필요하게 된다. 이는 정부 정책 간의 상호충돌이나 갈등을 미연에 방지하고자 하기 때문이다.

2) 행정기관과 정부위원회

정부 내의 통일성을 확보하려는 과정에서 특히 유의해야 할 것은 정부 내의 여러 행정기관과 정부위원회 간의 역할중복이나 상충 현상이다. 정부위원회는 동반자 정부 구성에 있어 가장 고전적인 시민참여 창구 가운데 하나지만 관료의 독선을 막는다거나 전문성을 투입하기 위한 창구로도 운영된다. 행정기관이 담당해야 할 역할을 정부위원회에서 수행하고 있거나, 국정운영주체들의 균형적인 기능수행이 이루어지지 못하는 경우 행정 효율이 보장되지 못할 것은 당연한 이치다. 그러나 정부의 현실은 정부위원회와 행정기관 간의 유기적인 조정 · 협력이 미흡하기 일쑤다. 예를 들어 이명박 정부의 미래기획위원회에서 사교육비절감과제를 다루는 것은 위원회의 취지에 부합하지 않으며, 교육과학기술부의 역할과 충돌하는 결과를 낳는다.

이를 극복하기 위해서는 정부위원회의 운영체계를 합리적으로 정비할 필요가 있다. 헌법상의 대통령위원회를 제외한 대통령직속위원회는 대통령실의 정책실 소속으로 일원화하여 정책실에서 통합 운영하도록 하고, 하위정책분야 및 실무적 성격을 지닌 위원회는 행정부처 단위의 장 · 차관급 위원회로 편제하며, 행정부처 간의 업무 조정이 요구되는 위원회의 경우에는 국무총리실 소속으로 편제하여 운영하도록 한다.

3) 계선조직과 참모조직

대통령 비서실 및 정책실 같은 참모조직과 계선조직인 행정부처 간의 조정 · 협력이 원활하게 이루어져야 행정업무 추진과정상의 일관성이나 효율성이 확보될 것은 당연한 이치다. 대통령실과 행정부처 간에 충돌이 있을 경우 어느 쪽도 정부정책에 대한 원활한 총괄 기능을 수행하기 어려울 것도 예견되는 일이다. 참모기능과 집행기능 간의 실질적인 협력이 이루어지도록 하기 위해서는 이들 사이의 업무 충돌을 미연에 방지하기 위한 노력이 보다 적극적으로 이루어져야 한다. 그러나 계선과 참모 기능 사이의 업무 중복과 충돌은 기관구조의 특성상 서로 극복하기 어려운 과제 가운데 하나이기도 하다. 이 점을 감안해 보면 대통령과 국무총리 사이에 기능적 분업이 촉진되도록 하는 경우, 대통령 비서실과 국무총리 휘하의 행정 각 부처 사이에서 일어나는 업무추진상의 충돌은 많은 부분 해소될 수 있을 것으로 기대된다. 대통령이 국가 전체의 기획기능에 주목하는 한편 국무총리 휘하 행정각부처가 집행기능에 충실하고자 하는 경우 지금보다는 훨씬 더 계선-참모 간의 충돌을 줄일 수 있을 것이다. 각기 자기 분야에서 전문성 정도가 높아질 것도 물론이다.

3. 공무원의 전문성 증진

1) 의의

동반자 정부가 정부의 업무수행 능력에 실망한 나머지 국민의 국정참여를 독려하는 것이라고 해서 정부의 업무수행능력 부족 상태가 방치되어도 좋다는 의미는 결코 아니다. 오히려 국정운영에 대한 국민의 직접적인 참여와 감시가 구체화하는 만큼 공직자는 그에 상응해서 보다 안정적이고 전문적인 양식으로 자기 역할을 수행할 수 있어야 한다. 특히 균형민주주의의 관점에서 본다면 국민의 정치적 선호나 욕구를 분출해낼 제3섹터의 국정참여와 함께 공익수호자로서의 공무원의 역할은 아무리 강조해도 모자라지 않게 된다. 분출하는 이익 다원화사회에서는 그런 분출하는 이해관계의 중심에 서서 전문적인 판단을 제공해야 하는 공무원의 역할이 보다 더 중요해지는 법이다. 이를 위해서는 먼저 공무원에 대한 국민의 부정적인 인식을 해소하고자 노력해야 한다. 공권력에 대한 불신이나 공무원 자신의 비하의식이 팽대하는 한 공무원의 자기 역할 수행은 쉽지 않게 된다. 그런데 공무원의 이런 자긍심이나 존중감은 전문성과 경쟁력 있는 정책입안 능력이 향상될 때 가능해진다.

2) 강제인사교류와 경력관리제도의 실시

다양성이 심화되는 사회에서 공무원의 전문성을 높인다는 것은 특정 분야에 대한 깊이 있는 정책경험을 확보하는 것과 함께 다른 분야에 대해 폭넓게 이해하는 역량을 갖추도록 하는 것이 필요하게 된다. 일견 이는 상호 모순되는 것 같으나, 서로 공존할 수 있는 능력요소이며 이를 조화시킬 수 있는 인사제도의 실시가 반드시 실시되어야 한다. 부처 간 또는 정부기관 간 상호 정책이해도를 높이고, 인적 네트워크를 형성함으로써 정책협조성을 높이기 위해서는 부처 간 인사교류제도를 확대 실시할 것이 요청된다. 현재 실시되고 있는 인사교류 또는 직위공모제는 기관과 공무원의 자발성에 기초하고 있어 교류에 따른 실질적인 효과가 클 수 없도록 되어 있다. 강제성 있는 교류제도를 실시할 필요가 있는 이유다. 강제교류제도를 채택, 실시하는 경우 과장급 이상의 고위직 공무원은 승진에 미치는 영향이 클 것임으로 반발이 클 것으로 예상된다. 따라서 중간관리자로 승진하기 이전에 반드시 최소 1회 3년 정도는 타 기관의 근무경험을 갖도록 관리할 필요가 있다. 타 기관의 근무경험을 갖도록 강제 파견하는 대상자를 선정함에 있어서는 앞으로 고위관리자로 승진할 가능성이 높은 인재를 대상으로 삼을 필요가 있다. 그리고 파견기관에서의 평정결과가 본인 및 본래 소속기관의 평가에 반영되도록 해야 한다.

분야별 전문성을 높이기 위해서는 경력관리제도(CDP)를 실시해야 한다. 공무원으로 하여금 특정 분야에 대한 경험을 깊게 쌓도록 함으로써 전문성을 강화하자는 것이다. 그 동안 CDP에 대해서는 수차례 주요 개혁방안으로 제안되었었으나, 제대로 실현되지 않고 있다. 강한 의지를 가지고 실시할 필요가 있다. 이와 관련하여 해외연수 등을 강화하여 글로벌 마인드를 갖춘 국제적 인재로 육성하는 문제에도 유의해 볼 필요가 있다. 이 점은 특히 지구경영의 시대를 준비하는 데 있어 매우 중요한 과제 가운데 하나다. 지구화 시대에 대한 조응능력을 이 시대가 필요로 하는 매우 중요한 전문성 가운데 하나로 인식하고 대처하자는 것이다.

3) 정치적 중립성 강화

공무원의 분야별 전문성을 확보하기 위한 과제 가운데 하나는 공무원의 정치적 중립성을 보장해 주는 일이다. 그런데 제도적으로는 공무원의 정치적 중립성이 보장되어 있다고 하나, 실제로는 미흡한 부분이 적지 않다. 특히 고위직 인사에 있어 정치적 판단이나 영향력의 행사가 없는지 심각히 검토해 보아야 한다. 특히 국장

급까지의 인사관리과정에서는 부처 내에서의 판단이 보다 더 작용할 수 있도록 하는 제도적 장치를 개발해야 한다. 직위고하를 막론하고 공무원이 특정 집단이나 세력에 포획되는 경우 전문적, 과학적, 합리적, 객관적 양식에 따라 국정운영에 나서기 어려울 것은 자명한 이치다.

이렇게 특정 집단으로부터의 정책포획현상을 차단하기 위한 방안 가운데 하나로는 직무소명제도를 실시할 필요가 있다. 정책의 입안이나 실시에 대하여 국민(주민)들로부터 이의가 있을 경우 일정한 요건을 갖춰 이의제기를 하도록 하고 담당 공무원은 그에 대하여 반드시 판단근거가 되는 법령, 자료 등을 명기하여 구체적으로 소명토록 강제하는 제도다. 국장급 이상의 공무원을 임용하는 경우 보다 더 철저히 검증하는 노력도 경주해야 한다. 비록 청문회를 실시하지는 않지만 그에 준하는 정도의 철저한 내부 검증을 통해 정치적 중립성 유지 가능성 여부를 확인하자는 것이다. 이와 관련하여 부당하게 공무원의 직무수행을 방해하는 자에 대해서는 엄격히 처벌하는 제도적 장치를 도입하는 문제도 검토되어야 한다.

4. 정무직 임명제도의 개선

1) 의의

국회의 인준이나 청문을 필요로 하는 정무직 고위공직자 후보를 지명하는 데 있어 사회 통념이나 국민의 기댓값에 미치지 못하는 후보를 내세움으로 인해 국회에서의 낭비적 충돌을 야기하는 원인이 되거나 국민의 정부에 대한 불신을 촉발하고 국정운영에 부담을 주는 일이 빈발하고 있다. 정부의 인사실패를 시민참여를 통해 보완하거나 시정해보자는 요구도 반영할 필요가 있다.

2) 인사청문 전문위원회제도 도입

인사청문회가 정치적 투쟁의 장으로 변질되는 현상을 사전에 차단하기 위해서는 현재와 같이 국회의원만으로 구성되는 인사청문위원회 중심으로 운영하지 말고 분야별 전문가들로 구성되는 인사청문 자문위원회를 두어 인사청문위원회 본위원회가 심사하기 전 단계에서 정책중심의 자질 검증이 이루어지도록 하는 제도 개선을 검토해 볼 필요가 있다. 인사청문 자문위원회는 분야별 전문가들로 구성되는 만큼 전문성을 살려 해당 분야의 정책방향에 대한 자질과 능력을 검증하게 하고 개인의 도덕성이나 인성문제 등에 대해서는 인사청문 본위원회에서 다룰 수 있도록 개방하자는 것이다. 이 경우 전문분야에 대한 정책검증이 가능하게 되고 정치인들이 아님으로 상대적으로 정무적, 전략적 접근보다는 정책검증 자체에 치중하는 변화가 있을 것이며 무엇보다도 동반자 정부의 구성 원리에 상합한다는 점에 유의해야 한다. 인사청문의 문제를 정치적 대리인인 국회의원에게만 맡기지 않고 시민사회의 구성원인 분야별 전문가들이 참여하여 대리인 체제의 한계를 보완하고자 하는 것이기 때문이다.

3) 엽관제 배제 선언

정부로서도 정무직이 갖추어야 할 기본 자격기준을 선언하여 청문과정에서 불필요한 정쟁이 발생하지 않도록 사전적 조치를 취할 필요가 있다. 이는 제도적 장치로 통제하기보다는 일종의 정치적 선언을 통해 자기 통제에 나설 필요가 있다. 예컨대 부동산 투기, 위장전입, 본인 및 자녀의 병역기피, 납세, 국적관련 문제는 국민들에게 의무부과와 규제가 크게 가해지는 것이고 그로 인한 혜택이 세대를 넘어 이어지게 된다는 점에서 매우 민감한 과제이다. 이렇게 민감한 문제에 대해서는 그것이 법률의 위반이거나 또는 범죄를 구성하는 지의 여부를 떠나 이와 관련되는 경우에는 해당자를 일체 고위공직에 임용하지 않을 것임을 선언하도록 하자는 것이다. 이런 정치적 판단은 특히 엽관주의로 인한 폐해가 늘어나고 있으며 이로 인한 정무직에 대한 불신과 불만이 커지고 있다는 점을 감안한 결과다. 선거과정에서 기여했다고 하여 가신이나 캠프출신을 정무직에 중용하는 일이 없을 것임을 선언하도록 해야 한다. 이는 자격 미달자나 지나치게 정파적 색채가 강한 인사를 정무직 후보자로 지명하여 청문회의 파행을 자초하는 현상을 극복하는 데에도 기여하게 될 것이다. 원래 엽관제의 정당성 기반은 정치적 책임성의 확보와 그에 따른 교체임용주의 및 정치적 책임 추궁의 제도에 있으나 우리의 경우는 대통령의 임기를 단임제로 하고 있어 정치적 책임의 추궁 기회가 없고 따라서 엽관제의 정당성근거가 성립하지 않는다는 점도 감안할 필요가 있다.

■ 제안 정책 색인

(ㄱ)

(ㅊ)

■ 참고 문헌

〈국내문헌〉

강명구. (1993). 자본주의적 공간분화와 정치과정의 전개. 「경제와 사회」. 230-252.

국민권익위원회. (2011). 「공공기관청렴도측정결과」. 서울: 국민권익위원회

＿＿＿＿＿＿. (2011a). 「2011년도 국민권익 업무계획 4」. 서울: 국민권익위원회

금재호. (2012). 2040세대와 사회경제적 현실. 「시대정신」. 54: 102-133.

김경휘 · 반정호. (2006). 한국 상황에서의 사회적기업의 개념과 유형에 관한 소고. 「노동정책연구」. 6(4): 31-54.

김명희. (2008). 영국의 사회적기업 사례 연구와 한국에의 정책적 함의. 「사회복지정책」. 33: 135-157.

김용기 · 강성원 · 이동원 · 박준 · 문외솔 · 최홍(2010). 「한국 중산층의 변화와 경제사회적 결과」. 서울: 삼성경제연구소.

김 욱. (2009). 정치문화의 변동과 가치 갈등: 탈물질주의를 중심으로. 2009 한국정치학회 · 이화여자대학교 평화학연구소 공동주최 특별학술회의 발표논문.

김주일. (2005). 「수도권 집중과 균형발전」. 서울: 대한상공회의소.

김현수. (2012). 푸어세대의 반란. 「서울경제」. (2012.08.22).

권기현. (2011). 「정의로운 국가란 무엇인가」. 서울: 박영사.

권태선. (2012). 대통령의 자격과 공공의식. 「한겨레」(2012.04.23).

내일신문. (2012.01.03). 경제위기가 40대를 왼쪽으로 밀었다. 01.03.

동아일보. (2008.09.03). IP 세대, 즉흥적 인간관계.

＿＿＿＿. (2008.09.30). IP 세대, 재미와 열정.

＿＿＿＿. (2008.10.02). IP 세대, 선진국만 세계냐 우리는 오지로 간다.

문화체육관광부. (2009). 「문화산업통계, 2004~2009」. 서울: 문화체육관광부 문화산업정책과 / 한국콘텐츠진흥원.

박병률(2008). 일자리 창출도 '수도권 집중' 심각. 「경향신문」(2008.11.09).

박선영. (2008). 제6장 지구시민권과 청소년 교육. 박재창 편. 「지구시민권과 지구 거버넌스」. 서울: 오름.

박재창. (2003). 「한국전자의회론」. 서울: 오름
______. (2004). 「한국의회개혁론」. 서울: 오름
______. (2008). 행정학에서의 정치와 행정: 회고와 전망. 「한국행정학보」. 42(4): 95-115.
______. (2010). 민주시민교육, 국가 일방적 주도 안된다. 「경향신문」. 10.11.
______. (2010a). 제4장 거버넌스와 시민참여 전략. 「한국의 거버넌스」. 서울: 아르케.
박 준. (2009). 「한국사회의 갈등과 경제적 비용」. 서울: 삼성경제연구소.
신두철. (2009). 젊은 세대의 정치참여가 민주주의다. Weekly 경향 · 미래전략연구원 공동기획 오감도, 2030세대 그들은 무구인가? 「위클리 경향」 837.
이근식. (2011). 성생발전. 경제인문사회연구회 주최 「상생발전을 위한 정책과제의 모색: 정치, 경제 및 사회적 접근」 세미나 발표논문집.
이명진. (2009). 2030 정체성과 우리사회의 과제. Weekly 경향 · 미래전략연구원 공동기획 오감도, 2030세대 그들은 무구인가? 「위클리 경향」 837.
이상팔. (2004). 백지신탁제도: 공직자윤리법중개정법률안 (정부안)의 쟁점분석. 「입법정보」.133. 국회사무처.
이승종 · 최영출 · 권혁주 · 오영균. (2012). 차기정부 정부조직개편의 원칙과 방향. 한국행정학회 주최 「2012년행정학 하계공동학술대회 및 국제학술대회」(2012.6.29., 서울대학교) 발표논문.
이어진. (2012). 50대 모바일 SNS 이용 불과 5%. 「CNB저널」. (20120.01.02)
이지은. (2011). 2002년 보수>중도>진보, 2011년 중도>진보>보수. 「한겨레」 (2011.05.15).
이진우. (2011). 연대성 그리고 지속가능한 자유주의-어떻게 개인의 자유와 공동체의 이익을 동시에 실현활 수 있는가?. 「공동체자유주의 국제심포지움」 발표 논문(2011.10.21. 서울 명동 로얄호텔). 70-71.
임현진 · 공석기. (2005). 미래 한국 NGOs의 조직 및 운영과제: 운동의 민주화와 그리고 전지구화. 「NGO 연구」, (3)1:155-187. 6월.
장세훈. (2011). '정치 · 경제 · 세대 · 이념' 서울 4대 중간층이 표심 갈랐다. 「서울신문」(2011.10.29).
장현호. (2012). 안철수 현상이 의미하는 것들. <http://blog.daum.net/ksscjang/16059405>
전경웅. (2010). 6.2 선거와 2030세대, 당신은 아십니까?. 「뉴데일리」. (2010. 07.11).
______. (2011). 신층분석, '무주공산' 2030세대 그들은 누구인가?. 「미래한국」. 10.25.
전상진. (2009). 새로운 문화적 공동체 형식. Weekly 경향 · 미래전략연구원 공동기획 오감도, 2030세대 그들은 무구인가? 「위클리 경향」 837.

______. (2012.01.13). 안철수 현상의 두 가지 이유. 「대학신문」.

______. (2012). 보수혐오의 세대동맹-2040의 '따로 또 같이'. 「시대정신」. 54:84-101.

정해구. (2012). 2013 체제의 시대정신과 민주통합당의 시대적 역할. 「민주정책연구원특별기획」. 〈http://idp.or.kr/issue/issue01.html?table=issue1&mode=view&sno=0&search=&field=&cate=&b_idx=18〉

중앙선거관리위원회 선거통계시스템. (2012). 「제19대 국회의원선거」. 〈http://info.nec.go.kr/〉.

조재우. (2011). 경제적 양극화-정치적 양극화 연관... 중산층 위기 '반여'로 표출. 「한국일보」(2011.10.28).

조중빈. (2012). 한국정치, 희망은 있다. 「한국경제」(2012.04.12)

중앙선거관리위원회. (2012). 보도자료: 제19대 국회의원 선거 투표율 분석. 6. 20.

지주형. (2011). 「한국 신자유주의의 기원과 형성」. 서울: 책세상.

차피득. (2011). 미꾸라지 용된 나라 대한민국. 박현두 편. 「한국 세계화 콘서트」. 새로운 사람들.

코리아여론연구소. (2012). 19대 총선평가. 〈http://cafe.daum.net/kopinyeoron/Q8T3/25?docid=1P3hO · Q8T3 · 25 · 20120426142259&q=%EC%A0%95%EB%8B%B9%C%9D%98%20%EC%9D%B4%EB%85%9020%ED%8F%89%EA%B0%80〉

통계청 나라지표. (2011). 10대 수출입 품목. 〈http://www.index.go.kr/egams/stts/jsp/potal/stts/PO_STTS_IdxMain.jsp?idx_cd=2455&bbs=INDX_001&clas_div=A〉

통계청 나라지표. (2011a). 정보통신발전지수. 〈http://www.index.go.kr/egams/jsp/potal/stts/PO_STTS_IdxMain.jsp?idx_cd=1344&bbs=INDX_001&clas_div=A

통계청 나라지표. (2011b). 10대 수출입 품목. 〈http://www.index.go.kr/egams/stts/jsp/potal/stts/PO_STTS_IdxMain.jsp?idx_cd=2455&bbs=INDX_001&clas_div=A〉

통계청. (2011). 「경제활동인구조사」. 서울: 통계청

한겨레. (2012.09.24). 서울 30대, 월소득 400만원, 사무기술직이 안철수 선호층. 09.24.

행정안전부. (2010). 「행정안전백서」. 서울: 행정안전부

__________. (2010a). 「행정안전부 통계연보」. 서울: 행정안전부.

__________. (2011). 「지방자치단체 예산개요」. 서울: 행정안전부

__________. (2011a). 「정보공개연차보고서」. 서울: 행정안전부.

행정자치부. (2004). 「백지신탁제도 도입관련 공청회 자료집」.(5.27).

홍장기(2008). 이명박 정부 철학의 빈곤. 「한겨레」(2008.07.24).
황장석(2009). 세종시 흔드는 건 신지역주의 음모. 「동아일보」(2009.11.05).
황윤원(2007). 새 정부의 국정기조와 정책과제 분석. 「한국인사행정학회보」. 6(2): 33-60.
ITU(국제전기통신연합). (2009). 「정보사회 측정 보고서」.
______________. (2010). 「정보사회 측정 보고서」.

〈외국문헌〉

Inglehart, Ronald. (1977). The Silent Revolution: Changing Values and Political Styles among Western Publics. Princeton, NJ: Princeton University Press.
______________. (1990). Culture Shift in Advanced Industrial Society. NJ: Princeton University Press.
Kooiman, J.(1994). Governance and Governability: Using Complexity, Dynamics, and Diversity. In J. Kooiman(ed), Modern Governance: New Governance-Society Interaction. London: Sage Publications. 35-48.
Maslaw, A.H. (1970). Motivation and Personality. 2nd ed. NY: Harper and Row
Organski, A.F. (1965). The Stages of Political Development. Alfred Knopf.
Polletta, Francesca. (2003). The Big Idea: Citizen Planners. City Limits. December.
Robinson, William I. (1966). Globalization : Nine Theses of Our Epoch. Race and Class. 38(2).
Salaom, Lester M., Leslie C. Hems and Kathryn Chinnock. (2000). The Nonprofit Sector: For What and for Whom?. Comparative Nonprofit Sector Project, no. 37. Baltimore: The Johns Hopkins Center for Civil Society Studies.
______________, S. Wojciech Sokolowski and Regina List. (2003). Global Civil Society: An Overview. Baltimore, MD: The Johns Hopkins University.
Schön, D. and M. Rein. (1994). Frame Reflections: Toward the Resolution of Intractable Policy Controversies. N.Y.: Basic Books.
The United Nations Non-Governmental Liaison Service(NGLS). (2003). Report of the Consultation with Civil Society on : The Crisis in Global Governance.
U. S. Government Printing Office. (2004). A Guide to the Rules, Precedents and Procedures of the House. (via GPO Access). 〈http://frwebgate.access.gpo.gov/cgi-bin/getdoc.cgi?dbname=108_house_practice&docid=hp-16〉

〈전문가 참여〉

* 정책대안을 고안하는 과정에서 여러 분야의 전문가로부터 많은 의견과 관련 정보 및 자료를 제공받았다. 아래의 정책대안은 제안해 주신 시놉시스를 토대로 작성되었음을 밝힌다. 이 자리를 빌어 감사의 말씀을 올린다.

권기현(성균관대 교수) SNS의 전정부적 활용(264−267).

권용수(건국대 교수) 선제적 예방체제의 구축(292−294), 정부 내의 업무 충돌 방지(299−302).

김성호(전국시도지사협의회 정책실장) 초광역정부로의 개편(271−273).

신두철(선거연수원 교수) 민주시민교육위원회 및 민주시민교육원 설치 (198−200).

오성호(상명대 교수) 공직수사처의 신설(279−282), 행정정보공개와 업무 담당실명제(283−284), 공무원의 전문성 증진(302−305), 엽관제의 배제 선언(307).

은재호(한국행정연구원 연구위원) 공공갈등관리 제도의 도입(209−214).

임재현(숙명여대 교수) 실질적 지방자치권 보장을 위한 법률개정(273−276), 지방재정의 자율성 확대(276−278).

장현주(외국어대 교수) 재난안전관리체계의 혁신(287−292).

정충식(경성대 교수) 전자정부의 강화(261−263), 전자적 시민참여의 확대 (269−270), 전자정보공개 시스템 개발(284−286).

한승준(서울여대 교수) 범지구촌 문화네트워크의 구축(150−153), 다문화 사회의 대응(159−161).

〈저자 저작〉

* 이 책은 또 저자의 아래 저작물을 전제하거나 발췌, 수정, 보완하는 가운데 완성되었음도 밝힌다.

제1장: (2011). 후기근대사회와 시민리더십.「한국NGO학회 가을 세미나」(대전, 2011.12) 기조발제문; (2011a). 소통과 통합의 국정관리: 전략과 과제. 한국정책과학학회 주최「소통과 통합의 행정 세미나」(2011.11.01, 서울: 프레스 센터) 기조발제문.

제3장: (2012). 차기정부의 국정기조: 전략과 과제.「국가정책연구」. 26(3): 59−80.

제5장: (2010). G20의 개최와 지구시민교육의 과제.「꿈나래 21」, (206). 지구시민사회와 한국 NGO. 서울: 오름.

제6장: (2010). 제4장 거버넌스와 시민참여 전략.「한국의 거버넌스」. 서울: 아르케.

제7장: (2010). 제11장. 국회개혁과 정치적 거버넌스.「한국의 거버넌스」. 서울: 아르케; (2005).「한국의회윤리론. 서울: 오름; (2004).「한국의 회개혁론」. 서울: 오름.

■ 저자 박 재 창

숙명여자대학교 정치행정학부 교수
미국 뉴욕주립대학교 행정학 박사(의회행정 전공)
숙명여자대학교 정법대학장
(사)한국미래정부연구회 이사장

독일 자유베를린 대학교 훔볼트재단 연구교수
일본 동지사 대학교 정책과학대학원 객원교수
태국 창마이 라찻팟 대학교 방문교수
미국 버클리 대학교 정부학연구소 플브라이트 교수

한국 국제지역학회 회장
한국 NGO학회 회장
정치행정연구회 회장
한국 행정학회 회장

국민고충처리위원회 명예 옴부즈만
국무총리실 시민사회발전위원회 위원
KOICA 대표 청렴 옴부즈만
대통령 소속 지방이양추진위원회 (국무총리) 공동 위원장

공선협 집행위원장
시민사회 포럼 대표
제58차 UN/NGO 대회 한국대표단장
아시아 태평양 YMCA 연맹 회장

〈주요저서〉

『지방분권과 한국시민사회』(편저, 2012), 『Global Citizenship and Social Movements』(ed.)(2011), 『지구화 시대의 한국시민사회』(편저, 2011), 『한국의 거버넌스』(2010), 『한국민주주의와 시민사회』(편저, 2010), 『국가와 시민』(2009), 『위기의 한국시민사회』(편저, 2009), 『시민참여와 거버넌스』(공저, 2009), 『지구시민권과 지구 거버넌스』(편저, 2009), 『민주시민교육의 전략과 과제』(공편, 2007), 『지구시민사회와 한국 NGO』(2006), 『분권과 개혁』(공편, 2005), 『한국의회윤리론』(2005), 『한국의회개혁론』(2004), 『한국의회정치론』(2003), 『한국전자의회론』(2003), 『혼돈의 시대, 개혁의 논리』(2001), 『정부와 NGO』(편저, 2000), 『정부와 여성참여』(편저, 2000), 『이렇게 바꿔야 나라가 산다』(1998), 『한국의회행정론』(1995), 『정보사회와 정치과정』(편저, 1993) 외.